Derniers Voyages

DU MÊME AUTEUR

Incroyable !, Flammarion, 2012.

Enquête sur 25 trésors fabuleux, avec Jean-François Nahmias, Flammarion, 2012.

Le Bonheur est pour demain, avec Jérôme Equer, Flammarion, 2011.

L'Enfer, avec Jean-François Nahmias, Flammarion, 2011.

Ils ont marché sur la tête : 450 faits divers inouïs, impayables et désopilants, avec Jérôme Equer, Albin Michel, 2010.

Kidnappings : 25 rendez-vous avec l'angoisse, avec Jean-François Nahmias, Albin Michel, 2010.

Sur le fil du rasoir : quand la science traque le crime, avec Jérôme Equer, Albin Michel, 2009.

La Terrible vérité : 26 grandes énigmes de l'histoire enfin résolues, avec Jean-François Nahmias, Albin Michel, 2008.

26 dossiers qui défient la raison, avec Gregory Franck, Albin Michel, 2008.

Mort ou vif : les chasses à l'homme les plus extraordinaires, avec Jean-François Nahmias, Albin Michel, 2007.

Complots : quand ils s'entendent pour tuer, avec Jérôme Equer, Albin Michel, 2006.

Ils ont osé ! : 40 exploits incroyables, avec Jean-François Nahmias, Albin Michel, 2005.

Crimes dans la soie : 30 histoires de milliardaires assassins, avec Jean-François Nahmias, Albin Michel, 2004.

Destins sur ordonnance : 40 histoires où la médecine va du meilleur au pire, avec Jean-François Nahmias, Albin Michel, 2003.

Sans laisser d'adresse, avec Grégory Frank, Albin Michel, 2002.

Survivront-ils ? : 45 suspenses où la vie se joue à pile ou face, avec Jean-François Nahmias, Albin Michel, 2001.

Je me vengerai : 40 rancunes mortelles, avec Jean-François Nahmias, Albin Michel, 2001.

Les Dossiers extraordinaires, Vol.3, Éditions n° 1, 2001.

Les Dossiers extraordinaires, Vol.2, Éditions n° 1, 2000.

Les Dossiers extraordinaires, Vol.1, Éditions n° 1, 2000.

L'Empreinte de la bête : 50 histoires où l'animal a le premier rôle, Albin Michel, 2000.

Les Amants diaboliques : 55 récits passionnément mortels, Albin Michel, 1999.

L'Enfant criminel, Albin Michel, 1998.

(suite en fin d'ouvrage)

Pierre Bellemare
Jean-François Nahmias

Derniers Voyages

Documentation : Véronique Le Guen

Flammarion

ISBN : 978-2-0812-9558-2

AVANT-PROPOS

Partir très loin, voir d'autres paysages, d'autres visages, c'est un rêve fréquent chez l'homme. Mais pour atteindre cet endroit tant espéré, il faut utiliser un moyen de transport.

Autrefois, le voyage durait des jours, des mois, et la notion d'heure n'existait pas, l'homme progressait au rythme des animaux. Et puis le train a été inventé, avec comme conséquence un horaire précis : « Nous vous attendrons à la gare à 19 h 47. »

Dès lors, que d'angoisses provoquées par le moindre retard !

Avec aujourd'hui le bateau, l'avion, l'automobile, le train, la fusée, le vol à voile, le ballon, la montgolfière, et j'en passe, nous avons multiplié par cent les risques et tragédies.

Ce sont quelques-unes de ces aventures invraisemblables que nous allons vous raconter. Parfois, au hasard d'une histoire, vous rencontrerez même des personnages célèbres comme l'abbé Pierre, Nicolas Hulot ou Charlot.

Bon voyage…

Non, pardon, bonne lecture.

Pierre BELLEMARE

1

SECRET D'ÉTAT

Nous sommes à Cork, dans l'ouest de l'Irlande. Comme tous les jours, ce 24 mars 1968, le vol Aer Lingus 712 s'apprête à partir pour Londres. L'avion est un Viscount 803 qui date de onze ans, mais qui est parfaitement entretenu. Le commandant de bord, Bernard O'Beirne est jeune, il n'a que trente-cinq ans, mais il est très expérimenté. Il compte 6 000 heures de vol, dont 1 700 sur Viscount. Son copilote est encore plus jeune, vingt-deux ans, mais il est si doué qu'il va passer commandant de bord lors de son prochain vol. Deux hôtesses, Ann Kelly et Mary Coughlan, complètent l'équipage. La plupart des cinquante-sept passagers sont irlandais, mais il y a également des Anglais, des Belges, des Suisses et un couple de touristes américains, M. et Mme Gangelhoff, dont la présence va jouer un rôle important dans les événements qui vont suivre.

Le commandant consulte la météo, qui est excellente. L'embarquement se passe normalement et le décollage a lieu à l'heure prévue, 11 h 25. Il n'y a rien à signaler durant les premières minutes du vol. À l'époque, les boîtes noires n'existent pas, mais les conversations radio de l'appareil ont été enregistrées. À 11 h 57, le commandant O'Beirne s'adresse au contrôle :

— Nous passons le point Bannow. Nous sommes stables au niveau du vol.

— Bien reçu, Aer Lingus 712. Bonne journée.

— Bonne journée à vous aussi.

Mais une minute plus tard, à 11 h 58, il se manifeste de nouveau.

— Ici, Echo India Alpha Oscar Mike, vous me recevez ?

Cet appel est très étrange, car le commandant donne son immatriculation civile (EIAOM), alors qu'il aurait dû donner son numéro de vol : Aer Lingus 712. En outre, son intonation est anormale, comme s'il se passait quelque chose d'imprévu et d'inquiétant.

Dix secondes plus tard, le commandant rappelle. Il est totalement paniqué.

— On tombe rapidement !

Dix autres secondes s'écoulent. Sa voix n'exprime désormais plus que l'horreur, tandis qu'on entend en fond sonore un sifflement effrayant.

— On tombe à toute vitesse ! On est en vrille !

Le contrôle de Londres, qui n'avait pas répondu tout de suite, sous l'effet de la surprise, se ressaisit.

— Est-ce que c'est le vol Aer Lingus 712 qui appelle ?

Pas de réponse.

— 712, ici Londres, vous me recevez ?

Il n'y aura jamais de réponse. L'avion s'est abîmé non loin de Tuskar Rock, un phare près des côtes est de l'Irlande. Un adolescent de quinze ans, qui se promenait au bord de la mer, a été témoin de toute la scène. L'avion est tombé en chute libre, en tourbillonnant, et a touché l'eau par le nez. Il y a eu un bruit terrifiant et une gerbe d'écume gigantesque. Des habitants du village le plus proche, sans voir l'accident, ont fait état d'un « bruit de tonnerre en provenance de Tuskar Rock ».

Dans les haut-parleurs du contrôle de Londres il n'y a, au contraire, qu'un grand silence. Le responsable a compris qu'un drame venait d'avoir lieu et il a une initiative tout à fait exceptionnelle… Il y a à proximité un autre avion d'Aer Lingus, le vol 362, avec lequel il était également en contact. Il l'appelle.

— Aer Lingus 362, on vient de perdre le contact avec un avion de chez vous.

Le commandant a tout entendu sur sa propre radio.

— Oui, je viens de l'entendre. C'est terrible !

— Est-ce qu'il vous serait possible de vous dérouter dans le secteur de Tuskar Rock ? Est-ce que vous pouvez faire cela ?

— Bien sûr…

Le pilote ne peut pas refuser, d'autant qu'il connaît personnellement O'Beirne. Il se rend sur les lieux. Il va même jusqu'à mettre les passagers au courant et à leur demander de participer aux recherches. Il descend à 150 mètres, tandis que les occupants de l'avion se mettent aux hublots pour scruter les flots du regard. Mais il est impossible d'apercevoir quoi que ce soit. Il rappelle la tour de contrôle.

— Je suis désolé, je n'ai rien vu… J'espère qu'on va les retrouver.

*

Il est 12 h 23, l'alerte officielle est donnée par la tour de contrôle de Londres, mobilisant tous les moyens de recherche maritimes et aériens du pays.

Or, il se trouve que cinq bâtiments de guerre de la Royal Navy sont dans les parages. Ils se portent immédiatement sur les lieux. L'un d'eux, le *Penelope*, était même à seulement 3 milles de l'accident. Pour des raisons de secret-défense, cette information n'est toutefois pas communiquée sur le moment.

Malgré cela, rien n'est retrouvé dans la journée. Il n'y a aucun débris, pas même une goutte d'huile. L'Aer Lingus 712 semble s'être volatilisé… Le lendemain, les recherches reprennent avec plus d'acharnement. On voit arriver sur le site des bateaux privés de bénévoles, des hélicoptères civils et militaires, ainsi que seize avions de la RAF. Les efforts finissent par payer. Vers 14 heures sont découverts les premiers débris : des coussins, des morceaux de fauteuils ; à 17 heures est repêché un cadavre.

Mais à partir de là, il ne se passe strictement plus rien. L'avion et le reste des passagers sont introuvables. C'est d'autant plus incompréhensible que la Royal Navy, qui s'est attribué l'exclusivité des opérations, a mis en œuvre des moyens considérables…

C'est seulement le 5 juin, deux mois et demi après l'accident, que l'épave est repérée par un chalutier, à 3 kilomètres de Tuskar Rock. Elle se trouve exactement à l'endroit où l'adolescent l'avait vue tomber et on s'étonne que la marine ne l'ait pas trouvée plus tôt. Nullement décontenancé, Gerry McGabe, le président de la commission d'enquête, déclare que les informations sur la position de l'appareil étaient fragmentaires et que les marins de Sa Majesté ont accompli un travail remarquable.

Des plongeurs militaires sont envoyés sur le site, par 80 mètres de fond. L'épave est dans un excellent état : les moteurs semblent presque intacts, une aile est brisée, mais l'autre n'a subi aucun dommage. La queue est absente, elle a dû être emportée ailleurs. Une grande partie de la carlingue est en place, avec les passagers sur leur siège. Après un aussi long séjour dans l'eau, ils sont, bien sûr, dans l'état qu'on peut imaginer.

Le 7 juillet, le commandant de l'escadre militaire reçoit l'ordre de procéder à la récupération de l'épave. Mais au lieu de recourir à un filet ou à des sangles qui répartiraient la pression sur le fuselage, il décide d'utiliser un seul câble fixé au nez de l'appareil.

Le résultat est celui qu'on pouvait attendre. Au moment où le Viscount va être sorti de l'eau, il se brise en une centaine de fragments, qui retombent dans l'eau. Les restes des passagers sont également dispersés. On ne retrouvera plus rien d'eux, pas un os, pas un bout de vêtement. Cela n'empêche pas Gerry McGabe de déclarer, de la manière la plus surprenante :

— C'est beaucoup mieux ainsi. Dieu sait ce que nous aurions découvert dans la carlingue !

Le lendemain, débute la récupération des débris de l'avion, qu'il va falloir assembler. Les journalistes, qui observent la scène de loin, s'aperçoivent que les marins militaires font le tri entre les morceaux repêchés. Certains, comme une roue du train d'atterrissage ou un fragment de l'aile droite, sont portés sur le *Penelope* où ils resteront soustraits à l'enquête.

Les débris officiellement retrouvés sont expédiés sur l'aérodrome militaire de Baldonel, près de Dublin. Comme c'est l'usage, ils sont accrochés à une carcasse de bois. Ils constituent 60 % de l'avion en poids et 45 % en surface, c'est-à-dire bien peu.

Cette reconstruction partielle de l'appareil n'apporte aucun indice valable. Le seul défaut constaté concerne le pilote automatique, qui présentait une panne mineure. Mais les spécialistes sont formels : en aucun cas ce défaut ne peut être à l'origine de la catastrophe.

En 1970, après deux ans de travaux, les experts publient leur rapport définitif. Il ne contient que 34 pages, dans lesquelles on apprend que les moteurs fonctionnaient normalement. Ce rapport confirme aussi que l'avion a heurté l'eau à la verticale par le nez et que le choc a été très violent, éléments connus dès le premier jour grâce au témoignage de l'adolescent. En conclusion, la cause de l'accident est « un incident technique survenu à haute altitude », ce qui ne veut pas dire grand-chose. Pour les familles, cela signifie en tout cas qu'elles ne sauront jamais rien.

*

Mais, si les Européens peuvent se contenter de ce genre de conclusion, il n'en est pas de même des Américains.

Chez eux, on exige la vérité coûte que coûte. Les enfants de Joseph et Mary Gangelhoff, les touristes qui ont péri dans le Viscount, ne l'admettent pas. Eux, ils iront jusqu'au bout.

Après avoir frappé sans succès aux portes des différents ministères britanniques, ils adoptent une autre tactique. En 1977, ils engagent un détective privé et, à partir de ce moment, tout change ! L'homme s'appelle Tom Hoper et il a la réputation de n'avoir jamais connu l'échec. Ses tarifs sont élevés, mais les enfants Gangelhoff ont les moyens. Leurs parents avaient souscrit une importante assurance vie et ils sont déterminés à l'employer en entier, s'il le faut, pour obtenir ce qu'ils désirent.

Tom Hoper enquête une année complète avant de trouver des éléments à charge ! En 1978, soit dix ans après l'accident, il revient d'Angleterre avec un document explosif. Il ne dira jamais comment il se l'est procuré. Il provient du ministère de la Défense britannique et porte la mention « Restriction priorité niveau 1 – Accès limité ». Il est signé Archibald H. Thorn, qui était à l'époque un haut fonctionnaire du ministère. On y apprend que l'Aer Lingus 712 a été détruit par un missile Dart, lancé du *Penelope*. Le transpondeur du Viscount, appareil permettant aux radars d'identifier l'avion, fonctionnait mal et le missile l'a pris pour sa cible.

C'était vraisemblablement ce qu'avait vu le pilote lorsqu'il a appelé la tour de contrôle la première fois : la traînée rouge caractéristique d'une fusée. Et cette vision est terrifiante, car elle signifie obligatoirement qu'on va être touché. Le missile se dirige automatiquement vers son objectif, sans qu'on ne puisse rien faire pour l'arrêter.

Ce n'est pas tout… Après la terrible méprise, le gouvernement britannique a caché la vérité par tous les moyens. Les morceaux de l'avion portant les traces de l'impact ont été récupérés et mis sur le *Penelope*, de même que les débris de la fusée elle-même. Et il y a pire encore !

Les passagers qui étaient près du point d'impact avaient des traces caractéristiques sur eux-mêmes et leurs vêtements. Leurs corps ont été récupérés et brûlés en secret.

Tout cela, Tom Hoper l'a appris par des conversations qu'il a eues avec des gens bien informés, vraisemblablement des marins qui ont participé à ces opérations. Il refuse de citer leurs noms aux enfants Gangelhoff, mais il leur annonce qu'il est sur le point d'avoir une preuve écrite qui lui permettra d'attaquer l'État britannique.

*

En novembre 1978, il appelle ses clients depuis Londres. Il leur annonce triomphalement qu'il a enfin trouvé le document accablant qu'il cherchait. Il leur demande de venir le rejoindre et il conclut :

— Ils sont fichus !

Les enfants prennent le premier avion, mais ils ne trouvent personne au rendez-vous… Ils se rendent alors à l'hôtel où le détective leur a dit être descendu : il reste introuvable. En désespoir de cause, ils vont à l'ambassade américaine de Londres, persuadés malgré tout qu'on ne leur dira rien. Mais ils se trompent, on leur répond.

— M. Hoper est dans un endroit secret. Il bénéficie du régime spécial de protection des témoins. Il était en danger.

— Quand est-ce qu'on pourra le voir ?

— Jamais. Plus personne ne peut le voir. C'est pour sa sécurité…

Les enfants Gangelhoff se retirent, accablés. La raison d'État l'a emporté, même les États-Unis ont plié devant elle !

*

Ils essaient quand même de se battre. Avec d'autres familles, ils constituent une association de parents des victimes et ils engagent une action en justice, avec le seul document en leur possession, celui signé par Archibald H. Thorn. Mais le ministère de la Défense se défend avec vigueur. Il affirme haut et fort que c'est un faux. Et le procureur chargé de l'enquête conclut dans le même sens, parlant même d'un « faux grossier ». La presse, un instant intéressée, finit par se lasser. Pour continuer à parler du sujet, il faudrait des preuves et il n'y en a pas. Le drame de l'Aer Lingus 712 tombe dans un oubli peut-être définitif.

Pourtant, ce ne sera pas le cas. Le 6 janvier 1999, l'affaire rebondit de manière spectaculaire. La chaîne de télévision irlandaise TV3 ouvre son journal sur une nouvelle sensationnelle. On a retrouvé un document signé d'un fonctionnaire de la Défense britannique reconnaissant que le vol a été frappé par erreur par une fusée et que les militaires ont brûlé les corps qui portaient des traces de l'explosion.

Le scandale est énorme en Angleterre. Ce qui choque le plus, ce n'est pas que l'avion ait été touché par un missile, c'est déjà arrivé. On estime généralement que six cents personnes ont trouvé la mort de cette manière, dont les passagers de la caravelle Ajaccio-Nice, drame qui a eu lieu pratiquement en même temps, en septembre 1968, et qui a fait quatre-vingt-quinze victimes. Il faut préciser, d'ailleurs, que les autorités françaises ont également toujours nié leur responsabilité dans la catastrophe.

Non, ce qui choque le plus, c'est que la marine britannique ait maquillé la vérité par tous les moyens, allant jusqu'à brûler des corps. Le 11 janvier 1999, le Premier ministre Tony Blair est interpellé par un député d'Irlande du Nord, Brian O'Shea :

— C'est un secret de polichinelle, s'exclame-t-il, que le vol Aer Lingus 712 a été abattu par un de nos missiles, mais encore faut-il avoir le courage de reconnaître les faits, pour apaiser la douleur des familles des victimes !

Tony Blair ne répond pas. Il se réfugie derrière la chose jugée, pour refuser de prendre la parole.

Le 1er mars 1999, l'hebdomadaire américain *Newsweek* publie un reportage sur Bonnie Gangelhoff, fille des époux disparus, qui raconte les épreuves qu'elle a subies et le sort terrible du détective Tom Hoper, que personne n'a revu depuis qu'il avait annoncé détenir des preuves.

On en est toujours là aujourd'hui et il y a tout lieu de croire qu'on ne connaîtra jamais la vérité. Officiellement, du moins.

2

LES CRIMES DE L'EUROPE-EXPRESS

Dans l'esprit du public, les grands express internationaux sont de véritables légendes. Chaque semaine à heure dite, ils emmenaient à l'autre bout de l'Europe un monde élégant et cosmopolite. Ils étaient un peu comme des paquebots terrestres, un univers clos, feutré et luxueux dans lequel naissaient des intrigues politiques ou sentimentales, des aventures et parfois des drames. Il y avait là, réunis pour deux ou trois jours, dans les wagons-restaurants et dans les wagons-salons, tout ce que l'Europe comptait de personnalités ou de personnages : artistes, industriels, hommes d'État, mondaines, demimondaines, escrocs de haut vol, espions internationaux...

Aujourd'hui, tout cela appartient au passé. Pourtant, ce qu'on ignore généralement, c'est qu'avant leur disparition définitive, certains de ces trains prestigieux ont connu, dans les années 1970 et 1980, une tout autre utilisation. S'ils étaient toujours des mondes clos, fermés sur eux-mêmes, avec leurs intrigues et leurs drames, les aventures qui s'y passaient n'étaient plus tout à fait du même genre...

Les express européens étaient alors utilisés par ceux qui n'avaient pas les moyens de se payer l'avion ou même le charter, c'est-à-dire, en majorité, par les travailleurs émigrés. Fini les voitures-restaurants, les salons de première classe, la longue file bleue des wagons-lits accrochés les uns derrière les autres. À la richesse avait succédé la misère. Les trains de luxe étaient devenus des convois de pauvres gens.

Et c'est bien le cas de l'Europe-Express, qui, en cette année 1976, fait chaque semaine le trajet Hambourg-Belgrade et retour, traversant successivement l'Allemagne, l'Autriche et la Yougoslavie. C'est le train des émigrés yougoslaves qui vont travailler dans les usines, de la Ruhr, de Francfort, de Hambourg ou d'ailleurs. Et c'est aussi celui des hippies, car on vend presque ouvertement de la drogue dans l'Europe-Express. À chaque voyage, une douzaine de prostituées font également le trajet ; ce sont des habituées, qui ont leur compartiment réservé, toujours le même. Il y a en plus toute une cohorte de petits escrocs et de parasites : des joueurs professionnels, des marchands de revues pornographiques ou d'alcool frelaté.

La police sait tout cela. Mais elle a pris le parti de fermer les yeux. D'ailleurs, quelle police devrait intervenir quand il s'agit d'un train qui traverse trois pays différents ? Pour qu'elle se manifeste, il faudrait vraiment qu'il se passe quelque chose de grave.

*

Le 2 janvier 1976, des ouvriers des chemins de fer employés à l'entretien des voies découvrent près de la ville de Linz, en Autriche, le cadavre déchiqueté d'un homme. Il a ses papiers sur lui : c'est un Yougoslave, Jacob Padubronka, vingt et un ans, travaillant en Allemagne. De toute évidence, il est tombé de l'Europe-Express.

Un quart d'heure plus tard, Heinz Bruckmayer, commissaire principal de Linz, est prévenu de la découverte. Il est près de 16 heures quand le téléphone sonne dans son bureau. Heinz Bruckmayer écoute en silence le chef de gare, pose quelques questions et raccroche. C'est un policier de la vieille école et, si l'on se fie à son seul aspect physique, on dirait volontiers « vieux jeu ». Il a la cinquantaine déjà bien avancée, les cheveux gris presque blancs et est habillé, été comme hiver, d'un costume sombre avec gilet et montre de gousset. Mais ses subordonnés savent bien que sous ses dehors conventionnels, c'est un chef particulièrement efficace et même acharné, quand une affaire lui tient à cœur.

Pour l'instant, le commissaire Bruckmayer est en train de grommeler devant son jeune adjoint Ritter, qui, sagement, attend que sa mauvaise humeur se soit calmée.

— Je l'avais bien dit, Ritter, à force de fermer les yeux, cela devait arriver ! Toutes les polices savent parfaitement ce qui se trame dans l'Europe-Express. Mais chacun se dit : « Si quelque chose se passe, ce sera chez le voisin. » Eh bien, cela s'est passé et c'est chez nous !

Franz Ritter approuve sans se compromettre d'un hochement de tête.

— À présent, c'est à moi de diriger l'enquête. Mais comment voulez-vous mener une enquête quand tout a eu lieu dans un monde à part qui vous file sous le nez à cent trente à l'heure ?

Le commissaire médite amèrement pendant quelques instants et retrouve brusquement son esprit de décision.

— Ritter, vous allez téléphoner à Belgrade. Si le train n'est pas arrivé, nous avons encore une chance. Vous demanderez que la police yougoslave prenne l'identité de tous les passagers.

Mais cinq minutes plus tard, Franz Ritter revient l'air contrarié.

— Pas de chance, commissaire, à une heure près. L'Europe-Express est arrivé à Belgrade à 15 heures. Comme rien d'anormal n'avait été signalé, on a laissé partir tout le monde, après les formalités de douane et de police.

Heinz Bruckmayer tire nerveusement une bouffée de son cigare.

— Ce qui veut dire que tous les témoins nous ont filé entre les doigts... Notez que c'est peut-être un accident.

Mais, entre nous, je n'y crois pas une seconde. C'est un lieu de débauche et de n'importe quoi !

Le jeune adjoint s'éclaircit la voix.

— Je ne suis pas entièrement de votre avis, commissaire. Il y a des témoins. Le personnel du train, qu'on pourra retrouver facilement, et puis surtout, les prostituées. Vous savez comme moi qu'elles sont de tous les voyages. Et en plus, elles peuvent être d'excellentes observatrices. Qui sait même si l'une d'elles n'a pas eu la victime pour client ?

Le commissaire gratifie son adjoint d'un sourire approbateur.

— Nous interrogerons tout ce petit monde quand le train repassera à Linz. En attendant, je vous charge de l'enquête traditionnelle...

L'enquête traditionnelle, Franz Ritter la mène à bien en quelques coups de téléphone. Les polices allemande et yougoslave donnent tous les renseignements possibles sur l'identité de la victime : un travailleur émigré comme tant d'autres, qui avait quitté le soleil de l'Adriatique pour les brumes de Hambourg, avec presque tous les jeunes gens de son village. Manifestement, un brave garçon qui n'avait pas eu d'histoires ni dans son pays natal ni avec ses employeurs en Allemagne. La seule chose vraiment intéressante est qu'il allait passer quinze jours dans sa famille et que, comme beaucoup de ses compatriotes, il rapportait avec lui de l'argent liquide.

Le lendemain, les résultats de l'autopsie confirment l'impression première du commissaire Bruckmayer : il s'agit bien d'un crime. Le jeune homme était drogué, un mélange d'alcool et de barbituriques. Il était inconscient au moment où il est tombé sur la voie. Il ne peut être question d'accident : on l'a poussé.

*

Deux jours plus tard, l'Europe-Express est de retour à Linz. À son entrée en gare, la police autrichienne fait descendre tous ceux que le commissaire Bruckmayer lui a demandé d'interpeller, c'est-à-dire les habitués du train : le vendeur de revues pornographiques, le marchand d'alcool et les prostituées. Le personnel a également été convoqué. Quant aux fournisseurs de drogue, dont chacun sait qu'ils tiennent boutique dans les toilettes des derniers wagons, ils sont introuvables. En apprenant le meurtre, ils ont préféré s'éclipser pendant quelque temps.

Étant donné le nombre des témoins, le commissaire les a réunis dans la salle d'attente de la gare, fermée provisoirement au public, et les interroge dans un bureau voisin.

L'interrogatoire des membres du personnel ne donne pas grand-chose. Depuis longtemps, ils ont pris leur parti de limiter leur service au minimum et surtout, de ne pas se montrer trop curieux. Le travail dans l'Europe-Express est déjà suffisamment pénible, ils ne tiennent pas à ce qu'en plus, il devienne dangereux. En tout cas, ils n'ont aucun souvenir du jeune homme.

Le témoignage du vendeur de revues pornographiques n'est guère plus instructif. C'est un gros homme rougeaud, congestionné. Quand il arrive devant le commissaire, il semble au bord de l'apoplexie. Il s'éponge continuellement le front et les joues avec son mouchoir.

— Je suis en règle, monsieur le commissaire. Je suis un honnête commerçant. J'ai ma licence. Toutes mes publications sont autorisées par la loi autrichienne. Et je ne vends jamais aux mineurs, jamais !

Le commissaire Bruckmayer l'interrompt brutalement et lui montre la photo du jeune homme.

— Ce n'est pas ce qu'on vous demande. Avez-vous vendu votre marchandise à cette personne ?

Le vendeur examine longuement le cliché. Visiblement, il ne demande qu'à coopérer, mais il est clair qu'il ne sait rien.

Le vendeur d'alcool n'en dit pas plus que son collègue. Arrive enfin le tour des prostituées. La première, une certaine Hilda, a manifestement l'habitude des entretiens avec la police. Elle comprend tout de suite ce qu'on attend d'elle.

— Faut demander à Gisèle, commissaire, je crois bien que c'est elle qui s'est occupée de lui.

— Gisèle ? C'est une Française ?

La femme a un gros rire.

— Elle dit qu'elle est parisienne, comme ça, pour faire chic, mais, entre nous, elle parle allemand aussi bien que moi.

La dénommée Gisèle ne fait aucune difficulté pour reconnaître qu'elle n'a jamais mis les pieds à Paris et qu'elle s'appelle, en fait, Johanna Menger. C'est une blonde, assez bien proportionnée, qui, sans son maquillage outrancier, pourrait passer pour une petite-bourgeoise.

— Je dois vous dire, monsieur le commissaire, que ce n'est pas vraiment mon métier. Mais je vis seule avec ma fille et il faut que je paie mon appartement à Hambourg. Vous comprenez ?

Le commissaire Bruckmayer ne comprend pas et ne cherche pas à comprendre. Il a conservé des principes moraux qui font souvent sourire ses subordonnés.

— Cela ne m'intéresse pas ! Reconnaissez-vous cet homme, oui ou non ?

La jeune femme ne regarde même pas le cliché qu'il lui tend.

— Ce n'est pas la peine, j'ai déjà vu sa photo dans les journaux. Oui, je l'ai eu comme client. Si j'avais pu savoir…

Elle hésite un instant.

— Mais dans le fond, cela ne m'étonne pas qu'il lui soit arrivé quelque chose. Il y avait des gros billets dans sa poche et il les montrait à tout le monde dans le couloir. D'autant que dans tout son wagon, c'était plein de hippies.

— Et l'un d'entre eux a-t-il attiré votre attention ?

La pseudo-Gisèle hausse les épaules.

— Les hippies, je n'y fais jamais attention. Ils sont tous fauchés et, s'ils ont un peu d'argent, c'est pour s'acheter de la drogue. Non, il n'y a que les Yougoslaves qui sont intéressants… Enfin, surtout dans le sens Hambourg-Belgrade, quand ils rentrent chez eux. Parce que, dans l'autre sens, ils ont le plus souvent les poches vides ; alors, pour nous, c'est plus calme, on se repose…

Le commissaire arrête là les considérations professionnelles de la jeune femme qui ont le don de l'agacer au plus haut point. L'interrogatoire est terminé.

Une fois rentré dans son bureau, il résume la situation avec son adjoint.

— C'est bien ce que je craignais au départ, Ritter. Ce train est un univers à lui seul. C'est un peu comme si le crime avait été commis sur une autre planète. Des hippies, a dit cette fille… Qu'est-ce qu'on peut faire d'un renseignement pareil ? Je vais envoyer deux de mes hommes sur l'Europe-Express. Mais je ne pourrai pas les laisser en poste plus de quinze jours et je sais bien que de toute façon, c'est du temps perdu.

Effectivement, Heinz Bruckmayer a raison. Ses inspecteurs réussissent tout juste à arrêter de petits truands, pas même des fournisseurs de drogue qui n'ont toujours pas reparu…

Plusieurs mois passent sans apporter le moindre élément nouveau. À contrecœur, le commissaire Bruckmayer s'est résigné à abandonner son enquête. Mais il ne peut s'empêcher de continuer à penser à cet Europe-Express qui vient le narguer deux fois par semaine à Linz avec, derrière ses rideaux tirés, son cortège de débauche et, sans doute aussi, un assassin.

*

Le matin du 30 juin 1976, Franz Ritter, l'adjoint du commissaire principal Heinz Bruckmayer, fait irruption dans le bureau de son patron.

— Commissaire, ça continue !

Le commissaire Bruckmayer, qui est resté très attaché à l'étiquette, ne supporte pas qu'on entre sans frapper quand il travaille. Mais avant qu'il ait pu dire quoi que ce soit, son adjoint poursuit :

— Un appel d'Allemagne. Le meurtrier de l'Europe-Express a remis ça. Exactement la même chose : le corps d'un jeune Yougoslave a été retrouvé le long de la voie, près de Passau.

— Passau ?... Mais c'est la dernière ville allemande avant la frontière ! Nous avons affaire à quelqu'un de très fort, Ritter. Il a pensé à tout.

— Oui, commissaire, sûrement un criminel en série. Deux meurtres dans deux pays différents. Et vous savez qu'on a retrouvé le corps à cinq cents mètres seulement de la frontière autrichienne ?

Le commissaire Bruckmayer tape du poing sur la table, geste très inhabituel chez lui.

— Mettez-moi en rapport avec mes collègues allemands. Je tiens à participer à leur enquête, j'en fais une question personnelle !

La police allemande accepte avec empressement la collaboration d'Heinz Bruckmayer, dont l'expérience dans cette affaire ne peut que lui être précieuse. Mais en arrivant à Passau, le commissaire a une étrange impression : il lui semble assister à l'enquête qu'il a déjà menée lui-même...

La victime s'appelait Slobodan Skolic, vingt-cinq ans, né à Sarajevo et travaillant à Düsseldorf. Il venait de terminer son contrat avec la firme allemande qui l'employait et il rentrait dans son pays avec tout l'argent qu'il avait économisé. Comme le précédent, il avait été drogué et il était mort de sa chute sur la voie.

Dans les locaux de la police de Passau, le commissaire revoit défiler tous ceux qu'il avait interrogés lui-même à Linz : le marchand de revues pornographiques congestionné, le vendeur d'alcool frelaté, les prostituées parmi lesquelles Gisèle, qui se permet de lui adresser un petit sourire en le reconnaissant au fond de la pièce. Cette fois, ce n'était pas elle qui avait eu la victime comme client, c'était une autre. Mais elle dit exactement la même chose. L'homme avait des billets plein son portefeuille et il les avait montrés à tout le wagon. De nouveau, il est question de hippies et de gens inquiétants dont personne n'a un souvenir bien précis. Les employés du train n'en savent pas plus que la première fois…

Rentré à Linz, le commissaire Bruckmayer est plus découragé que jamais. On tourne en rond. L'assassin ne laisse qu'un seul indice : sa victime. Le reste s'est passé entre les parois métalliques d'un train qui traverse trois pays à cent trente kilomètres à l'heure.

*

Cette fois, pendant plusieurs mois, les policiers allemands et autrichiens unissent leurs efforts pour surveiller l'Europe-Express. Des agents en civil font le trajet dans les deux sens. Des contrôles sont effectués. Pourtant, les résultats sont tout aussi insignifiants que précédemment. On n'arrête que des délinquants sans importance. L'assassin, lui, est introuvable. Il a définitivement renoncé ou alors, il attend.

Après six mois d'efforts, on est bien obligé d'arrêter la surveillance. Tout le monde, et même Heinz Bruckmayer, a fini peu à peu par oublier le double crime de l'Europe-Express.

Aussi, le commissaire reste-t-il muet de saisissement quand, le 3 août 1977, un an après le second meurtre, son adjoint lui annonce, pénétrant une nouvelle fois sans frapper dans son bureau :

— Ça recommence dans l'Europe-Express ! On a retrouvé un troisième corps en Yougoslavie, juste après la frontière autrichienne…

Dans l'esprit du commissaire Bruckmayer, une sorte de cauchemar a surgi brusquement : c'est en Yougoslavie, cette fois ! Jamais il ne s'est trouvé en face d'un cas semblable. C'est un véritable défi à la police. Voilà trois meurtres qui ont eu lieu dans le même endroit, l'Europe-Express, peut-être dans le même compartiment, sur la même banquette, mais qui, pourtant, ont été commis dans trois pays différents et relèvent de trois juridictions différentes ! Décidément, il donnerait cher pour connaître le cerveau qui a mis au point un plan aussi élaboré.

Le commissaire en est là de ses réflexions quand Belgrade appelle. Il se fait passer directement la communication. Au bout du fil, contrairement à toute attente, la voix du policier yougoslave est enjouée.

— Un véritable miracle, commissaire ! Cette fois, nous tenons l'assassin. Le jeune homme retrouvé sur la voie a eu une chance inouïe. Il n'est pas mortellement blessé comme nous l'avons cru tout d'abord. Il a des fractures multiples, il est fortement commotionné et il a été drogué mais il survivra. Dès que son état le permettra, nous l'interrogerons.

Heinz Bruckmayer s'exprime posément malgré l'excitation qu'il ressent.

— Si vous me permettez un conseil, annoncez à la presse que la victime est décédée. Il ne faut pas que l'assassin prenne peur et on doit à tout prix mettre hors d'état de nuire un criminel de cette envergure.

Le policier yougoslave répond aimablement :

— C'est bien ce que nous comptions faire. Dès que nous aurons du nouveau, nous vous tiendrons au courant.

Et, le lendemain après-midi, le commissaire Bruckmayer reçoit un télex de Belgrade. C'est la déposition du blessé de l'Europe-Express.

« Je rentrais à Zagreb pour les vacances. Un homme est entré dans mon compartiment où j'étais seul. C'était un colosse ; il avait l'air à la fois gentil et pas très malin. Il m'a dit s'appeler Sigmund Platt, être représentant de commerce et habiter Hambourg. Il connaissait bien la Yougoslavie et en particulier Zagreb. Nous avons sympathisé. Je lui ai dit que je retournais dans ma famille et que j'avais fait pas mal d'économies avec mon travail en Allemagne. Il a sorti alors de sa valise une bouteille de schnaps. “J'en ai toujours une pour les amis, m'a-t-il dit ; excusez-moi de ne pas trinquer avec vous, j'ai un ulcère à l'estomac.” J'ai bu deux verres et après, je ne me souviens plus de rien… »

Immédiatement, Heinz Bruckmayer téléphone au commissariat central de Hambourg. Son collègue allemand s'apprêtait à l'appeler lui-même. Il jubile.

— C'est fini. Nous venons d'arrêter à l'instant même Sigmund Platt. Et vous ne devinerez pas comment nous l'avons trouvé : tout simplement en cherchant son adresse dans l'annuaire ! Sous son matelas, nous avons découvert les portefeuilles de ses trois victimes. Il n'a fait aucune difficulté pour avouer.

Le commissaire Bruckmayer ne peut cacher sa surprise.

— Sous son matelas ! C'est surprenant de la part d'un assassin aussi machiavélique.

L'interlocuteur du commissaire a un petit rire.

— Vous n'y êtes pas du tout, c'est une brute, et rien d'autre. Il repérait des émigrés qui avaient de l'argent sur eux, il les droguait, il les dépouillait et il les jetait par la fenêtre. C'est tout. Il n'y a pas la moindre trace de calcul dans tout ce qu'il a fait.

— Mais ces trois meurtres dans trois pays différents, juste avant ou après la frontière ?

— Un hasard, cher collègue, un pur hasard ! Quand nous lui en avons fait la remarque, il a ouvert des yeux ronds. Il n'y avait pas songé un seul instant. Il s'était juste débarrassé de ses victimes dès que la drogue avait fait son effet. C'est aussi simple que cela…

Une fois la communication terminée, le commissaire Bruckmayer reste un long moment songeur. En sortant de sa rêverie, il pousse un gros soupir et conclut, à l'attention de son adjoint :

— Décidément, Ritter, il n'y a plus personne de raffiné dans les trains internationaux, pas même les assassins !

3

Un rendez-vous manqué

En cette année 1963, l'abbé Pierre a cinquante et un ans. Résistant puis député, il s'est fait connaître de toute la France durant l'hiver 1954, avec son fameux appel en faveur des mal-logés. Depuis, il se rend aussi à l'étranger, pour soulager les autres misères.

Toujours aussi actif et infatigable, il a visité pas moins de trente pays, faisant entendre aux puissants sa voix en faveur des humbles. Dans le bureau ovale de la Maison-Blanche, il a dédicacé son livre, *Les Chiffonniers d'Emmaüs*, au président Eisenhower. En Inde, il a rencontré à la fois le Premier ministre Nehru et mère Teresa, puis il est allé s'incliner sur la tombe du Mahatma Gandhi. Aux membres de l'Institut Nobel d'Oslo, il a réclamé « une armée de lutte contre la misère ». Ayant porté son message aux quatre coins de la planète, il est désormais mondialement connu.

*

Au mois de juillet 1963, il est en Amérique du Sud. Il effectue d'abord un séjour en Argentine. Le voyage est un véritable succès. Il fonde un centre Emmaüs à Buenos Aires et un dispensaire dans le sud du pays.

Étape suivante : l'Uruguay. L'année précédente, un riche industriel a fait don à la communauté Emmaüs du pays de terres en bordure de l'Atlantique, et des installations y ont été construites pour accueillir les enfants des bidonvilles durant les vacances. C'est à eux que l'abbé Pierre va rendre visite.

Au dernier moment, il se heurte à un problème inattendu. Un brouillard très dense s'est abattu sur les environs, et les communications aériennes entre les deux pays sont interrompues. Il doit donc se rabattre sur le bateau, ce qui ne pose a priori pas de difficulté. Il y a tous les jours un départ de Buenos Aires en direction de Montevideo, la capitale de l'Uruguay.

*

Le fondateur d'Emmaüs embarque le 10 juillet sur le *Ciudad de Asunción*. Il y fait la rencontre d'un autre religieux, lui aussi en mission en Amérique latine, le père Audinet. Tous deux échangent leurs impressions sur le bateau, qui ne paye guère de mine, tout rouillé et bondé qu'il est. On apprendra plus tard qu'il emportait 438 passagers, alors qu'il n'avait même pas la capacité pour 400.

Les deux hommes se plaignent également du froid, qui les surprend l'un comme l'autre. Il faut dire que c'est le plein hiver austral et que les températures sont comparables à celles qui peuvent régner chez nous un mois de janvier.

Le soir ne tarde pas à tomber et tous deux gagnent leur cabine. Avant de se séparer, l'abbé Pierre demande à son compagnon de voyage :

— J'ai du mal à dormir, ces temps-ci. Vous n'auriez pas quelque chose ?

Le père Audinet, lui aussi, a des insomnies et il les soigne avec un somnifère assez puissant, qui a le mérite de le plonger immédiatement dans un sommeil sans rêve. Il en donne deux cachets à l'abbé, sans préciser qu'il n'en a plus pour lui-même. Tant pis, il ne dormira pas cette nuit !

*

Quatre heures du matin. Dans sa cabine, le père Audinet tourne en rond. Impossible de trouver le sommeil. Il va à son hublot pour contempler les eaux boueuses du Río de la Plata sous le clair de lune, espérant que cette vision monotone va à la longue l'assoupir, quand un grand choc se produit. Les objets de toilette tombent à terre, la porte du placard s'ouvre avec fracas. Le père se rattrape comme il peut à une chaise. Il va ouvrir la porte : de nombreux passagers sont également sortis de leur cabine.

La voix d'un officier se fait entendre :

— Le navire est immobilisé. Votre gilet de sauvetage est sous la couchette. Mettez-le et montez sur le pont !

Le religieux s'exécute, mais il n'oublie pas l'abbé. Avec ce qu'il a pris, il ne s'est sans doute rendu compte de rien. Il faut le réveiller et vite ! Il va tambouriner à sa porte.

— Père, père, levez-vous !

Aucune réponse, à part un grognement indistinct. Il frappe de plus belle, sentant l'angoisse l'envahir. S'il ne parvient pas à le réveiller et si le bateau coule, c'en est fini du fondateur d'Emmaüs. Mais enfin, au bout de cinq minutes interminables, une voix pâteuse s'élève :

— Qu'est-ce que c'est ?

— Le bateau est en difficulté. Il faut mettre votre gilet et monter sur le pont.

Après un temps qui semble incroyablement long, l'abbé Pierre apparaît. Il ressemble à un zombie. Il titube, les yeux mi-clos, tenant son gilet à la main. Il a hâtivement passé sa pèlerine par-dessus son pyjama. Audinet le tire par le bras.

— Venez ! Ne perdons pas de temps. Nous sommes les derniers…

*

Les deux prêtres gagnent le pont. Tous les passagers sont là. Le navire est tellement bondé qu'on se croirait dans le métro à l'heure d'affluence. Mais personne ne panique, l'atmosphère semble même bon enfant. Les gens discutent sans trop d'inquiétude. Le père Audinet se renseigne.

— Qu'est-ce qui s'est passé ?

— Il paraît qu'on a heurté une épave…

Soudain, les lumières se mettent à clignoter, puis s'éteignent toutes en même temps. Il y a des cris, des pleurs d'enfants. Les officiers sortent des torches électriques et tentent de rétablir le calme.

— Ne vous affolez pas ! Regroupez-vous à l'arrière.

Le mouvement s'effectue dans une discipline relative. Mais très vite, c'est le drame. Une fumée grise apparaît, suivie de flammes qui se développent rapidement. La chaudière a pris feu, le bateau va couler !

Il commence à piquer du nez par l'avant. Cette fois, c'est vraiment la bousculade. Les hommes d'équipage tentent de mettre à la mer les canots, mais il n'y en a pas assez pour tout le monde. On assiste à des bagarres féroces. D'autres préfèrent prier. Les deux prêtres sont bousculés, tirés de tous côtés.

— Donnez-moi l'absolution, mon père !…

Ils s'exécutent, tandis que les premiers canots s'éloignent. On jette par-dessus bord tout ce qui flotte : bouées, bancs, caisses, meubles. Les flammes se rapprochent, accompagnées d'un nuage de fumée suffocante. Impossible de tenir dans des conditions. L'abbé Pierre enjambe le bastingage et saute.

*

Il se doutait que l'eau serait glaciale, mais il ne s'attendait pas à un tel choc. Il est si saisi qu'il croit mourir. Il remonte à la surface et aspire une grande bouffée d'air. Il cherche du regard le père Audinet, mais ne l'aperçoit pas.

En revanche, des dizaines et des dizaines de passagers gesticulent autour de lui et se démènent dans de grandes gerbes d'eau. Il lutte lui aussi pour s'éloigner, mais s'épuise rapidement. Son pyjama et sa pèlerine, gorgés d'eau, pèsent des tonnes. Le fuel qui s'échappe de l'épave se répand à la surface, formant un mélange gluant à l'odeur insupportable.

Une dizaine de personnes agrippées à un grand coffre en bois lui font signe de les rejoindre. Il réunit ses forces pour se diriger vers eux et réussit à s'accrocher. Pour faire face à l'adversité, ses compagnons choisissent de plaisanter. Un jeune homme s'écrie :

— On dirait que nous sommes autour d'une table !

Les autres se mettent à rire. L'abbé admire ce détachement dans une situation aussi dramatique, mais il en est, pour sa part, incapable. L'eau est de plus en plus glaciale, la tête lui tourne… Il se retrouve tenu fermement par un des autres naufragés.

— Que s'est-il passé ?

— Vous vous êtes évanoui. Vous avez lâché prise et je vous ai rattrapé. Tâchez de rester conscient…

Rester conscient, l'abbé aimerait bien, malheureusement il sait que c'est au-dessus de ses forces. Il se sent glisser, au propre comme au figuré, et perd la notion de ce qui l'entoure.

*

Il reprend conscience dans un endroit clos. L'atmosphère est étouffante. L'obscurité qui règne, une sorte de pénombre gris foncé, a quelque chose d'angoissant. Il se sent opprimé par une masse qui l'empêche de bouger et écrase tout son corps. Il remue la tête de droite à gauche, il tente de faire des gestes maladroits des mains. C'est alors qu'il entend une voix :

— Par ici ! Il y en a un qui bouge !

En quelques secondes, il se retrouve à l'air libre. Il comprend qu'il était étendu sous une bâche. Un marin se tient debout au-dessus de lui.

— Où suis-je ?

— Vous ne vous souvenez de rien ?

— Non…

— Le *Ciudad de Asunción* a coulé. Vous êtes à bord de notre navire. Dès que nous avons entendu le signal de détresse, nous avons fait route dans votre direction. Nous vous avons repêché.

— Il y a des victimes ?

Le marin ne répond pas. Il détourne la tête d'un air gêné.

Réunissant ses forces, l'abbé se dresse sur les coudes et découvre un spectacle de cauchemar. Tout autour de lui, sont allongées des formes recouvertes également de bâches : des morts. Il était au milieu de morts !

— Il y en a beaucoup ?

— Plus de vingt et il y en aura d'autres. Les recherches ne sont pas terminées… Nous avons cru que vous étiez mort. Vous étiez soutenu par votre gilet de sauvetage. Vous ne bougiez plus…

*

Une fois remis et habillé sommairement d'un bleu de travail, l'abbé Pierre parcourt le navire sur lequel il se trouve, un escorteur de la marine uruguayenne, qui a recueilli la plupart des rescapés. Il retrouve le père Audinet, sain et sauf lui aussi. L'accident a fait 28 victimes, dont plusieurs enfants.

Interrogé peu auparavant sur ce que représentait la mort pour lui, il avait répondu :

— La mort, mais c'est comme un rendez-vous longtemps retardé avec un vieil ami !

Un rendez-vous manqué

Il s'en est fallu de peu, mais le naufrage du *Ciudad de Asunción* a été, pour l'abbé Pierre, un rendez-vous manqué. En ce mois de juillet 1963, il avait encore quarante-quatre ans à vivre. Pour le plus grand bien des pauvres gens du monde entier.

4

VOYAGE EN ENFER

— Papa, dépêche-toi, on va être en retard !

Nous sommes le 11 novembre 2000, dans l'élégante station autrichienne de Kaprun, dominée par la silhouette du mont Kitzsteinhorn, 3 203 mètres. Werner Hoffmann, trente-neuf ans, et sa fille Carlotta, douze ans, y passent la fin de la semaine. Werner Hoffmann est divorcé, il a sa fille un week-end sur deux. C'est à la demande de Carlotta qu'ils sont venus ici. Une démonstration internationale de snowboard, discipline que la petite fille est en train d'apprendre et qui la passionne, a lieu dans la station.

Voilà pourquoi Carlotta est si fébrile. Pour rien au monde, elle ne voudrait manquer cet événement. Il y aura toutes sortes de spécialistes, dont Sandra Schmitt, l'Allemande championne du monde junior. Elle répète avec plus d'insistance :

— Papa, dépêche-toi !

M. Hoffmann est loin d'être aussi pressé. Il est là pour faire plaisir à sa fille, mais la neige n'est pas sa passion. En revanche, les boutiques à la mode ne manquent pas à Kaprun et il ne peut s'empêcher de jeter un œil aux vitrines chaque fois qu'il en croise une… Il finit par s'arracher à la contemplation de la devanture d'une chemiserie et presse le pas en direction de la gare du funiculaire qui doit les mener en haut des pistes.

Cet engin aux allures futuristes fait la fierté de Kaprun. Il est carrossé par Porsche, ce qui est tout dire ! Mais il ressemble en fait plus à un métro qu'à un funiculaire. Il est composé de trois wagons et effectue la plupart de son trajet dans un tunnel. Celui-ci représente 3 300 mètres sur les 4 000 mètres du parcours total, qui amène les voyageurs de l'altitude de 900 mètres, celle de la station, à 2 450 mètres sur les pistes…

Les Hoffmann père et fille arrivent à la gare. Il y a la queue au guichet. Cette affluence est due sans nul doute à la démonstration de snowboard qui a attiré la foule. Il faut espérer qu'il ne sera pas trop tard et qu'ils auront une place !

Une fois leurs billets achetés, ils ont juste le temps de courir sur le quai et de monter par la dernière porte du dernier wagon.

En cette matinée du 11 novembre, le funiculaire de Kaprun a des allures de transport urbain à l'heure de pointe. Dans les trois voitures ont pris place 167 personnes exactement, la capacité maximum de la rame. Skieurs et skieuses s'écrasent, dans une atmosphère malgré tout bon enfant.

Les portes automatiques se referment silencieusement et le funiculaire se met en marche, conduisant ses occupants vers un destin qu'ils ignorent. Si M. Hoffmann n'avait pas flâné devant les vitrines, tout aurait été différent. La vie est parfois faite d'impondérables. La mort aussi.

*

Le fait d'être arrivés les derniers a, dans l'immédiat, pour eux, un avantage appréciable. Ils sont contre la paroi en plexiglas et ils ont tout le loisir d'admirer le panorama. Dans la première partie de son trajet, pendant 700 mètres environ, le funiculaire grimpe sur une rampe métallique qui domine la station. La vue est magnifique, surtout lorsqu'il fait un temps radieux, comme c'est le cas ce jour-là... Le père et la fille n'en finissent pas d'admirer les toits pentus couverts de neige qui font penser à un décor de Noël.

— Tu as vu le clocher ?

— Et là, cet oiseau : tu crois que c'est un aigle ?...

Ils continuent un moment à s'extasier, mais tout a une fin, le funiculaire s'engouffre dans le tunnel, qu'il ne va plus quitter. Une triste lumière jaunâtre remplace le rayonnement du soleil. La promiscuité, à laquelle ils ne faisaient pas attention il y a un instant, leur devient subitement pénible. Heureusement tout cela ne va pas durer longtemps... C'est alors qu'un des passagers lance :

— Il y a de la fumée quelque part !

Personne ne fait écho à sa remarque. Il insiste pourtant :

— Je vous assure, il y a de la fumée !

Au même moment, une petite fille pousse un cri.

— Ça brûle par terre !

Cette fois, il n'y a aucun doute possible : des flammes sortent du plancher, tandis qu'une fumée âcre commence à s'élever. Le funiculaire a fait environ 500 mètres dans le tunnel... D'autres exclamations se font entendre, au milieu des premiers cris de panique.

— Il faut prévenir le conducteur !

— Où est l'alarme ?

— Il faut appeler d'un portable !

Mais il n'y a pas d'alarme visible. Quant aux portables, ils sont inutilisables : le réseau ne passe pas dans le tunnel. Werner, Carlotta et les autres passagers sont livrés à eux-mêmes, serrés comme des sardines dans un endroit exigu où un incendie vient de se déclencher.

*

Il n'y a effectivement pas d'alarme pour appeler le conducteur, mais cela n'empêche pas ce dernier de se rendre compte du drame. Il aperçoit des flammes dans son rétroviseur et appelle aussitôt la gare d'arrivée.

— L'arrière du funiculaire est en feu !

À la station terminale, on ne s'affole pas. On lui fait appliquer les directives prévues en pareil cas.

— Arrêtez le véhicule et ouvrez les portes.

Malheureusement, à cet instant précis, l'électricité se coupe, ce qui rend impossible l'ouverture automatique. Le conducteur l'annonce à son interlocuteur et conclut :

— Je vais ouvrir les portes à la main.

Mais il ne pourra en ouvrir aucune, il vient de prononcer ses dernières paroles. Selon toute vraisemblance, il est mort dans les minutes, voire les secondes qui ont suivi, au moment où il est sorti de sa cabine et où il a respiré les gaz mortels qui ont envahi le tunnel…

*

Dans le dernier wagon, c'est la panique. Tout le monde crie, tout le monde se bouscule et certains ont peut-être déjà péri étouffés. Les passagers s'acharnent contre les portes, qui refusent obstinément de s'ouvrir. Werner et sa fille, quant à eux, suffoquent, écrasés contre la vitre de plexiglas. C'est alors qu'un homme derrière eux a l'idée d'essayer de la casser avec son bâton de ski. D'autres l'imitent, et une brèche finit par s'ouvrir. Werner Hoffmann y précipite sa fille et il sort peu après, en compagnie de plusieurs passagers.

Dehors, on se croirait au milieu de l'enfer. Il fait une chaleur épouvantable. Il règne partout une fumée âcre et noire et un mur de flammes barre le tunnel en direction de la descente. Werner Hoffmann appelle :

— Carlotta ! Carlotta !

Personne ne répond. Est-elle morte, comme ces hommes et ces femmes qu'il voit s'effondrer autour de lui ou comme ceux qui sont restés dans le wagon qui vient de s'embraser ? Non, quelqu'un tousse près de lui. C'est elle. Il n'a pas reconnu sa voix, il a reconnu sa toux. Il lui prend la main. Elle est vivante, mais pour combien de temps le sont-ils encore tous les deux ?

Werner Hoffmann doit agir immédiatement, sinon, ils sont perdus. Il y a deux solutions : se diriger vers le haut, où on ne voit rien à cause de la fumée, ou aller vers le bas et le mur de flammes. Sans savoir pourquoi, Werner Hoffmann choisit la seconde solution. Il s'élance, tenant toujours Carlotta par la main.

Le contact de la fournaise est à la limite de l'insoutenable. Il croit qu'il va mourir, mais il tient bon. Il franchit les flammes, qui n'étaient, en fait, qu'un mince rideau. Il fait encore quelques centaines de mètres, tirant Carlotta derrière lui et ils se retrouvent tous deux à l'air libre, sur la rampe qui descend jusqu'à Kaprun. Ils sont sauvés !

Werner Hoffmann apprendra plus tard par les sauveteurs qu'il avait pris sans le savoir la bonne décision. Le danger le plus grand n'était pas le plus visible, ce n'étaient pas les flammes pourtant impressionnantes, c'étaient les fumées toxiques, mortelles à brève échéance.

C'est également la raison pour laquelle les survivants se trouvaient tous dans le troisième wagon. Certes, c'est là qu'a pris le feu, mais encore une fois, les flammes étaient moins dangereuses que la fumée, qui est montée vers les deux premières voitures, ne laissant aucune chance à ses occupants. Le retard qu'a pris M. Hoffmann lui a sauvé la vie, ainsi qu'à sa fille.

*

Le bilan est impossible à établir sur le moment, mais il est évident qu'il est effrayant. Les drapeaux sont mis en berne dans toute l'Autriche, où un deuil national de deux jours est décrété pour « la pire catastrophe de mémoire d'homme dans la région », selon l'expression du chancelier Wolfgang Schüssel.

Lorsqu'on pourra faire les comptes, on recensera, parmi les passagers du funiculaire, 155 morts et seulement 12 survivants. Et la tragédie est d'autant plus terrible que la grande majorité des victimes sont très jeunes. Parmi elles, Sandra Schmitt, dix-neuf ans, l'Allemande championne du monde de snowboard que Carlotta voulait tant voir évoluer sur la piste…

Dès le début, les plus folles hypothèses circulent sur cet accident sans précédent. La plus répandue fait état de la présence de plusieurs bidons de gasoil destinés au refuge établi sur le glacier. Mais l'hypothèse est immédiatement démentie par le responsable de la société d'exploitation du funiculaire, qui déclare de manière tranchante :

— Nous transportons des hommes, pas de l'essence !

Le conducteur habituel de la rame confirme la chose. Il a bénéficié, lui aussi, d'une chance incroyable : c'était son jour de congé ! Il précise que le funiculaire transportait bien des matériaux inflammables pour ravitailler des installations en haut des pistes, mais seulement la nuit, en l'absence de passagers. C'était indiqué formellement dans le règlement.

En attendant, l'heure est à la récupération et à l'identification des corps. La tâche est effroyable. Une centaine de militaires et de pompiers sont mobilisés pour explorer le tunnel. L'opération est extrêmement difficile physiquement et surtout psychologiquement. Les équipes d'intervention, composées de cinq à six hommes, travaillent en rotation, pas plus d'une heure et demie à chaque fois. Elles sont assistées de psychologues qui les aident à surmonter cette confrontation brutale avec la mort d'autant de femmes, d'hommes et d'enfants.

Les corps sont dans un état horrible. Ils n'ont plus rien d'humain. Certains ont presque fondu, dans la fournaise qui a atteint 1 500°. Les repères habituels que sont le nez et les oreilles ont disparu. Toute identification visuelle est impossible ; il faudra utiliser la dentition et, si celle-ci n'est pas praticable non plus, l'ADN.

Pendant des semaines, des recherches particulièrement éprouvantes sont effectuées. Deux équipes d'identification travaillent chacune de leur côté. La première rencontre les familles des disparus et établit un dossier avec des radios dentaires ou des fragments d'ADN prélevés sur les peignes, les rasoirs, les brosses à dents. Une seconde équipe fait le même travail sur les restes humains calcinés et recoupe les résultats obtenus avec les éléments récoltés auprès des familles, ce qui va permettre, au bout du compte, d'identifier l'ensemble des victimes. À aucun moment les familles n'ont été mises en présence des corps.

*

Le procès de la catastrophe de Kaprun s'ouvre le 18 juin 2002, à Salzbourg. Dans le box des accusés, seize personnes : des techniciens, des experts, des fonctionnaires et des cadres de la société du funiculaire, poursuivis pour « négligence ayant entraîné un incendie ». Ils risquent jusqu'à cinq ans de prison.

Les causes de la tragédie sont maintenant connues, elles figurent dans les 25 000 pages du dossier. Il s'agit, selon l'expression du procureur Eva Danninger-Soriat, d'une « mosaïque d'erreurs ». L'accident, non seulement n'a rien d'incompréhensible, mais il était prévisible.

Le funiculaire avait beau être carrossé par Porsche, son allure aérodynamique camouflait des erreurs de conception qui se sont avérées fatales, quand elles se sont conjuguées à d'autres négligences. C'est un petit chauffage électrique, totalement inadéquat pour ce type de transport, qui a provoqué l'incendie dans la cabine de pilotage, alors inoccupée, à l'arrière du train. Une fuite d'huile du système hydraulique, qui aurait dû être détectée lors des contrôles de routine, a fait le reste. Les portes sont restées bloquées ; il n'y avait ni extincteur ni marteau pour briser les vitres, ni moyen de communication entre les voitures et le conducteur.

La carrosserie profilée en aluminium, si jolie d'aspect, comprenait du plastique, ce qui explique pourquoi l'incendie s'est propagé si rapidement, empêchant la quasi-totalité des passagers de s'enfuir. Quant au couloir de secours, il ne faisait que 60 centimètres de large. Enfin, la porte de sécurité censée obturer le haut du tunnel en cas d'incendie afin d'empêcher l'appel d'air n'a pas fonctionné. La question se pose même de savoir si le téléphérique pouvait légalement circuler ce jour-là, car la gare supérieure, encore en travaux, n'avait pas reçu d'agrément des autorités compétentes.

De leur côté, les accusés font valoir que toutes ces erreurs dont parle l'accusation, si elles constituaient effectivement des dangers, n'étaient interdites par aucun texte au moment où le funiculaire circulait. Ils ne peuvent pas être condamnés pour ne pas avoir appliqué un règlement qui n'existait pas à l'époque.

Et c'est leur point de vue qui l'a emporté. Le procès de la catastrophe de Kaprun s'est conclu par un acquittement général, le tribunal ayant voulu se placer sur un plan strictement légal. La décision a soulevé un tollé du côté des familles, elle a été jugée courageuse par d'autres. Mais de toute manière, elle était peu de chose par rapport à l'ampleur de la tragédie.

5

L'AVENTURE DORÉE

Pattaya, Thaïlande, 14 février 1993. C'est dans ce petit port à l'écart des grandes régions économiques et touristiques du pays que commence notre histoire. Il y a un certain temps déjà, des groupes de Chinois sont arrivés par camion et, depuis, ils se font aussi discrets que possible. Ils vivent à l'écart, couchant à la belle étoile malgré la fraîcheur des nuits. Les autorités ne se sont rendu compte de rien ou, plus vraisemblablement, elles ont dû être payées pour fermer les yeux.

Les Chinois sont au nombre de trois cents et, après un voyage épuisant qui a duré plusieurs semaines – car il a fallu emprunter des petites routes perdues dans la brousse pour éviter les postes frontières –, ils vont enfin embarquer. Ce sont de pauvres gens, des hommes pour la quasi-totalité, même s'il y a quelques couples. Ils viennent de Hong Kong et de la région de Pékin. En ce début des années 1990, plusieurs facteurs poussent les Chinois à émigrer : tout d'abord, les effets de la répression de la place Tian'anmen, en 1989, se font toujours sentir ; ensuite, à l'approche de la rétrocession de Hong Kong à la Chine, en 1997, ceux qui se trouvent en situation irrégulière dans la colonie britannique se sentent menacés et préfèrent prendre les devants.

Les candidats à l'émigration ont fait appel aux membres de réseaux clandestins. On les appelle les *snakeheads*, les

« têtes de serpent », un vilain nom, qui désigne une réalité tout aussi laide. Les *snakeheads* leur ont promis un avenir fabuleux. Ils seront débarqués près de New York et ils n'auront plus qu'à gagner Chinatown, le plus important quartier chinois du monde. Là, ils se fondront dans la multitude et seront pris en charge par la communauté. Après quoi, ils deviendront riches, car tout le monde devient riche en Amérique.

En réalité, les hommes et les femmes qui s'apprêtent à embarquer ont dû débourser en moyenne 30 000 dollars, une fortune, dont ils n'ont pu payer qu'une partie et qu'ils devront rembourser par leur travail une fois arrivés aux États-Unis. C'est une véritable vie d'esclave qui les attend là-bas. Et pas question de cesser de payer, car, dans ce cas, les *snakeheads* s'en prennent à la famille des récalcitrants, n'hésitant pas à employer la torture et, parfois, le meurtre…

Les trois cents Chinois, leur maigre bagage à la main, le plus souvent un simple baluchon, arrivent sur le quai. Le cargo qui va les emporter vers un nouveau monde est là. Il est tout rouillé, tout délabré. Il mériterait depuis des années d'aller à la ferraille, mais il est toujours utilisé pour ce genre de trafic. Il s'appelle le *Golden Venture*, « l'Aventure dorée ». S'il s'agit des profits que font grâce à lui les trafiquants, c'est un nom qui lui va bien, mais s'il s'agit de ce qui attend ses passagers, c'est un tragique mensonge !

*

Pratiquement au même moment, débute à New York une affaire criminelle qui va avoir des répercussions directes sur le destin du *Golden Venture*. Le chef du gang qui a mené l'opération s'appelle Ah Kay. C'est un Cantonais de quarante-huit ans, établi depuis une vingtaine d'années à New York, qui a réussi, en éliminant ou en soumettant ses adversaires, à devenir le principal chef des *snakeheads*.

Comme couverture, Ah Kay possède un magasin de souvenirs à Chinatown. Son arrière-boutique sert de lieu de réunion à la bande. Or, ce matin-là, Lin, son principal lieutenant, a demandé à le voir. Il arrive au milieu des bibelots de jade, des dragons en carton, des assiettes en porcelaine et des pétards pour feu d'artifice et s'incline respectueusement. Si Ah Kay a déjà un peu de ventre, Lin est resté longiligne. Il a juste un peu plus de trente ans, mais tout le monde, à commencer par Ah Kay lui-même, lui prédit une brillante carrière dans le banditisme : il n'a peur de rien et il est dénué de scrupules. Ah Kay lui rend son salut.

— Si tu veux bien me suivre, Lin…

Ensemble, ils pénètrent dans l'arrière-boutique, une vaste pièce où se trouvent une longue table et des chaises. Ah Kay y prend place et lui fait signe de s'asseoir.

— Je t'écoute.

Lin arbore un grand sourire, qui a malgré lui quelque chose de carnassier.

— Jusqu'à présent, tu m'as honoré de ta confiance et j'espère l'avoir justifiée.

— Certainement.

— Seulement, 5 % cela me semble un peu juste. Si tu pouvais les porter à 10, je serais comblé.

Le chef du gang de *snakeheads* regarde intensément son interlocuteur. Il sait que, s'il refuse, il va au-devant de graves problèmes. Lin est dangereux. Jusqu'à maintenant, son efficacité était à son service, à présent elle risque de se retourner contre lui. Il ne peut pourtant pas accepter une pareille exigence. Il rétorque, avec la politesse des Asiatiques :

— J'ai le cœur brisé de ne pouvoir te satisfaire, Lin.

Lin s'incline. Il n'insiste pas et prend congé. Est-ce une soumission de sa part ou le début de la guerre ? L'avenir le dira très rapidement.

*

C'est la guerre… Lin a un homme à lui sur le *Golden Venture*, Lee, avec lequel il communique à l'aide d'une radio. Il l'appelle immédiatement. Il a décidé de s'emparer du navire et de son chargement, dont la valeur atteint les 9 millions de dollars. L'enjeu est considérable !

Ah Kay avait prévu de faire débarquer le cargo sur la côte du Massachusetts et de descendre ensuite vers New York à bord de camions, mais Lin a pu mettre au point un plan pour faire accoster le *Golden Venture* à New York même. Il en informe son homme de main et conclut :

— Maintenant, tu te rends maître du navire et tu mets le cap sur New York.

Mais Lee fait une objection.

— Nous sommes encore loin. Le capitaine ne se doute de rien. Tu ne crois pas que nous aurions intérêt à agir plus tard, quand nous serons près des côtes ?

Lin réfléchit. C'est, en effet, un très long voyage qu'accomplit le *Golden Venture* : traversée de l'océan Indien, passage par le cap de Bonne Espérance et traversée de l'Atlantique. Tout cela est extrêmement éprouvant pour les émigrants, entassés dans des conditions de promiscuité et d'hygiène déplorables. Garantir la sécurité est toujours délicat. Mieux vaut, effectivement, laisser l'équipage en place s'en occuper et prendre le commandement du navire au dernier moment.

— Tu as raison. Nous agirons plus tard. Je te préviendrai…

Et, tandis que le cargo continue sa route dans un environnement de plus en plus pénible depuis son entrée dans l'hémisphère Sud, à New York les événements s'accélèrent.

*

Ah Kay fait espionner Lin et, sans apprendre ses projets concernant le *Golden Venture*, découvre qu'il a l'intention de constituer sa propre bande. Dans ces cas-là, la meilleure défense est l'attaque : un tueur reçoit l'ordre d'éliminer Lin. Mais celui-ci est bien protégé. L'homme de main réussit à abattre ses deux gardes du corps, tandis que la cible parvient à s'enfuir.

Lin décide, bien sûr, de répliquer. Mais d'abord, il doit s'occuper du *Golden Venture*. Il appelle Lee et lui donne l'ordre de s'emparer du navire sans plus attendre, de gagner les abords de New York et d'attendre des instructions complémentaires...

Lin sait que Ah Kay est en ce moment en famille dans sa luxueuse villa du New Jersey et il s'y rend avec tous ses hommes. La surprise joue en sa faveur : c'est un véritable carnage. Ils abattent tous ceux qui se trouvent à l'intérieur, y compris les frères de Ah Kay. Mais ce dernier reste introuvable.

La police arrive sur les lieux quelques minutes après la fusillade. Les agents trouvent un individu d'origine asiatique devant la porte d'entrée. Il a reçu de nombreuses balles et plusieurs coups de couteau. Dans le salon, trois Chinois gisent aussi, criblés de balles : les frères de Ah Kay. À la cave, on découvre encore deux cadavres ; ils ont été ligotés et bâillonnés puis abattus.

Des témoins donnent rapidement une description de la fourgonnette des tueurs. La police communique à toutes les patrouilles son numéro minéralogique et son signalement. Des barrages routiers sont dressés autour du périmètre et chaque véhicule est contrôlé.

Lin et ses hommes sont pris au piège sur le pont de Washington, un quart d'heure après la tuerie. Les policiers remarquent immédiatement des traces de sang sur leurs vêtements. Ils les interrogent les uns après les autres, mais aucun ne répond.

Le laboratoire criminel du New Jersey analyse les prélèvements de sang retrouvés sur les suspects : l'ADN coïncide avec celui des victimes. La balistique confirme que les armes qui ont servi sont bien celles des individus appréhendés. Face à de telles preuves, les membres du gang sont inculpés d'homicide. Pourtant, les enquêteurs ne connaissent toujours pas le mobile, les suspects refusant de parler. Quant à Ah Kay, il n'y a pas moyen de mettre la main sur lui. La police est persuadée qu'il est retourné en Chine.

*

Pendant ce temps, sur le *Golden Venture*, les événements se précipitent. Le cargo est maintenant dans l'Atlantique et entame la dernière partie de son parcours. Il était temps, car les provisions commençaient à manquer, l'eau en particulier. Une jeune Chinoise qui en avait volé une bouteille a eu le bras cassé sur ordre du capitaine.

Obéissant aux instructions de Lin, Lee va trouver ce dernier, un Indonésien répondant au nom d'Amir Tobing.

— Notre destination a changé. Nous allons débarquer à New York. Je viens de l'apprendre par Lin.

Mais Tobing refuse catégoriquement d'obtempérer.

— Je ne prends mes ordres que de Ah Kay.

Lee insiste encore, mais il se rend compte que c'est inutile. Alors, il change de tactique. Il a emporté dans ses bagages un petit arsenal. Il retourne dans sa cabine et va trouver les émigrés chinois avec un sac rempli d'armes. Contre la promesse d'une réduction de leur prix de passage, il en convainc une dizaine de le suivre.

Il fait irruption dans le poste de pilotage avec sa petite armée et ne rencontre aucune résistance. Amir Tobing n'a aucun goût pour le sacrifice et se laisse enfermer dans sa cabine. Quant au reste de l'équipage, il lui est indifférent d'obéir à l'un plutôt qu'à l'autre et il suit docilement les nouvelles instructions. Le *Golden Venture* prend donc la direction de New York.

Lorsqu'il arrive en vue du grand port, Lee appelle son chef Lin pour lui demander ses instructions, mais ce dernier serait bien en peine de lui répondre depuis sa prison. Alors le nouveau maître du *Golden Venture* décide de tourner en rond à quelques milles des côtes et d'attendre.

*

Les conditions à bord deviennent délicates. Les provisions, déjà juste suffisantes, s'épuisent rapidement. L'eau est rationnée. La situation est d'autant plus préoccupante qu'il fait une température exceptionnellement élevée en cette fin du mois de mai. Même l'équipage souffre de la chaleur et de la soif, alors on peut imaginer ce qu'il en est pour les Chinois !

Ils s'entassent dans la cale qui leur sert de logement, dormant sur des nattes, sans lumière naturelle, avec un air raréfié que la chaleur rend étouffant. Beaucoup souffrent de mal de mer, certains de dysenterie et les odeurs sont épouvantables. Mais l'espoir d'une vie meilleure les fait tenir. New York est sûrement tout proche, alors, après ce qu'ils ont enduré pendant le voyage, ils ne vont pas craquer si près du but !

Cette navigation en boucle ne peut pourtant pas durer éternellement. Le second de l'équipage, qui avait jusque-là exécuté sans discuter les ordres de Lee, va le trouver.

— Il n'y a presque plus d'eau. Les marins sont à bout. Quant aux Chinois, ils vont mourir ou alors se révolter. La situation n'est pas tenable.

— Je sais, mais si nous débarquons dans un port, nous nous ferons arrêter.

— Alors, il faut échouer le bateau près de la côte et tenter notre chance à la nage. C'est la seule solution.

*

C'est la décision qui est prise... À l'aube du 6 juin, 1993, Lee réunit tous les émigrants sur le pont. Il a en face de lui une foule inquiète de se voir réveiller au petit matin alors qu'ils ne sont visiblement pas arrivés à destination. Sans leur donner la moindre explication, le *snakehead* leur annonce qu'ils vont s'échouer volontairement. Ceux qui savent nager pourront gagner le rivage s'ils le veulent, les autres n'auront qu'à attendre qu'on vienne les chercher.

Presque tout de suite après, il y a un grand craquement : le *Golden Venture* vient de s'échouer sur un banc de sable, à deux cents mètres de la côte new-yorkaise. Sans plus attendre, Lee et l'équipage, qui ont revêtu des gilets de sauvetage, se jettent à l'eau.

Les Chinois, eux, n'ont pas de gilet. Cela ne les empêche pas de tenter aussi leur chance à la nage. Malheureusement, plusieurs d'entre eux ne se rendent pas compte que les moteurs ne sont pas encore arrêtés. Ils se jettent à l'arrière et sont déchiquetés par l'hélice.

Parmi les autres, beaucoup choisissent de garder leur bagage avec eux et il a beau ne pas être bien gros, il les gêne pour progresser, en raison de la forte houle. Sept d'entre eux sont projetés sur des rochers et y laissent la vie.

Mais ce n'est pas le pire. De nouveaux craquements se font entendre à ce moment dans le cargo. Beaucoup de ceux qui étaient restés à bord sont pris de panique et, bien que ne sachant pas nager, se jettent à l'eau. La traversée du *Golden Venture* est en réalité un effroyable drame de la mer.

Par chance, un hélicoptère des gardes-côtes survole les lieux à ce moment et donne l'alerte. Les secours s'organisent avec une efficacité remarquable. Des vedettes rapides arrivent sur les lieux pour repêcher les corps, vivants ou non, dont la mer est parsemée. Lee et l'équipage sont également repêchés et arrêtés. Lorsqu'on fera les comptes, on recensera 276 Chinois rescapés. Ils ne sont que 24 à s'être noyés, ce qui est un véritable miracle !

*

Parmi les candidats à l'émigration, la moitié environ a été renvoyée dans son pays, les autres sont restés aux États-Unis, ayant pu prouver qu'ils y avaient de la famille. Quant aux *snakeheads*, c'est pour eux l'heure de la justice. Ah Kay, qui a fait l'objet d'un mandat d'Interpol, est arrêté à Hong Kong où il se cachait, et extradé. Contrairement à Lin qui s'est vu infliger la perpétuité pour meurtre, il n'est condamné qu'à vingt ans de prison, pour association de malfaiteurs.

Il vient juste de sortir, mais la Chine, avec son dynamisme et sa richesse, n'est plus un pays qu'on quitte et il va devoir changer de métier. Alors, peut-être choisira-t-il de rendre sa boutique de Chinatown à sa destination première et de devenir marchand de bibelots de jade, de dragons en carton, d'assiettes en porcelaine et de pétards pour feu d'artifice…

6

Le train de Poitiers

Malgré la pluie persistante, Jean Amiot, un grand gaillard de trente-deux ans, suit à pied la voie du chemin de fer de Poitiers. Il ne fait pas vraiment froid, ce 23 janvier 1872, mais le temps est triste, désagréable, un vrai temps de chien !

Et les pensées de Jean Amiot sont à l'unisson. Il rumine sur son sort. Le train, par exemple, il n'y est jamais monté ; le train, c'est pour les riches, pas pour les pauvres ouvriers agricoles comme lui. Et encore, ouvrier agricole, il aimerait bien l'être ! Cela fait des mois qu'il quémande sans succès du travail de ferme en ferme. Alors, il est obligé de couper du petit bois pour les uns et les autres, un travail de bon à rien, qui lui est payé une misère. Mais comment faire autrement, quand on a une femme et trois enfants ?

Jean Amiot a une grimace douloureuse. Aujourd'hui, ils vivotent, mais l'année dernière, c'était bien pire ! Il se demande comment ils ont pu survivre au terrible hiver de 1871. La guerre et l'invasion prussienne avaient vidé les greniers, le pain était hors de prix, c'était la famine. Il a déterré des racines pour nourrir sa famille, il a chapardé dans les fermes et les champs, ce qui lui a valu une réputation détestable et des ennuis avec les gendarmes. Il a aussi essayé de se faire embaucher par la Compagnie des chemins de fer d'Orléans. Ils avaient besoin de monde pour faire le ballast. Seulement, ils n'ont pas voulu de lui.

Les chemins de fer d'Orléans... La ligne de Poitiers leur appartient : ce sera une raison supplémentaire d'accomplir son projet ! Il est près de 17 heures. Dans quelques minutes, l'express Paris-Poitiers va passer. Ce n'est pas lui sa cible, c'est le La Rochelle-Poitiers, qui passe peu après 20 heures, mais ce sera une bonne préparation...

*

Jean Amiot est arrivé devant le ravin de Puyberneau, sur la commune de Pamproux, dans les Deux-Sèvres, où il habite. Il s'arrête. Le ravin n'est pas très profond, quelques dizaines de mètres, mais c'est bien suffisant. À cet endroit, la voie dessine une courbe. C'est là qu'il va falloir agir. Mais d'abord, il faut repérer l'endroit précis.

Le sifflet de l'express au passage à niveau de Pamproux le tire de ses pensées. Il sera bientôt là... Effectivement, il perçoit peu après le halètement de la locomotive, puis son panache de fumée. Il s'accroupit dans un buisson près de la courbe et garde les yeux rivés sur le rail. L'express arrive dans un bruit métallique. Les roues de la motrice abordent la courbe. Il perçoit nettement la pression énorme qu'elles exercent sur le rail extérieur. Si ce dernier cédait, tout le convoi serait précipité dans la pente. C'est là, sans aucun doute, qu'il faut agir !

Jean Amiot se rend dans le bois voisin où il a repéré un jeune chêne d'une dizaine de centimètres de circonférence. Une fois qu'il l'aura coupé et taillé, il sera parfait comme levier, pour déplacer les rails. En partant de chez lui, il a emporté une serpe en prévision de ce travail. Il n'a pas de temps à perdre.

Il se met à l'ouvrage et, tandis qu'il s'échine sous la pluie fine, il a tout le temps de repenser au projet qu'il va mettre à exécution, dans maintenant un peu moins de trois heures… Ce qui différencie le train de La Rochelle des autres, c'est qu'il possède un wagon postal. Or, dans le courrier, il y a toujours les billets de banque que les gens ont glissés, surtout en cette période troublée où on envoie des secours aux proches qui sont dans le besoin.

Le train de La Rochelle a six wagons : quatre wagons de voyageurs à l'avant, un wagon de marée, poissons et coquillages et, enfin, le wagon postal. Jean Amiot a calculé que, compte tenu de la profondeur du ravin, les quatre premiers wagons y tomberont et que les deux derniers resteront sur la voie. Pendant qu'en bas, ils seront tous ou presque morts ou blessés, il courra vers le wagon postal et prendra un des sacs de courrier, qu'il ira enterrer dans le trou qu'il va creuser…

Environ trois quarts d'heure plus tard, il en a terminé avec le chêne. Il a en main une perche d'environ deux mètres de long, maniable et résistante. Il va alors chercher les outils qu'il a volés la veille sur un chantier de cantonniers et qu'il a cachés un peu plus loin : une pelle, une pioche et une masse. La pioche et la masse serviront plus tard sur la voie ferrée, pour l'instant, c'est au tour de la pelle.

Il cherche un endroit suffisamment dissimulé pour creuser son trou et, une fois que celui-ci est achevé, il revient vers la voie de chemin de fer pour son travail principal : le sabotage.

La pluie s'est renforcée, ce qui le comble de satisfaction. Le pire, ce serait que quelqu'un l'aperçoive, mais pour sortir par ce temps, il faut vraiment avoir une bonne raison. D'autant que la nuit est en train de tomber. Il y voit juste assez pour accomplir sa tâche, mais il fait suffisamment sombre pour qu'il ne soit pas visible à plus d'une vingtaine de mètres. C'est absolument parfait !

Il a auprès de lui la masse et la pioche. Avec la masse, il fait sauter un à un les boulons qui retiennent les rails aux traverses de bois, puis, avec la pioche il creuse sous les rails, de façon à introduire le tronc de chêne qui lui sert de levier. C'est un travail difficile, mais il est vigoureux et il y parvient en moins d'une heure. Les deux rails vont désormais droit vers le ravin : un véritable plongeoir, sur lequel le La Rochelle-Poitiers va se précipiter !

*

La réputation d'exactitude des trains n'est pas usurpée. À un peu plus de 20 heures se fait entendre le sifflet de la locomotive au passage à niveau de Pamproux, après quoi on perçoit le halètement sourd de la machine qui se rapproche. Jean Amiot est tapi près de la courbe, suffisamment loin tout de même pour ne pas risquer d'être touché par le convoi. Celui-ci arrive à vive allure et, l'instant d'après, c'est l'apocalypse !

Au lieu de suivre la courbe, il fonce tout droit, dans une gerbe d'étincelles. La locomotive poursuit sa course quelques instants dans l'air, comme si elle allait se mettre à voler, puis elle plonge, entraînant le convoi à sa suite. Le bruit d'enfer que font les tôles en s'entrechoquant est effrayant. Enfin, le fracas diminue. La locomotive, en butant au fond du ravin, s'est couchée sur le flanc ; derrière, le tender s'est complètement retourné. De longues flammes s'échappent du foyer de la chaudière, dont la porte s'est ouverte sous le choc.

Cette lumière permet à Amiot de découvrir la situation. Trois wagons de voyageurs ont dévalé la pente à la suite de la motrice, mais le quatrième est resté sur la voie, en compagnie de la voiture de marée et de la voiture postale. Il est partiellement dans le vide. Un moment, Amiot pense qu'il va continuer à avancer et tomber, mais non, il est définitivement immobile.

Qu'à cela ne tienne : les passagers doivent être sous le choc et ne le verront pas monter dans le wagon postal. Amiot se précipite vers ce dernier, mais il s'arrête net.

Les passagers ne semblent nullement sous le choc. Ils sortent de leur wagon, ils descendent sur la voie, s'interpellant entre eux. Et, en dessous, dans les wagons du ravin où il ne devrait y avoir que des morts, les passagers sortent aussi, visiblement indemnes. Jean Amiot étouffe un cri de rage : non seulement il ne peut pas s'emparer du courrier, mais le carnage escompté n'est pas au rendez-vous. Pour cela aussi, il a manqué son coup !

*

Il y a pourtant une victime, le chauffeur de la locomotive, Jérôme Carraud. Étienne Jouin, le mécanicien, l'appelle dans la nuit. La dernière fois qu'il l'a vu, il était sur le côté droit de la machine, du côté où elle s'est couchée. Lui a eu plus de chance, il a été éjecté lors du choc final. Son bras lui fait horriblement mal, il a des bosses et des plaies un peu partout, son visage, brûlé par des braises, le tiraille et lui arrache des cris de douleur, mais il est vivant… Il fait le tour de la motrice, en appelant :

— Jérôme ! Jérôme !

Jérôme Carraud est là, sous un amoncellement de tôles tordues. Étienne Jouin se recule, en proie à un violent chagrin. Ils étaient amis, ils se recevaient souvent entre eux. Jérôme était marié, il avait deux enfants… Des gémissements en provenance des wagons de voyageurs tombés dans le ravin le tirent de ses souvenirs douloureux. Son devoir est d'aller secourir ceux qui en ont besoin.

Il se détourne du corps de Carraud et entreprend de remonter la pente, mais la pluie rend son ascension difficile. Les trois voitures qu'il a longées sont presque à la verticale. À l'intérieur, la plupart des personnes lui semblent vivantes. Par une circonstance miraculeuse, il n'y a, en effet, pas d'autre victime ; il n'y a même pas de blessé grave à déplorer…

Jean Amiot quitte, la rage au cœur, le buisson où il se cachait pour rentrer chez lui. Pendant ce temps, Étienne Jouin organise les secours. Il s'occupe de sécuriser la voie en y déposant une lanterne. Il charge ensuite un passager indemne d'aller chercher de l'aide à la gare de Pamproux.

Tandis que les rescapés sont regroupés le long de la voie, le premier train de secours, parti de Poitiers à 22 h 17, arrive au poteau kilométrique 379, lieu de l'accident, à 0 h 30 du matin. Les cheminots réussissent à dégager le corps de Jérôme Carraud. Ils remettent sur les rails le wagon qui s'était arrêté dans le vide. Pour la partie du train basculée dans le ravin, il faudra attendre des moyens de levage lourds…

*

Sous la direction de l'adjudant de gendarmerie Bonnet, ont lieu les premières constatations. Dès le début, il est évident qu'il s'agit d'un acte criminel. Des traces de coups sont bien visibles sur les écrous qui maintenaient les rails. Rapidement une masse et une pioche sont découvertes sur place.

Pendant ce temps, les employés du chemin de fer dégagent comme ils peuvent la végétation du ravin où sont tombés les wagons. Le responsable des opérations s'adresse aux habitants de Pamproux, venus nombreux en curieux.

— S'il y a parmi vous des volontaires pour nous aider à débroussailler, ils seront rémunérés.

Plusieurs personnes se proposent. Jean Amiot était là pour découvrir au grand jour les résultats du déraillement. Il accepte lui aussi. Évidemment, c'est peu de chose par rapport à ce qu'il espérait, mais ce sera toujours cela.

— Je vais chercher ma serpe et je reviens.

Le temps de revenir chez lui prendre l'outil et il est à l'ouvrage avec les autres… Pendant ce temps, les gendarmes progressent. Ils ont retrouvé le trou vide qui devait accueillir le sac postal. Ils ont retrouvé surtout la perche de chêne taillée qui a servi de levier pour déplacer les rails.

Or, peu après, ils font une découverte importante : le tronc coupé d'un jeune chêne s'y adapte parfaitement. C'est sans nul doute avec lui que le criminel a confectionné son instrument peu avant de passer à l'acte... L'adjudant Bonnet est en compagnie de M. Riché, le maire de Pamproux. Il a une grande expérience des différents types de coupe et une constatation s'impose à lui : c'est l'œuvre d'un gaucher. Il demande au maire :

— Vous connaissez des gauchers dans la commune ?

— Ma foi, je ne saurais trop dire. Mais allons déjà voir ceux qui sont là.

Tous deux se rendent parmi les habitants du village en train de débroussailler autour des wagons. Il n'y en a qu'un seul qui travaille de la main gauche : Jean Amiot. Le gendarme va vers lui.

— Donnez-moi votre serpe.

L'outil en main, il va le comparer avec les entailles faites sur le tronc du chêne. Tout correspond parfaitement. Amiot est arrêté sur-le-champ. Il est inculpé du déraillement et conduit à la prison de La Mothe-Saint-Héray.

*

Tout a été mené rondement, mais à partir de là, l'enquête piétine. Henri de Boissière, le juge d'instruction qui en est chargé, est contrarié de ses maigres résultats. La perquisition effectuée au domicile de Jean Amiot n'a rien donné. Sa serpe semble bien avoir servi à tailler le jeune chêne et il est gaucher, mais c'est tout et c'est mince. Il est relâché le 13 février, après vingt et un jours de prison et, en décembre 1872, une ordonnance de non-lieu est rendue en sa faveur.

La situation n'évolue plus pendant près de huit ans. C'est seulement en février 1878 que le procureur de la

République de Niort reçoit une lettre d'un prisonnier de la maison centrale de Fontevraud, Alexandre Caillon, trente-neuf ans. Ce détenu condamné onze fois pour vol dit connaître l'auteur du sabotage : Amiot. Il est vrai que Caillon était à Pamproux au moment du déraillement. Jean Amiot se serait confié à lui et lui aurait décrit dans tous les détails l'acte criminel qu'il voulait commettre.

Trois mois plus tard, le 2 mai 1878, la cour de mise en accusation de Poitiers décide de faire arrêter Amiot. De nouveau, tout va très vite : le 4 septembre a lieu son procès devant la cour d'assises de Niort.

Il est vite expédié pour un chef d'inculpation qui justifie la peine de mort. Durant son interrogatoire, l'ouvrier agricole ne fait que répéter qu'il est innocent. Les témoins n'ont pas grand-chose à dire, d'autant qu'on leur demande de se rappeler des faits ayant eu lieu six ans auparavant. Dans son réquisitoire, le procureur demande un châtiment exemplaire et sans pitié pour ce crime abominable. L'avocat commis d'office, Me Clouzeau, met en avant toutes les lacunes que comporte le dossier. Il fait jouer également la corde sensible, en demandant de ne pas séparer un père de ses sept enfants, car, depuis le déraillement, l'accusé en a eu quatre supplémentaires.

Cela n'empêche pas les jurés de le déclarer coupable. Mais comme ils ont quand même des doutes, ils assortissent leur verdict de circonstances atténuantes. La cour, dans le même esprit, abaisse encore la peine d'un degré et condamne Jean Amiot à vingt ans de travaux forcés. Le rejet de son pourvoi en cassation, en novembre 1878, rend la sentence définitive.

Déporté en Nouvelle-Calédonie, Jean Amiot est mort quinze ans plus tard, le 27 mai 1893, dans le bagne de l'île Nou, à l'âge de cinquante-trois ans.

7

La noyée du Mississippi

Carleton Place, dans l'Ontario, au Canada, présente deux particularités. La première est d'être arrosée par le Mississippi. Il ne s'agit pas, bien entendu, du grand fleuve qui traverse les États-Unis du nord au sud, mais d'une jolie petite rivière, qui va se jeter dans un lac un peu plus loin. Cette homonymie n'a rien de vraiment surprenant, « mississippi » signifiant « cours d'eau » dans plusieurs langues indiennes, mais les habitants en sont très fiers.

La seconde particularité de Carleton Place est son calme. Il ne se passe jamais rien dans ce gros bourg résidentiel, situé non loin d'Ottawa. On n'a jamais trop su pourquoi, mais les voleurs et autres malfaiteurs vont tenter leur chance ailleurs. Bien entendu, les policiers de la localité s'en félicitent. Enfin, à une exception près : le sergent Jim Birtch. Lui s'ennuie, il voudrait qu'il y ait un peu plus d'animation dans son existence, il voudrait faire autre chose que de s'occuper de la circulation et du service d'ordre dans les fêtes locales, il voudrait être vraiment utile à ses concitoyens. À tel point qu'il songe sérieusement à changer de métier.

Pourtant, ce 10 novembre 1994, il va enfin se passer quelque chose à Carleton Place. Et Jim va vite le regretter !

*

Il est 21 h 03 lorsque le téléphone sonne au poste de police. Jim Birtch, qui est de garde, décroche. La personne appelle depuis une cabine téléphonique pour signaler un accident de la route. Une voiture est tombée dans le Mississippi, près du petit pont à la sortie de la localité. Cela semble grave.

Birtch saute dans son véhicule. L'endroit est tout proche et il y est en quelques minutes. C'est une route étroite qui apparaît tout de suite après la fin de l'agglomération. Elle longe le Mississippi et franchit un pont de pierre où il est difficile de se croiser… Le sergent arrête sa voiture et, à la lueur de ses phares découvre un spectacle qui lui arrache un cri :

— Gary !

L'homme qu'il vient d'apercevoir sur la berge, hébété, dégoulinant d'eau, est un ami très cher, Gary Samuels. Ils s'invitent souvent mutuellement, avec leurs épouses respectives. C'est grâce aux Samuels et à quelques autres que Jim Birtch parvient à échapper à l'ennui de son existence. À ses côtés se tient un passant, les bras ballants, l'air impuissant, sans doute celui qui a appelé le poste. Birtch se précipite.

— Qu'est-ce qui s'est passé, Gary ?

Ce dernier, sans répondre directement à la question, lui désigne le Mississippi. À la faible lumière d'un lampadaire, on distingue le toit d'un véhicule émergeant des flots. Il dit d'une voix tragique :

— Barbara est à l'intérieur !

Sans se poser davantage de questions, le sergent s'élance dans l'eau. Elle est glacée et le saisissement est tel qu'il s'arrête un instant, le souffle coupé. Mais il se reprend et progresse vers le véhicule. La portière du conducteur est maintenue fermée par le courant, mais il parvient malgré tout à l'ouvrir.

À l'intérieur, il entrevoit une femme flottant dans l'habitacle rempli d'eau. Il sent que le froid est en train de le paralyser. Réunissant toutes ses forces, il parvient à la tirer hors de l'habitacle. Gary Samuels et le passant l'aident à la remonter sur la berge… Elle est inconsciente. Il tente de lui faire du bouche-à-bouche, mais sans résultat. Il se rend compte qu'il n'y a qu'à l'hôpital qu'on pourra faire quelque chose, si c'est encore possible.

Jim Birtch retourne alors à sa voiture et appelle les secours, qui arrivent très rapidement. Peu après, il est dans l'ambulance, qui fonce, sirène hurlante. Il est transi de froid. Gary Samuels à ses côtés grelotte également. Le sergent regarde douloureusement la forme allongée et inerte de la jolie blonde de quarante-six ans qu'est Barbara, la meilleure amie de sa femme Nancy, craignant qu'il ne soit déjà trop tard.

*

À l'hôpital, tout est tenté pour ranimer la noyée, mais il n'y a rien à faire. Le sergent, à qui on a donné des vêtements secs et des boissons chaudes, se sent un peu mieux, mais l'annonce du décès provoque chez lui un immense abattement. Il aimait vraiment Barbara, et Nancy, à qui il va annoncer la nouvelle en rentrant chez lui, sera plus affectée encore.

Il va retrouver Gary Samuels, qui a reçu des soins dans une autre pièce. Il présente ses condoléances à son ami, qui était déjà au courant. Ils restent un moment tous les deux silencieux et le policier demande :

— Comment ça s'est passé ? Tu veux m'en parler maintenant ?

Gary Samuels pousse un soupir.

— Autant que ce soit tout de suite. J'en serai débarrassé.

— Tu veux bien que je prenne des notes ? C'est pour mon rapport. Comme ça, moi aussi je serai débarrassé…

L'accidenté fait donc son récit, tandis que le sergent note mot à mot ses propos. Gary Samuels est allé chercher vers 20 heures Barbara au salon de coiffure qu'elle possède, sur la place principale de Carleton Place. Ils devaient dîner chez des amis. Ils sont repassés chez eux et ils sont partis un peu avant 20 h 30.

— Vous êtes arrivés sur les lieux de l'accident vers quelle heure ?

— Cinq minutes plus tard. C'est tout près. J'avançais normalement sur la route, lorsque j'ai vu un camion arriver en face, avec ses feux éteints. J'ai freiné mais j'ai dérapé et je me suis trouvé sur la berge. Il n'y avait pas moyen de s'arrêter. La voiture est tombée dans l'eau.

Gary Samuels a un regard douloureux à l'évocation de ces souvenirs.

— Barbara a hurlé. J'entends encore son cri... Après, je ne sais plus très bien. Je crois que ma tête a dû cogner quelque chose et que je me suis évanoui. Quand j'ai repris conscience, je pense qu'il s'était passé pas mal de temps. J'ai eu de la chance, il y avait une poche d'air qui m'a permis de respirer. J'ai réussi à ouvrir ma portière et j'ai voulu tirer Barbara avec moi. Mais elle est restée accrochée à quelque chose. J'ai insisté encore, mais je me suis dit qu'il n'y avait pas de raison qu'on meure tous les deux. Je me suis donc échappé et je me suis traîné sur la berge. Une voiture s'est arrêtée. Un type est descendu, il m'a dit qu'il allait prévenir la police...

Gary Samuels a terminé son récit, qui l'a visiblement éprouvé. Le sergent, qui a tout noté, s'apprête à rendre son rapport sans rien ajouter. C'est alors que son interlocuteur ajoute :

— Barbara et moi, on ne s'était pas disputés depuis très longtemps...

Cette phrase étrange produit une sorte de déclic dans l'esprit de Jim Birtch. Pourquoi Gary éprouve-t-il le besoin de se justifier, comme s'il voulait écarter des soupçons ?

Le sergent retrouve ses réflexes professionnels. Jusqu'ici il était l'ami, tout à coup, il redevient le policier. Car, à la réflexion, il y a plusieurs détails surprenants dans le récit qu'il vient d'entendre. Et, malgré son état de fatigue, malgré l'amitié qu'il a eue et qu'il a toujours pour Gary Samuels, il décide de retourner sur les lieux. S'il y va plus tard, des indices risquent d'avoir disparu...

La route qui longe le Mississippi se poursuit par un viaduc de pierre, qui enjambe la rivière. L'ouvrage, qui est ancien, comporte deux voies très étroites. Il faut donc ralentir à son approche. On ne peut guère aller à cet endroit à plus de 20 kilomètres/heure. Et là, il y a quelque chose qui ne va pas. En admettant même que Gary ait commis un excès de vitesse, qu'il ait été jusqu'à 30 à l'heure, ce qui semble un maximum, on ne voit pas comment il aurait pu déraper.

D'ailleurs, ce n'est pas le cas. Jim Birtch se penche sur la route en l'éclairant avec la lampe de poche qu'il a sortie de son véhicule : il n'y a aucune trace de freinage. Il descend sur la berge et discerne parfaitement sur l'herbe les traces des quatre roues du véhicule. Elles se dirigent droit vers le Mississippi, jusqu'à l'endroit où la voiture a sombré dans l'eau noire.

Dans son véhicule de police, Jim Birtch a, entre autres, un thermomètre. Il mesure la température de l'eau et celle de l'atmosphère. La première est de 4 °C, la seconde de 2 °C. Le récit de Gary Samuels présente des incohérences : il a parlé d'être resté dans l'eau « pas mal de temps », mais c'est difficilement croyable. Lui-même a cru mourir pour être resté quelques minutes dans les flots du Mississippi. Si Gary Samuels avait été enfermé dans la voiture beaucoup plus longtemps, un quart d'heure ou davantage, il se serait trouvé dans un état d'hypothermie grave, peut-être fatal...

*

Le retour à la maison est pénible. Jim Birtch doit annoncer la mort de Barbara à sa femme Nancy. Cette dernière est anéantie par la nouvelle. Pour lui-même, il y a une épreuve supplémentaire : ses doutes, dont il n'a rien dit. Plus il réfléchit et plus il a la conviction qu'il ne s'agit pas d'un accident…

Et, le lendemain, ses soupçons se renforcent encore. Il reçoit au poste de police un appel de la maison funéraire où repose la dépouille de Barbara. L'homme semble très ennuyé.

— M. Samuels vient de me téléphoner pour me demander qu'on incinère immédiatement sa femme. Le problème, c'est que j'ai reçu également un coup de téléphone de ses fils qui veulent venir la voir. Alors, j'ai préféré vous avertir.

— Vous avez eu raison. Pour l'instant, ne faites rien. Je vous donnerai des instructions…

Décidément, tout cela est de plus en plus troublant ! Cette hâte de Gary Samuels à faire disparaître le cadavre est plus que suspecte. Quant aux fils de la disparue, le policier connaît leur existence. Ils ont un peu plus de vingt ans et ils habitent la région. Ils sont issus du premier mariage de Barbara. Même si Gary n'avait pas d'excellents rapports avec eux, il ne pouvait les priver de rendre une dernière visite à leur mère.

Il n'y a pas de temps à perdre. Cette fois, le sergent mène une enquête en bonne et due forme et demande au juge d'instruction l'autorisation de pratiquer une autopsie, requête qui lui est accordée. Il appelle également Gary Samuels pour l'en informer. La réaction de ce dernier est celle qu'il attendait.

— Mais pourquoi fais-tu cela ? Qu'est-ce que tu as contre moi ? Voyons, Jim, tu me connais !

Jim Birtch se réfugie derrière des obligations réglementaires et coupe court à cet entretien qui le met mal à l'aise. Il doit continuer son enquête comme s'il s'agissait d'un inconnu.

L'étape suivante est la déposition du témoin de l'accident, celui qui l'a appelé au téléphone. Il lui fait un surprenant récit.

— Le conducteur était assis sur la berge, tout mouillé. Il m'a dit qu'il avait eu un accident et il m'a demandé si je pouvais aller à une cabine pour prévenir la police. Lui, il se sentait trop faible.

— C'est tout ? Il ne vous a pas dit que sa femme était dans la voiture ?

— Non. Et il ne m'en a pas parlé non plus quand je suis revenu, après vous avoir téléphoné. Il m'a simplement dit qu'il avait froid. J'suis allé chercher une couverture…

Dans ces conditions, Jim Birtch est pratiquement certain que l'autopsie va apporter des éléments allant dans le sens du meurtre, mais il se trompe… Celle-ci est pratiquée le 12 novembre, deux jours après le décès. Le médecin responsable n'est pas très bavard.

— La personne est morte noyée et le décès a eu lieu à l'heure indiquée pour l'accident. Elle présente aussi un hématome sans plaie ouverte derrière la tête. Mais ce n'est pas lui qui a entraîné la mort.

— Il peut provenir d'un coup ?

— Oui, donné avec le poing ou avec un objet mou, genre matraque en caoutchouc. Mais cela a pu se passer aussi lors de l'accident…

— Et c'est tout ? Elle n'a pas été droguée ou endormie ?

— Non, rien de ce genre.

*

L'incinération, qui a lieu le lendemain, se déroule dans une atmosphère tendue. Le sergent n'y assiste pas. Gary Samuels et les deux fils de la victime évitent de se regarder. Les deux jeunes gens sont persuadés que leur mère a été assassinée, même s'ils n'en ont pas la preuve.

Mais des présomptions accablantes ne vont pas tarder à peser sur Gary Samuels… Quelques jours plus tard, une perquisition a lieu à son domicile et un agent découvre dans un placard une mallette remplie d'assurances vies. Il n'y en a pas moins de trente, au nom de Barbara et Gary, la somme à toucher allant à l'époux survivant.

Ce n'est pas tout. Chaque police présente une clause augmentant la somme à verser de manière considérable en cas d'accident. En les additionnant toutes, on arrive à la somme de 15 millions de dollars, soit un peu moins de 12 millions d'euros !

Gary Samuels ne se départit pas de son calme lorsque le sergent lui annonce sa découverte.

— Rien ne m'interdit de souscrire à une assurance vie. Je me suis toujours assuré sur tout, c'est ma marotte.

Cela ne l'empêche pas d'être arrêté… Interrogé par le juge d'instruction, il nie avec énergie. Mais le sergent Birtch est désormais persuadé de sa culpabilité. Il a reconstitué le scénario du meurtre : après avoir été chercher Barbara à son salon de coiffure, Gary rentre avec elle à leur domicile pour se changer avant leur soirée chez leurs amis ; là, il l'assomme en la frappant violemment du poing derrière la tête et il la noie dans leur baignoire.

Ensuite, il n'a plus qu'à l'installer dans la voiture, ce qui n'est pas difficile, car le garage communique avec la maison sans qu'on ait à passer par l'extérieur. Il prend la direction du Mississippi. Avant le petit pont, il se jette dans la rivière et en sort tout de suite pour ne pas risquer un refroidissement dans l'eau glacée. Il n'a plus qu'à attendre que quelqu'un vienne.

*

C'est cette version qui est retenue par le juge et Gary Samuels passe en jugement un an plus tard, sous l'inculpation de meurtre avec préméditation.

Les témoins se succèdent à la barre… Si les faits eux-mêmes peuvent prêter à discussion, si on ne peut pas affirmer de manière certaine qu'il s'agisse d'un crime maquillé en accident, ce sont les contrats d'assurance qui vont jouer le rôle principal.

Le premier d'entre eux a été souscrit tout de suite après le mariage du couple Samuels, le 20 novembre 1984 et il était valable dix ans. Or, la mort de Barbara a eu lieu exactement dix jours avant son terme. Mais il s'agissait peut-être là d'une coïncidence.

C'est le dernier contrat qui frappe le plus les jurés. June Lowry, chez qui il a été souscrit, s'en souvient parfaitement. C'était le 10 novembre 1994, le jour même de la mort de Barbara. Il était 16 heures. Gary est venu seul, tandis que sa femme était à son salon de coiffure.

— Il était très décontracté. Il plaisantait. Le contrat n'était valable qu'en cas d'accident de voiture. C'était la première fois que j'en faisais un pareil. Comme je m'en suis étonnée, il m'a répondu quelque chose comme : « C'est juste au cas où. On ne sait jamais. »

Trois heures plus tard, c'était la plongée dans les eaux du Mississippi…

À l'issue des débats, Gary Samuels a été condamné à la prison à vie. Il n'en est jamais sorti. Il est mort des suites d'un cancer au pénitencier de Kingston, en décembre 2010. Jim Birtch venait juste d'atteindre la retraite. Il ne s'était rien passé de marquant depuis le drame de novembre 1994. La seule chose qu'il avait faite au cours de sa carrière avait été de confondre et d'arrêter un de ses amis.

8

La boîte noire

— Allah est grand !

L'individu vient de jaillir de son siège, alors que le vol régulier Rabat-Paris avait décollé depuis un quart d'heure environ. Il est de haute taille, très maigre, le visage osseux, la peau très brune. Il tient fortement serré dans sa main quelque chose qu'on ne peut pas voir… L'hôtesse se précipite vers lui.

— Monsieur, je vous en prie !

Pour toute réponse, il la bouscule avec une telle violence qu'elle s'étale de tout son long dans le couloir… Cette fois, c'est au tour du steward de vouloir intervenir. L'homme entrouvre alors sa main, découvrant un objet métallique.

— Si tu me touches, nous sommes tous morts ! Tu vois ça ? C'est une grenade dégoupillée. Si je la lâche, elle explose et l'avion saute !

Cette déclaration a pour effet de stopper net son assaillant et de provoquer des cris de terreur chez plusieurs passagers. L'hôtesse s'est relevée. Elle est livide.

— Qu'est-ce que vous voulez ?

— Conduis-moi au pilote !

Quelques instants plus tard, la porte de la cabine de pilotage se referme sur le pirate de l'air… Nous sommes le 18 juillet 1997. Un nouveau détournement aérien vient de s'ajouter à la liste interminable des précédents. En apparence, rien ne le distingue des autres, même si la manière d'agir de son auteur est particulièrement brutale. Pourtant, ce n'est que le début d'une longue histoire.

*

C'est maintenant dans la cabine de pilotage que le sort de l'avion et de ses passagers est en train de se jouer. Le commandant a tout de suite compris la gravité de la situation. Rien n'est pire que la grenade dégoupillée que l'homme a au poing. Parmi les situations auxquelles les équipages sont entraînés, c'est l'une des plus dangereuses.

— Qu'est-ce que vous voulez ?

— Aller à La Mecque !

— C'est trop loin. Nous n'avons pas assez de carburant.

— Obéis où je lâche tout ! Demi-tour, tout de suite !

Il n'y a rien d'autre à faire que s'exécuter. Le commandant fait décrire un large cercle à l'appareil, prenant bien soin d'aller le plus régulièrement possible. Le pire serait que l'homme soit déséquilibré et lâche prise…

— Qu'est-ce que vous voulez faire à La Mecque ?

C'est le copilote qui vient de se lever de son siège et d'adresser la parole à l'agresseur. Ibrahim Moktar a vingt-neuf ans. C'est son tout premier vol, mais il fait face à la situation comme s'il était un vieux routier des airs… Le pirate lui répond, en haussant les épaules :

— Aller en pèlerinage.

— Êtes-vous sûr que détourner un avion soit un bon moyen ? Êtes-vous sûr que le Prophète approuverait ?

La question est banale, mais elle a l'air de faire réfléchir son interlocuteur… À vrai dire, plus que les propos d'Ibrahim Moktar, c'est sa personnalité qui doit l'impressionner. Il y a chez lui quelque chose d'exceptionnel. Cela vient sans doute de son regard bleu sombre tirant sur le noir, qui dégage une force magnétique. Si l'on ajoute à cela un sourire calme et rassurant, désarmant même, on aura une idée du charme inné qui est le sien... Le pirate répond à sa question d'une voix qui n'est pas tout à fait assurée.

— Bien sûr qu'il m'approuve ! Il me l'a dit lui-même.

— Comment osez-vous dire que le Prophète vous parle personnellement ? Vous blasphémez.

— C'est moi que tu traites de blasphémateur ?

— De blasphémateur et d'impie !

La main droite de l'homme a tremblé. Sous l'insulte, il a été sur le point de lâcher sa grenade. Mais il ne l'a pas fait. Et cela, Ibrahim Moktar le savait. Il domine son interlocuteur. Le courant a été établi entre eux. Celui-ci a besoin de dialoguer avec lui, de s'expliquer, de se justifier, de s'épancher... Ibrahim Moktar se met à sourire, de ce sourire si particulier qui va aujourd'hui lui sauver la vie et celle des passagers.

— Mais cela ne sert à rien de s'emporter. Racontez-moi tout...

*

Alors, d'une voix d'abord hésitante, puis de plus en plus animée, le pirate de l'air raconte son histoire. C'est un récit confus, parfois totalement incompréhensible, qui mêle la religion, la situation politique internationale, la mort de ses parents l'année précédente, la perte de son emploi à la suite de troubles psychiatriques, les soupçons qu'il a sur la fidélité de sa femme... Le copilote l'écoute avec attention, ou du moins fait semblant, veillant à ne pas le lâcher du regard et à ne pas cesser de sourire.

Une demi-heure s'écoule ainsi, tandis qu'à ses commandes, le pilote fait décrire à l'appareil de larges cercles au-dessus de la mer... Enfin, brutalement, le pirate craque. Il éclate en sanglots, répétant :

— Je ne sais plus quoi faire. Aidez-moi !

— Je vais vous aider… La première chose est de me donner votre grenade. Tendez la main. Ne la lâchez pas avant que je la tienne moi-même.

Et la manœuvre périlleuse s'accomplit. Très lentement l'engin de mort passe d'une main à l'autre. Tandis qu'Ibrahim Moktar sort immédiatement du cockpit, le steward se précipite et, aidé par le commandant, maîtrise l'individu…

*

C'est ainsi que le vol Rabat-Paris a échappé à la catastrophe et que tous ses passagers sont sortis sains et saufs.

Après que les services de déminage ont pris possession de la grenade, les journalistes, qui ont été prévenus, se précipitent autour d'Ibrahim Moktar et l'interrogent longuement. Du jour au lendemain, le jeune pilote au physique de cinéma se retrouve à la une des médias.

Sa vie personnelle en est bouleversée. Il est la vedette, le héros de tout un pays, il est l'objet de toutes les sollicitations et il ne sait pas y résister. Les réceptions se succèdent, partout on le réclame. À la longue, son ménage n'y résiste pas. Sa femme en a assez de voir sa photo dans les journaux en compagnie d'un mannequin ou d'une quelconque jolie fille. Elle demande le divorce…

Ibrahim, désormais libre, se lance avec plus de frénésie que jamais dans la joyeuse vie de célibataire. Mais le cœur n'y est pas. Il était profondément attaché à son épouse et il a beau s'étourdir, multiplier les conquêtes, il ne parvient pas à l'oublier. Il devient anxieux, irritable, déprimé. Mais ses difficultés sentimentales ne sont pas seules en cause. Il y a peut-être une autre raison. Un jour, il confie à un ami :

— J'ai peur ! Je suis en danger.

Et comme l'ami ne comprend pas, il s'explique.

— Je reçois des menaces : des islamistes. Ils me reprochent de m'en être pris à un pèlerin de La Mecque et ils me disent qu'un jour ou l'autre, ils me feront sauter avec mon avion.

— Cela n'a pas de sens. C'était un fou. Ils ne peuvent pas le soutenir.

— N'empêche, j'ai peur !

*

12 novembre 1999. Le vol Marrakech-Le Caire vient de décoller. Aux commandes, Ibrahim Moktar qui, malgré son jeune âge, est passé commandant de bord et doit cette promotion exceptionnelle à son exploit. À ses côtés, le copilote est, lui aussi, exceptionnel ou plutôt exceptionnelle : Leila Charaoui est en effet la seule femme à exercer ses fonctions sur les lignes marocaines...

La météo n'est pas excellente : le temps est brumeux, il y a eu une tempête de neige la veille et l'appareil a failli ne pas avoir l'autorisation de décoller. Mais finalement, il est parti. Les radars de la tour de contrôle le voient s'élever normalement, prendre l'altitude voulue, survoler les premières montagnes de l'Atlas et brutalement, c'est le drame. L'avion se met à piquer et tombe comme une pierre en direction du sol. Quelques instants plus tard, l'écho radar cesse de clignoter sur les écrans. C'est fini.

Inutile de dire que, dans tout le Maroc, l'émotion est intense. Et c'est autant en raison du bilan humain, 43 victimes, que de la personnalité du pilote. La photo du jeune héros s'étale de nouveau dans les journaux. Et, à côté des commentaires attristés sur le tragique destin d'Ibrahim Moktar, on peut lire des interrogations. Car l'ami a parlé. Les propos des mystérieux islamistes menaçant de faire sauter son appareil sont largement évoqués. Ils sont d'autant plus pris au sérieux que les causes de l'accident ne sont pas claires. Aucun message de détresse n'a été envoyé, à part une brève intervention de la copilote Leila Charaoui, qui a crié :

— Le commandant !…

Avant que la radio ne soit coupée définitivement.

En fait, seule la boîte noire pourra livrer la vérité… Malheureusement, l'avion s'est écrasé dans une région montagneuse accidentée et la météo est très mauvaise. Pendant une semaine entière aucune intervention n'est possible. Ce n'est que passé ce délai qu'une colonne de secours peut parvenir sur les lieux du drame et trouver cette fameuse boîte noire.

Et elle contient bien la vérité. Mais celle-ci n'est pas du tout celle qu'on imaginait… Voici l'enregistrement des dernières minutes de vol, tel qu'ont pu le découvrir les enquêteurs terrifiés et, bientôt, le pays tout entier.

Tout est normal jusqu'à ce qu'on entende la voix d'Ibrahim Moktar. Il parle à mi-voix comme s'il s'adressait à lui-même.

— Bientôt… bientôt…

La copilote Leila Charaoui :

— Qu'est-ce que vous dites ?

Le commandant :

— Très proche… Très, très proche…

À ce moment, on entend un signal sonore qui est celui du débranchement du pilote automatique.

La copilote :

— Qu'est-ce que vous faites ?

Ibrahim Moktar prononce des paroles indistinctes et puis, soudain, il a un cri :

— Action !

Un bruit strident se fait entendre dans la cabine. C'est le signal d'alarme qui se déclenche lorsque l'avion est en descente trop rapide.

La copilote (d'une voix terrifiée) :

— Commandant, qu'est-ce que vous faites ?

Ibrahim Moktar :

— Mourir… mourir…

On entend alors, dans le haut-parleur, la voix de l'hôtesse s'adressant aux passagers :

— Attachez vos ceintures, s'il vous plaît.

L'appareil est à ce moment en piqué, pratiquement à la verticale. Cela n'empêche pas la jeune femme de s'exprimer avec un calme impressionnant, comme si elle n'avait pas compris qu'ils allaient tous mourir, y compris elle-même.

— Ne vous inquiétez pas. Attachez vos ceintures, s'il vous plaît.

Dans le poste de pilotage, les alarmes se déclenchent les unes après les autres. La copilote supplie et crie en même temps.

— Commandant, commandant, s'il vous plaît !

Elle s'empare alors de la radio. On l'entend commencer :

— Le commandant…

Mais elle ne termine pas sa phrase. Vraisemblablement ce dernier a coupé la liaison… Il y a alors des cris étouffés et des bruits sourds, tout cela au milieu des alarmes et des avertisseurs. Sans aucun doute possible, la copilote s'est jetée sur Ibrahim Moktar pour tenter de reprendre les commandes. Mais c'est là que la fatalité intervient. Il s'agit de la seule femme de toutes les lignes marocaines. Ibrahim n'est pas spécialement athlétique, un collègue masculin aurait peut-être eu raison de lui. Mais Leila Charaoui ne peut rien faire. Elle a un dernier cri :

— Non !

Et l'enregistrement s'arrête là…

*

La consternation s'est emparée de tout le pays quand la vérité a été connue sur cet accident, un des plus dramatiques de l'histoire de l'aviation.

Il n'y avait ce jour-là nul fou de Dieu fanatique dans la carlingue et si la folie était bien là, c'était ailleurs qu'elle se trouvait. Ibrahim Moktar, qui avait sauvé de manière si admirable les occupants d'un premier avion, avait causé délibérément la mort des passagers et de l'équipage dont il avait la responsabilité. Le jeune héros, pris dans un tourbillon trop violent pour lui, avait fini par y tomber, entraînant tout le monde dans sa chute.

9

L'ARCHE D'ALLIANCE

Le *Foederis Arca*, un fringant trois-mâts de cinq cents tonneaux, sorti récemment des chantiers de Marseille, se rend, au mois de mai 1864, dans le port de Sète pour y prendre un chargement de charbon, vins et spiritueux. La cargaison est payée par l'État et destinée aux troupes combattant au Mexique où la France est en train de mener une guerre.

Le commandement est exercé par deux marins expérimentés : le capitaine Alfred Richebourg, qui est décrit par ceux qui le connaissent comme doté d'un caractère bienveillant, quoique parfois un peu hésitant, et son second, Théodore Aubert, vingt-huit ans, colosse large d'épaules et de haute taille qui, lui, aurait tendance à se montrer trop autoritaire.

Quant aux hommes de bord, ils ont été ramassés çà et là à la va-vite : le maître d'équipage Lénard, les matelots Oillic, Thépaut, Carbuccia, Pierre, Daoulas et Marnier, les novices Leclerc et Chicot, le mousse Dupré, le charpentier Tessier, le cuisinier Miller, auxquels s'ajoute un passager, Orsoni. L'ensemble, selon l'expression du second Aubert, « ressemble à un tas de fatras », mais c'est souvent le cas, lorsqu'on n'a pas eu le temps de recruter un véritable équipage.

Le *Foederis Arca* quitte Sète par une radieuse matinée de printemps, à destination de Veracruz. Il porte le nom latin de « l'Arche d'Alliance », symbole de ferveur religieuse, de fraternité et de paix. Personne ne peut imaginer qu'il va au-devant d'un des plus sombres drames de la mer.

*

Deux circonstances indépendantes l'une de l'autre vont se conjuguer pour déclencher la catastrophe : la cargaison et la météo. La cargaison, faite en partie de vin et de rhum, est des plus attirantes pour un marin et, dès le début, elle fait l'objet de convoitises plus ou moins avouées. Mais personne ne passe à l'acte. Après tout, la traversée de l'Atlantique sera vite terminée, il faut oublier cette tentation et se montrer raisonnable.

Malheureusement, la traversée ne se passe pas si vite que cela. Une fois au milieu de l'océan, le *Foederis Arca* tombe brusquement dans un calme plat. Toutes les voiles ont beau être hissées, elles pendent lamentablement, la mer est d'huile et le navire n'avance pas plus que s'il était à l'ancre. Le pire est qu'une chaleur infernale s'ajoute à l'absence de vent. Les hommes errent, désœuvrés, sous une lumière aveuglante, dans une fournaise qui égare les esprits et dessèche les gosiers.

Au sein de l'équipage, la tension monte, des disputes éclatent pour un oui ou pour un non et, bien sûr, on pense à la cargaison. Un petit coup de rhum, une gorgée de vin, cela passerait inaperçu, avec tout ce qu'il y a dans la cale et cela permettrait de tenir le coup jusqu'à l'arrivée du vent.

Un des novices, Chicot, est chargé de remplir une dame-jeanne de vin et de rapporter quelques bouteilles de rhum, après quoi a lieu une beuverie générale. Mais le second, Aubert, remarque le comportement bizarre des marins et découvre plusieurs bouteilles. Il menace de prendre des sanctions : en cas de récidive, il y aura des retenues sur la paye à l'arrivée. Il demande également au maître d'équipage, Lénard, d'ouvrir l'œil. Mais celui-ci est complice et tente de dissimuler la vérité.

— Personne ne touche à la cargaison. Si quelques hommes titubent, c'est que le soleil leur a tapé sur la tête.

Le second continue sa surveillance. Il ne découvre rien de plus et, comme il se doute que les vols continuent, il va coucher dans la cale. Cette fois, les incursions cessent, mais les marins, dont l'approvisionnement est tari, sont furieux. Ils maudissent le second et ruminent des plans de vengeance. C'est à ce moment que le vent recommence à souffler et le *Foederis Arca* reprend sa navigation.

Mais l'atmosphère a changé. Les hommes gardent de ces jours d'inaction et de beuverie un souvenir à la fois agréable et irrité. Ils mettent la plus grande mauvaise volonté à exécuter les ordres. Et les esprits sont d'autant plus échauffés que quelques bouteilles ont fini par être soustraites à la vigilance du second et que chacun peut recommencer à boire. Le *Foederis Arca* n'est pas loin de ressembler à une poudrière, la moindre étincelle peut provoqucr l'cxplosion.

*

Le 29 juin, alors que le trois-mâts n'est plus très loin de Veracruz, Théodore Aubert donne l'ordre à tout l'équipage de déployer les bonnettes. Un tel ordre est toujours redouté. Les bonnettes sont des voiles supplémentaires, à droite et à gauche des voiles principales qu'on met quand le vent est bon. Pour les installer, il faut monter dans la voilure et s'avancer en surplomb de la mer, ce qui est toujours périlleux.

Jusqu'à présent, les hommes s'étaient exécutés en bougonnant, mais cette fois, c'est un silence de mort qui répond à cet ordre. Le second réitère son injonction sans plus de succès et le capitaine intervient alors. Il est hors de lui.

— Je brûlerai la cervelle de celui qui n'obéira pas !

Aubert décide de prendre les choses en main.

— Laissez-moi faire, capitaine, ils vont obéir !

Il en attrape deux ou trois par le col et les secoue comme des pruniers. Avec la poigne qui est la sienne, il a vite fait de les mater. Les marins commencent à grimper sur les échelles de cordes. Théodore Aubert croit l'avoir emporté facilement, mais il ne les entend pas échanger des paroles à voix basse, la mine fermée et le regard noir…

Le soir, l'alcool aidant, ils décident de passer à l'action. Leur plan est simple : ils attendront que le capitaine soit couché dans sa cabine et que le second fasse son inspection quotidienne du navire. Ils s'empareront alors de lui et le jetteront par-dessus bord. Le tour du capitaine viendra un peu plus tard et il subira le même sort.

Tout se déroule exactement comme prévu. Le nommé Oillic, un géant roux qui était à la barre, voit le novice Chicot quitter la cuisine, après avoir fait la vaisselle avec le mousse. Il l'appelle :

— Viens me remplacer.

Étonné, mais n'osant protester, l'adolescent s'exécute et Oillic va rejoindre dans l'ombre les autres conjurés. Théodore Aubert paraît peu après. Il a un sursaut en voyant barrer le novice.

— Qu'est-ce que tu fais là ?

Il n'a pas le temps d'en dire plus. Il sent deux bras qui le ceinturent et un autre qui le saisit à la gorge.

— Allez-vous me lâcher ?

Il est bientôt assailli par quatre mutins. Sa force est telle qu'il en met deux par terre. Il appelle le maître d'équipage à son secours.

— À moi, Lénard !

Mais Lénard fait partie du complot. S'il n'est pas au nombre des assaillants, il se garde d'intervenir… Aubert finit par céder sous le nombre. Il est jeté par-dessus bord.

Un « plouf » sinistre retentit dans la nuit, salué par des acclamations.

— Il a fini de nous empoisonner, ce fumier !

— Ouvrons une bouteille, ça s'arrose !

Les hommes sont en train de se passer une bouteille de rhum pour fêter leur victoire, lorsqu'ils entendent derrière eux un pas lourd et un ruissellement. Le second est là, marchant dans leur direction, comme une apparition venue de l'enfer. Il ne s'est pas noyé. Il a dû agripper un filin qui traînait et remonter à la force des poignets. L'instant de terreur passé, les mutins se ressaisissent.

— Cette fois, il faut le crever !

Ils sortent des couteaux et se mettent à frapper... Grâce à sa force et à l'énergie du désespoir, Théodore Aubert parvient quelque temps à leur tenir tête, mais il finit par succomber sous la pluie de coups. Percé de toutes parts, il s'effondre dans une mare de sang et, cette fois, c'est un cadavre que ses agresseurs jettent à la mer. Ceux-ci poussent des clameurs de triomphe, mais ils s'arrêtent net : le commandant Richebourg vient de faire son apparition, un pistolet à la main.

— Attention, il va tirer !

Le commandant devrait effectivement le faire. Ce serait sa seule chance de sauver sa vie. Mais il est pris par une des hésitations dont il est coutumier. Les mutins saisissent cette chance inespérée. Ils se ruent sur lui. Oillic arrive le premier, le ceinture et le désarme. Les autres le frappent à coups de couteau. L'officier se fait suppliant.

— Ne m'assassinez pas !

Effectivement, ils cessent leurs coups, le portent à bras-le-corps et le jettent par-dessus bord. Il y a de nouveau un grand « plouf ». Mais le commandant Richebourg n'est pas mort. Il s'est mis à nager et sa voix monte, dans une dernière et sinistre imprécation :

— Que Dieu vous conduise, mais vous aurez la tête tranchée !

*

Le *Foederis Arca* est désormais aux mains des mutins. Ils fêtent leur victoire toute la nuit. Ils sont libres, ils sont les maîtres, et la cargaison, la fameuse cargaison, est à eux ! Ils peuvent aller et venir comme ils veulent dans la cale, ouvrir les tonneaux, rapporter des bouteilles.

Les jours suivants, pourtant, ils commencent à déchanter. Les officiers détestés sont morts, mais ils savaient naviguer. Eux ne sont que des matelots et ils ont le plus grand mal à maîtriser un navire de la taille du *Foederis Arca.* Et puis, il n'y a plus de discipline à bord. Chacun fait ce qu'il veut, les manœuvres indispensables ne sont plus effectuées et, à plusieurs reprises, la catastrophe est évitée de justesse.

À cela s'ajoutent d'autres motifs d'inquiétude. Tout de suite après leur crime, les mutins se sont mis d'accord sur le récit à faire, en se jurant que, si l'un d'eux les trahissait, ils déclareraient tous que c'était lui le principal responsable.

Seulement, il y a le cuisinier Miller. Depuis que le vin et le rhum sont disponibles à volonté, il est ivre du matin au soir. Il ne faut plus compter sur lui pour faire la cuisine, les autres doivent se débrouiller sans lui, mais ce n'est pas le plus grave. S'il est sous l'effet de l'alcool, saura-t-il tenir sa langue quand on l'interrogera ?

Le problème se résout pourtant de lui-même. Trois jours après le massacre, le cuisinier, dont la raison n'a sans doute pas résisté aux excès d'alcool, croise le charpentier Tessier, lui serre la main et déclare :

— Adieu ! Cela ne peut plus durer comme ça.

Puis il se met à courir et se jette par-dessus bord.

*

La mort du cuisinier fait office de signal. Tous comprennent qu'ils ne peuvent pas continuer dans ces conditions. Le maître d'équipage Lénard, qui, depuis les meurtres, fait plus ou moins office de chef du groupe, réunit tout le monde et propose sa solution.

— Il faut couler le bateau. On dira que le capitaine, le second et le cuisinier sont restés à bord et se sont noyés.

— Et nous, qu'est-ce qu'on devient ?

— On embarque sur les canots et on attend qu'on vienne nous secourir.

— Et si on ne nous secourt pas ?

— C'est un risque à prendre, mais cela m'étonnerait. Nous sommes sur une route maritime fréquentée, on rencontrera sûrement quelqu'un… Alors, qui est d'accord ?

Un vote a lieu et il est unanime : le *Foederis Arca* sera coulé.

C'est le dimanche 9 juillet vers 9 heures du matin que la décision est exécutée. Le charpentier Tessier perce dans la coque des trous aux endroits voulus, tandis que le reste de l'équipage défonce toutes les barriques afin que rien ne flotte. Après quoi, les hommes se répartissent dans les deux embarcations de secours, des canots assez vastes équipés d'une voile : Oillic, Thépaut, Daoulas, Marnier, Leclerc et le mousse Dupré dans le premier, Lénard, Carbuccia, Tessier, Pierre, Chicot et le passager Orsoni dans le second.

Il est décidé que la responsabilité des canots sera confiée au maître d'équipage Lénard et à Oillic, le grand gaillard roux. Avant le départ, Lénard s'adresse à ce dernier :

— Le mousse est avec toi. Il faudra faire quelque chose.

Le mousse Dupré, un enfant de onze ans, a assisté, terrorisé, à la mutinerie. Depuis les meurtres, il n'a pratiquement pas quitté sa couchette.

— Tu crois qu'il va parler ?

— C'est sûr. Dès qu'on l'interrogera, le gosse craquera. Le mieux est de le passer par-dessus bord.

— Tout de même… !

— C'est cela ou la guillotine. Qu'est-ce que tu préfères ?

Oillic hoche la tête avec gravité.

— Évidemment… Mais quand ?

— Je te ferai signe.

Les deux hommes prennent place chacun sur leur embarcation. Peu après, ils assistent à la fin du *Foederis Arca.* Il s'enfonce lentement et majestueusement dans la mer. La matinée est splendide, le soleil brille de tous ses feux et le spectacle a quelque chose de fascinant.

*

Deux jours passent. Les embarcations naviguent de concert. Parfois, elles se rejoignent et les passagers de l'une et de l'autre échangent des impressions, discutent, pour tromper leur ennui et leur angoisse… Mais au soir du deuxième jour, alors que le soleil se couche dans des teintes rouges magnifiques, Lénard lance à Oillic :

— Il faut délester !

Le grand roux sait ce qui lui reste à faire. Il ne fait pas d'objection, pas plus que les autres, qui ont sans doute compris eux aussi. Il va vers l'avant du canot. Le mousse Dupré était en train de dormir paisiblement. Il le soulève par la taille et le lance par-dessus bord. L'enfant pousse un cri de surprise et d'horreur et se retrouve dans l'eau.

Pendant un quart d'heure, il nage vaillamment derrière l'embarcation, implorant la grâce de ses compagnons, appelant à son secours sa mère et le Bon Dieu puis, on cesse de l'entendre, tandis que la nuit tombe peu à peu…

*

Le salut des mutins ne tarde pas à arriver. À l'aube du jour suivant, une voile apparaît à l'horizon. Le navire aperçoit leurs signaux, il change de cap et vient vers eux. En se voyant sauvés, ils ne font qu'un seul commentaire :

— Il était temps de se débarrasser du mousse !

Ils sont recueillis à bord du brick danois *Mercurius.* Le récit de leur naufrage, qu'ils font avec un bel ensemble, leur vaut la compassion de leurs sauveteurs. Ceux-ci font route vers les îles du Cap-Vert. Là, ils les remettent à la corvette de guerre française *Monge,* qui les rapatrie à Brest.

Pour les mutins, c'est le moment fatidique : l'interrogatoire officiel sur les circonstances du naufrage. Il est effectué par le capitaine du *Monge* et consigné par un officier de bord. Le maître d'équipage Lénard répond aux questions le premier.

— Quand s'est passé le naufrage ?

— Le 9 juillet au matin. Il y avait gros temps. Nous avons eu une brèche. Il y avait trois mètres d'eau dans les cales. Le capitaine a donné l'ordre d'évacuer et le *Foederis Arca* a sombré rapidement.

— Comment se fait-il qu'il ne soit pas avec vous ?

— Le capitaine, le second, le cuisinier et le mousse devaient nous rejoindre, mais nous les avons perdus de vue. La visibilité était mauvaise. Nous pensions qu'ils nageaient, en essayant de nous rejoindre. Nous les avons cherchés toute la journée, mais en vain.

Les autres marins sont interrogés ensuite, leurs témoignages concordent point par point. Le capitaine du *Monge* n'insiste pas. Le naufrage du *Foederis Arca* est, selon l'expression traditionnelle, imputable à la fortune de mer. L'affaire est close.

La corvette débarque les prétendus naufragés à Brest. Ceux-ci jugent plus prudent de se séparer. Au bout de quelques semaines, ils sont dispersés aux quatre coins du monde, avec la certitude que l'impunité leur est acquise. Ce devrait être effectivement le cas, mais l'obstination peu commune d'un marin va en décider autrement.

*

Justinien Aubert est le frère aîné de Théodore Aubert, le second du *Foederis Arca.* C'est un marin chevronné, capitaine au long cours, et, dès qu'il prend connaissance du rapport officiel sur le naufrage, il refuse d'y croire. Rien nc lui semble vraisemblable dans ce récit. Il obtient un rendez-vous au ministère de la Marine. Il est reçu par le fonctionnaire chargé de ces réclamations, faites le plus souvent par des compagnies d'assurances qui refusent de payer. Ce dernier l'accueille poliment, mais avec une certaine réserve.

— J'ai ce rapport sous les yeux, monsieur Aubert. Il me semble parfaitement cohérent.

— Pas du tout. Pour un marin, il ne tient pas debout ! Que le capitaine soit resté sur son navire, c'est normal, mais pas le second. En cas de naufrage, le capitaine reste à bord, mais la tâche du second est d'organiser l'évacuation de l'équipage et des passagers et de partir avec eux.

— Il lui est peut-être arrivé quelque chose. Il aura été emporté par une vague…

— Admettons, mais il n'y a pas que cela. Il y a le mousse. C'était un enfant de onze ans. Les règlements de la mer sont formels : il aurait dû être évacué le premier. Or l'équipage déclare qu'il est resté sur le navire, en compagnie du capitaine, du second et du cuisinier.

Et Justinien Aubert conclut :

— J'ai la certitude que nous ne sommes pas en présence d'un naufrage, mais d'une affaire criminelle.

Le fonctionnaire l'a écouté avec attention, mais il a un geste d'impuissance.

— Je comprends ce que vous me dites, monsieur Aubert, mais malgré tout, ce ne sont que des considérations personnelles. Pour rouvrir cette affaire, il faudrait un fait nouveau…

*

Justinien Aubert ne s'avoue pas vaincu. Il se métamorphose en détective. Il renonce à repartir en mer pour le moment. Il va de port en port, cherchant des informations auprès des autres capitaines et son acharnement est payant ! Il obtient le témoignage de plusieurs marins qui se trouvaient dans les parages le 9 juillet 1864 et qui affirment de la manière la plus péremptoire qu'il n'y a pas eu de tempête ce jour-là. Justinien Aubert tient enfin le fait nouveau qui lui manquait pour faire rouvrir le dossier

Quand il retourne au ministère de la Marine, ses dires sont pris en considération et, après vérification, les autorités décident de reprendre l'enquête.

C'est le commissaire Dufresne, de l'inscription maritime de Brest, qui en est chargé. Dès le début, il est confronté à un problème de taille : l'équipage du *Foederis Arca* est aux quatre coins du monde. Et encore, il s'agit de ceux dont il parvient à retrouver la trace. Pour certains, on n'a pas la moindre idée de l'endroit où ils se trouvent.

Il y a une exception, pourtant, le novice Chicot, qui est à Nantes où il habite. Il est aussitôt convoqué. Il a maintenant seize ans, mais ne fait pas son âge. Il est visiblement impressionné de se trouver dans les locaux de l'inscription maritime. Le commissaire se dit que, s'il a une chance d'apprendre la vérité, c'est par lui que cela se fera.

Il l'interroge donc. L'adolescent lui fait les mêmes réponses qu'il avait faites à bord du *Monge*, lorsqu'on l'avait questionné la première fois. Il ne se contredit pas, il ne tombe pas dans les pièges qui lui sont tendus. Malgré tout, il semble réciter une leçon. Le commissaire Dufresne décide de ne pas insister.

— Tu es libre. Mais fais bien attention. Si la vérité est découverte, ce qui ne saurait tarder, et s'il s'avère que tu as protégé des criminels, tu auras le même sort qu'eux. Tandis que si tu reviens soulager ta conscience, tu auras l'indulgence des juges…

Le calcul est bon. Le novice Chicot est bientôt en proie aux remords et à l'angoisse. Après un mois d'hésitation, il révèle tout à sa mère, qui lui dit d'aller trouver immédiatement le commissaire. Lorsque ce dernier le voit revenir la tête basse, il sait qu'il a gagné.

— Je vais tout vous dire. Mais moi, je n'ai rien fait…

L'adolescent éclate en sanglots et le commissaire Dufresne découvre avec horreur la pire histoire de mer qu'il ait entendue.

Un mandat d'arrêt est lancé contre les responsables, qui, après bien des difficultés, sont appréhendés en France et à l'étranger. Trois manqueront à l'appel : l'un s'est noyé en tentant de s'échapper du bateau qui le ramenait, un autre est mort en prison et le passager Orsoni, qui était recherché en tant que simple témoin, reste introuvable. Ils seront huit à passer en jugement.

*

Leur procès s'ouvre le 19 juin 1866, devant le premier tribunal maritime de Brest, sous le chef d'accusation de piraterie. Toute la ville est en émoi, devant ce crime abominable. C'est le meurtre du mousse qui cause la plus grande indignation. La veille, le journal local a écrit :

« Le croira-t-on jamais ? Un pauvre petit mousse de onze ans, réveillé brutalement pendant son sommeil et jeté à l'eau, au milieu de l'océan. On croit encore entendre la voix de ce malheureux enfant qui, luttant contre la mort, essaie d'éveiller la pitié de ses bourreaux, en criant : "Ma mère, à moi ! Mon Dieu, sauvez-moi !" Et les accusés avouent qu'il nagea plus d'un quart d'heure ! Le cœur est saisi de dégoût, on perd toute pitié, quand on retrace cette scène et les carnages qui ont précédé. On est saisi d'épouvante à la pensée que, sans les révélations du novice Chicot, ce crime pouvait rester impuni. »

Les huit accusés sont Jean Lénard, le maître d'équipage ; Pierre Oillic, François Thépaut, Antoine Carbuccia, Charles Pierre, matelots ; Gilles Tessier, charpentier ; Pierre Leclerc et Jean Chicot, novices.

Interrogé le premier, Lénard prétend n'avoir rien connu du complot : il était maître d'équipage et les matelots ne se confiaient pas à lui. Il n'est arrivé sur le pont qu'après le meurtre du second Aubert. Devant le sang, il a pris peur et il a assisté en spectateur au second meurtre, celui du commandant. Quant à l'ordre de noyer le mousse, que les autres disent lui avoir entendu donner, il le nie formellement.

Oillic, lui, avoue presque tous les faits qui lui sont reprochés, sauf la mort du mousse. Il le met sur le compte de Marnier, un des deux marins qui sont morts. Quand le président lui demande pourquoi il a tué le capitaine et le second, il répond, désabusé, en haussant les épaules :

— Je me suis vengé, voilà tout ! Aubert m'avait injurié et le capitaine avait menacé de me brûler la cervelle.

C'est le tour de Thépaut. Il déclare à voix basse :

— J'étais sous le coup de la boisson. J'étais fou et je ne savais pas ce que je faisais.

Carbuccia adopte la même attitude que ses complices : il minimise les faits et prétend avoir agi dans un état second.

— J'ai agi par vengeance. Pour le second Aubert, je ne sais plus très bien. J'étais ivre. Pour le capitaine, je lui ai donné un coup de couteau et j'ai aidé à le jeter à la mer.

Le charpentier Tessier, peu chargé par ses compagnons, semble n'avoir joué qu'un rôle secondaire. Il reconnaît avoir fait des trous de tarière dans le navire pour le faire couler, mais c'était, dit-il, sous la menace des autres. Il parle ensuite du suicide du cuisinier, qui s'est jeté par-dessus bord après lui avoir serré la main. Cette scène semble l'avoir profondément marqué.

Tessier est remplacé par le matelot Pierre, un métis, qui paraît plus ou moins simple d'esprit et qui fait un témoignage confus. Viennent enfin les deux novices Leclerc et Chicot, qui n'ont, de toute évidence, participé à aucune action criminelle…

Après les plaidoiries, arrive l'heure du verdict. Il est sans nuances : Carbuccia, Thépaut, Oillic et Lénard sont condamnés à mort ; Leclerc, Chicot, Tessier et Pierre sont acquittés.

Aucun des condamnés n'a été gracié. Ils ont tous eu la tête tranchée. La prédiction du capitaine Richebourg, lancée la nuit de la mutinerie, s'était accomplie.

10

Vol Air France 8969

Ce n'est pas tout à fait un jour comme les autres, puisque nous sommes le 24 décembre. Dans le monde entier, on est allé acheter la dinde et la bûche de Noël, on se prépare au réveillon. Et les passagers du vol Air France 8969, faisant le trajet Alger-Paris, auront droit tout à l'heure à un repas amélioré.

L'atmosphère n'est pourtant pas à la fête. Il faut dire qu'en cette année 1994, l'Algérie vit des heures parmi les plus sombres de son histoire. En 1991, l'armée a pris le pouvoir pour écarter les islamistes, qui étaient sur le point de gagner les élections. Il s'en est suivi une guerre civile sanglante, les militaires répliquant avec brutalité aux massacres de leurs adversaires. On compte les victimes par dizaines de milliers et rien n'annonce la fin du conflit.

C'est ce qui explique que l'équipage de l'Airbus A300, un gros porteur moyen-courrier, soit soucieux. Ce sont d'ailleurs tous des volontaires – en raison des risques encourus, on ne peut obliger personne à faire le trajet Alger-Paris. Air France a demandé à plusieurs reprises au gouvernement l'arrêt des vols avec l'Algérie, mais les autorités n'ont pas donné suite.

Dans le cockpit ont pris place le commandant Bernard Delhemme, un aviateur chevronné ainsi que le copilote et le mécanicien navigant. Il y a, en outre, sept hôtesses et stewards, dont Claude, la chef de cabine, et Maxime, qui vient tout juste d'être engagé. Malgré ses allures de gamin, il n'a pas froid aux yeux et n'a pas hésité à se faire inscrire sur ce vol périlleux.

Les passagers vont pour la plupart passer les fêtes de fin d'année en France. Il y a 100 Algériens, 75 Français, mais aussi des Anglais, des Américains, des Allemands, des Hollandais, des Irlandais et même un diplomate vietnamien. Avec l'équipage, l'Airbus emporte en tout 221 personnes.

*

L'embarquement est presque terminé quand quatre hommes armés se présentent à la porte avant de l'avion. Ils ont sur leur veston des badges de policiers. L'un d'eux annonce :

— Police, on ne bouge pas !

L'équipage ne s'inquiète pas. Ce genre de contrôle inopiné arrive parfois à Alger, dans le climat de tension extrême qui règne. Claude, la chef de cabine, tient toutefois à rassurer les passagers, que cette arrivée un peu brutale a impressionnés.

— Soyez sans crainte, des policiers vont procéder au contrôle des passeports. Je vous demanderai de bien vouloir rester assis à votre place. Merci pour votre coopération.

Les policiers commencent donc leur travail de vérification. Les minutes s'écoulent. L'avion prend du retard et sans doute les autorités algériennes commencent-elles à suspecter quelque chose, car on voit arriver des hommes tout de noir vêtus sur la piste autour de l'avion. Le jeune Maxime, qui vient de les apercevoir, alerte sa collègue Claude.

— Qu'est-ce que c'est que ces gens-là ?

— On les appelle les « ninjas ». Ce sont les policiers d'élite du gouvernement.

— Mais qu'est-ce qu'ils viennent faire ?

— Ce n'est pas normal. Je ne comprends pas...

Au même moment, un des hommes occupés à regarder les passeports jette un œil par un hublot, aperçoit les forces spéciales et pousse un cri en arabe : « Impies ! » En un instant, les masques sont tombés. Un des quatre arrivants, un jeune homme de vingt-cinq ans environ, prend la parole :

— Nous ne sommes pas des policiers, nous sommes des moudjahidine !

Il sort un objet allongé d'une de ses poches.

— C'est une bombe. Elle est très puissante. Elle peut faire sauter tout l'avion !

Non, les passagers et l'équipage ne seront pas chez eux pour le réveillon et, malheureusement pour eux, le vol Air France 8959 va entrer dans l'histoire.

*

Dehors, les forces de sécurité algérienne, les « ninjas », continuent de prendre position. Mais elles ne font rien d'autre. Pour passer à l'action, il leur faudrait des ordres du pouvoir... Ceux qui passent à l'action, au contraire, ce sont les journalistes. La nouvelle du détournement s'est répandue avec une extraordinaire rapidité et on les voit arriver sans cesse plus nombreux. Certains braquent leur zoom vers l'appareil pour tenter de surprendre ce qui se passe à l'intérieur.

À Paris, les dirigeants sont aussitôt prévenus. La France est alors en période de cohabitation : François Mitterrand est président de la République et Édouard Balladur Premier ministre. Ce dernier essaie d'entrer en contact directement avec les preneurs d'otages. Mais les autorités algériennes s'y opposent. Elles entendent traiter l'affaire elles-mêmes.

*

À bord de l'avion, c'est la confusion qui règne. Pour éviter d'être la cible de tireurs d'élite, les terroristes ont échangé leurs vestes avec celles de l'équipage. Le jeune homme de vingt-cinq ans qui semble être le chef n'a, semble-t-il, pas l'intention de faire connaître ses revendications, il laisse ses hommes continuer à circuler au milieu des passagers. L'un d'eux est particulièrement nerveux. Il s'en prend à une jeune Française.

— Pourquoi n'es-tu pas voilée ?

— Je ne suis pas musulmane.

— Ici toutes les femmes doivent être voilées. Mets quelque chose !

La jeune femme noue son foulard autour de sa tête, mais l'islamiste n'en a pas fini. Il désigne son voisin.

— C'est qui, cet homme ? C'est ton mari ?

— Non. Je ne le connais pas…

— Tu es assise à côté d'un inconnu, impie ? Change de place. Mets-toi à côté d'une femme !

Et il entreprend de regrouper les femmes entre elles et de les faire se voiler. Il a les yeux fixes, les lèvres tremblantes, un vrai visage de psychopathe. On sent qu'il a beaucoup de mal à se maîtriser et qu'il est capable de commettre l'irréparable à tout instant. Chez les passagers, l'angoisse qui s'était installée à l'annonce du détournement ne fait qu'augmenter.

C'est à ce moment que la voix du chef du commando retentit dans le micro.

— Je m'appelle Yahia. Ce que nous voulons, c'est la libération d'Abassi Madani et d'Ali Belhadj. Si le gouvernement entend la voix de la raison, vous aurez la vie sauve. Sinon, nous ferons sauter l'avion et vous serez tous morts !

Paradoxalement, cette annonce rassure les passagers. Que leur vie soit en jeu, ils le savaient déjà. Mais au moins, on est entré désormais dans un terrain rationnel. Madani et Belhadj sont les dirigeants du Front islamique du salut, qui ont été emprisonnés au moment du coup d'État. Rien de plus normal que leurs agresseurs réclament leur libération. Tout est préférable à cette attente et à ce fou qui se promène au milieu d'eux...

Après avoir fait sa déclaration, celui qui s'est présenté comme Yahia entre dans le poste de pilotage pour répéter sa demande aux autorités via la radio de bord. Un membre du gouvernement algérien est présent dans la tour de contrôle. Sa réponse est catégorique et elle était attendue. Depuis qu'ils sont au pouvoir, les militaires ont toujours fait preuve de la plus grande fermeté.

— C'est non. Il n'est pas question de les libérer !

Yahia insiste un moment, mais devant l'intransigeance de son interlocuteur, il passe à une autre revendication.

— Nous voulons pouvoir décoller quand nous le voulons. Dégagez le terrain.

L'avion est, en effet, immobilisé par la passerelle qui n'a pas été retirée, et par plusieurs voitures de police qui sont arrêtées devant lui. Le ministre répond qu'il va faire le nécessaire, mais d'autres véhicules viennent se placer en obstacle. Le chef du commando est fou furieux.

— Retirez la passerelle et les voitures ! Vous m'entendez ? Retirez-les !

Mais il a beau crier, vociférer, il n'obtient aucun résultat. Il lâche brutalement le micro et quitte le poste de pilotage, en prononçant :

— C'est comme ça ? Ils vont voir !

Il va retrouver un autre de ses hommes. Il est très grand et, au contraire de celui aux allures de psychopathe, très calme, presque impassible.

— Va me chercher le policier...

Pendant la vérification des passeports, un des passagers algériens, croyant avoir affaire à des collègues, a précisé qu'il était un officier de police en permission. En voyant le membre du commando venir vers lui, l'arme au poing, l'homme pâlit. Mais il n'a d'autre choix que d'obéir. Il se retrouve devant Yahia.

— Qu'est-ce que vous me voulez ?

Le jeune islamiste lui tend un papier plié.

— Je vous charge d'un message pour les autorités. Vous allez descendre.

La porte s'ouvre. Le policier hésite un instant et s'engage sur la passerelle. Yahia fait un signe de tête à son acolyte. Celui-ci vise posément et abat l'homme d'une balle en pleine tête. Le détournement du vol Air France 8969 est entré dans l'horreur. Il n'est pas près d'en sortir.

*

Seuls les passagers assis à proximité de la porte ont vu que l'homme venait d'être assassiné. Le personnel de cabine en a été témoin aussi et Claude reçoit peu après l'autorisation de se rendre dans le cockpit pour demander à l'équipage s'il veut quelque chose. Elle s'exécute et, malgré la surveillance, parvient à glisser au commandant Delhemme :

— Ils ont tué un passager…

Les autorités algériennes, elles aussi, ont été témoins de l'exécution. Mais bien loin d'avoir entamé leur détermination, elle semble, au contraire, les avoir confortées dans leur volonté d'employer la force. Dans les minutes qui suivent, d'autres voitures des unités spéciales arrivent sur les lieux.

Le quatrième acteur du drame, le gouvernement français, est informé lui aussi par ses représentants sur place et, au sein du comité de crise présidé par Édouard Balladur, l'angoisse monte d'un cran. Non seulement à cause de la dangerosité du commando, mais surtout par crainte des actions algériennes. À partir de ce moment, le gouvernement français n'a qu'une priorité : rapatrier l'avion en France. Comme l'a expliqué plus tard Charles Pasqua, ministre de l'Intérieur à l'époque des faits : « Nous prenions un risque considérable si nous laissions l'avion à

Alger. Nous savions que les forces algériennes étaient parfaitement capables de se rendre maîtresses de l'appareil, mais nous savions aussi que cela se ferait dans un bain de sang. »

*

Alors que la nuit approche et que les négociations sont bloquées du fait des autorités algériennes, qui, non seulement ne font aucune concession, mais ne cherchent même pas à dissimuler leur intransigeance, Yahia décide de frapper à nouveau. Il choisit cette fois le Vietnamien comme victime.

Le malheureux diplomate tombe des nues lorsque le membre du commando au visage impassible vient le chercher. Il est un peu rassuré lorsque Yahia lui explique qu'il a été choisi en raison de sa profession. On ouvre la porte. Il fait un pas et pousse un cri d'horreur en découvrant le corps du policier. Il est trop tard. Les balles claquent et il s'écroule sans vie sur les marches… Un peu plus tard, Claude, autorisée de nouveau à se rendre dans la cabine d'équipage, murmure à Bernard Delhemme :

— Ils en ont tué un deuxième !

*

Les heures s'écoulent. Dans l'avion, on ne dort pas, on parle à voix basse, pour passer le temps et tromper son angoisse. Peu à peu, les membres de l'équipage et les passagers commencent à cerner la personnalité de chacun des terroristes et ils jouent à leur trouver des surnoms.

Il y a d'abord « le chef », qui se fait appeler Yahia et dont on saura plus tard qu'il s'agit d'Abdul Abdallah Yahia, vingt-cinq ans, dit « l'Émir » dans les rangs islamistes, ancien marchand de légumes. Il a plutôt l'air sympathique et les hôtesses le trouveraient beau garçon s'il ne se mettait pas en colère. Dans ces moments-là, la rage défigure ses traits.

Le psychopathe est tout naturellement surnommé « le fou », mais contrairement à ce qui se passait au début, ce n'est pas lui qui fait le plus peur, c'est l'autre, le grand, le silencieux. Les passagers situés près de la portière l'ont vu abattre froidement deux hommes dans le dos et ont fait circuler l'information. Son regard n'exprime absolument aucune émotion. Il ressemble à une machine et il en a certainement la froideur et la précision. Pour tout l'avion, il est « le tueur ».

Peu après le second meurtre, un incident étrange se produit entre « le tueur » et Maxime, le jeune steward. Alors qu'il croise ce dernier dans le couloir, l'Algérien lui prend la nuque et lui dépose un baiser sur le front. Interdit, le jeune homme n'ose pas lui demander la raison de son geste et le laisse s'éloigner. Mais un peu plus loin, une vieille musulmane lui attrape le bras, alors qu'il passe près d'elle. Elle lui murmure :

— Faites attention, il vous a donné le baiser de la mort !

— Il veut me tuer ?

— Je ne sais pas. Faites attention…

Avec l'inconscience de la jeunesse, Maxime revient vers le terroriste. Choqué par ce qu'il a vu, il lui déclare :

— Si vous me tuez, tuez-moi en face, pas dans le dos. Je veux voir vos yeux quand vous tirerez.

L'homme, que cette intervention n'a pas fait sourciller, lui répond d'une voix calme :

— Si on te tue, tu n'as pas à t'inquiéter. Tu seras un martyr. Tu iras droit au Paradis…

Enfin, il y a le dernier de la bande, le plus effacé, qui a reçu le surnom de « Simplet ». L'une des hôtesses dira de lui plus tard : « On se demandait ce qu'il faisait là et, visiblement, il se le demandait aussi. Il ressemblait plus à un gardien de chèvres qu'à un terroriste. »

Et peut-être, après tout, gardait-il les chèvres quelque part dans les Aurès ou la Kabylie, avant de s'enrôler chez les islamistes…

*

Sept heures du matin. Le soleil se lève sur l'aéroport d'Alger et la situation est plus bloquée que jamais. À Paris, on s'impatiente. Édouard Balladur presse les autorités algériennes de laisser décoller l'avion. Il y a certes à son bord une majorité d'Algériens. Mais plusieurs dizaines de passagers sont français, l'avion est français. Son commandant de bord et son équipage également. Pour Balladur, c'est à la France de régler le problème.

Les Algériens refusant obstinément, le Premier ministre propose l'intervention du GIGN. Il se heurte à un nouveau refus. Faute de mieux, il envoie alors le groupe de gendarmes d'élite, avec à sa tête le colonel Favier, à l'aéroport le plus proche d'Alger, Majorque, aux Baléares.

Les premières heures du jour de Noël voient pourtant se produire un événement positif, le premier depuis cette succession de drames. Le commando accepte de libérer 33 otages : des malades, des femmes et des enfants. Mais il reste quand même 186 personnes à bord et, pour le reste, rien ne change. Les autorités algériennes refusent toujours de bouger la passerelle ou de dégager la piste. Elles vont, au contraire, prendre une initiative qui va se révéler catastrophique.

Quelque temps plus tard, le commandant Delhemme appelle le chef du commando dans le cockpit.

— Une communication pour vous.

Le jeune islamiste arrive et il a la surprise d'entendre une voix féminine d'un certain âge.

— Yahia, c'est toi ? Il faut absolument que tu m'écoutes. Je t'en supplie, Yahia, ne tue pas ces gens !

Si l'objectif était de toucher le terroriste, il est rempli, mais pas dans le sens espéré. Yahia entre dans une rage folle. Il revient trouver ses trois hommes dans la cabine des passagers. Il leur hurle :

— Ils ont osé aller chercher ma mère ! Ils ont osé !

Il s'adresse au « tueur ».

— Amène le cuisinier !

Celui qu'il appelle « le cuisinier » est un employé de l'ambassade de France à Alger. Ils sont deux dans l'avion à être dans ce cas : une secrétaire et lui-même, qui est le chef des cuisines. Leur identité avait été soigneusement notée au moment de la vérification des passeports.

Peu après, l'homme se retrouve devant le chef du commando. Il le suit dans le cockpit. Yahia lui tend le micro.

— Tu vas leur dire que nous tuerons un passager toutes les demi-heures si on ne nous laisse pas partir.

L'employé de l'ambassade, effrayé, s'exécute puis Yahia lui arrache le micro. Il crie :

— Maintenant, nous allons le tuer ! Vous entendez ? Nous allons le tuer !

« Le tueur » et « le fou » s'emparent de lui. Il est abattu d'une balle dans la tête et jeté dehors par la portière... À Paris, on a tout entendu. Philippe Legorjus, conseiller en sécurité pour Air France, qui faisait partie du comité de crise, raconte : « Nous avons assisté à l'exécution de cet homme à distance, parce que nous étions branchés sur le réseau entre l'avion et la tour de contrôle. C'était quelque chose de terrible ! »

La situation n'a pas seulement franchi un degré de plus dans l'horreur, elle a aussi changé de nature. Paris ne peut rester sans réaction devant l'assassinat d'un citoyen français, membre de son ambassade de surcroît. Édouard Balladur appelle le chef d'État algérien. Il lui dit qu'il rend son gouvernement responsable de ce qui pourra se passer et qu'il le fera connaître à l'opinion internationale.

Cette fois, les autorités algériennes cèdent. Elles ne peuvent se permettre une crise majeure avec la France et sans doute se sentent-elles une part de responsabilité dans ce qui vient de se produire. L'ordre est donné de retirer l'échelle et de faire partir les voitures. Seulement, le pilote ayant dû faire tourner les moteurs pour fournir de l'électricité dans l'appareil, il n'y a plus assez d'essence pour aller à Paris. Il faudra se ravitailler à Marseille.

*

Le 26 décembre à 2 heures du matin, près de quarante heures après la prise d'otage, le vol AF8969 quitte Alger. Exactement au même moment, le commando du GIGN s'envole de Majorque. Il arrive vingt minutes avant lui à Marseille. C'est là que va avoir lieu le dernier acte.

À 3 heures du matin, l'Airbus d'Air France atteint son stationnement, en bout d'une piste écartée. Il fait très sombre, on ne voit rien ; c'est un choix délibéré. Au sol, les hommes du GIGN sont déjà en position.

Ce n'est pourtant pas sur le terrain qu'a lieu le plus important. Le principal se passe au même moment au comité de crise. Un responsable des services secrets vient faire au Premier ministre un rapport incroyable.

— Nous pensons avoir découvert le projet des terroristes : ils veulent commettre un attentat à Paris.

— De quelle manière ?

— Avec l'avion. Ils veulent le jeter sur leur objectif comme une bombe.

— Et quel est l'objectif ?

— Vraisemblablement la tour Eiffel. Peut-être l'Élysée…

Les membres du comité de crise se regardent, effarés. Jamais une telle opération n'avait été tentée ni même imaginée. Édouard Balladur conclut :

— Les choses sont claires : l'avion ne doit pas quitter Marseille.

*

La reprise des négociations, qui a lieu en début de matinée entre l'Airbus et la tour de contrôle, confirme malheureusement ces craintes. Le commandant demande, au nom du commando :

— Il nous faut le plein des réservoirs.

— Le plein, c'est 27 tonnes. Pour aller à Paris, 8 tonnes suffisent.

Yahia s'empare du micro.

— Nous exigeons le plein, sinon, nous recommençons les exécutions !

Pourquoi une telle quantité d'essence, sinon pour provoquer une explosion plus terrible encore ? À partir de maintenant, la tâche des négociateurs va consister à faire traîner les choses jusqu'au moment où le GIGN sera en mesure d'intervenir.

— Ce n'est pas possible pour l'instant, les pompistes refusent. Ils ont peur d'approcher, après ce qui s'est passé à Alger. Nous discutons avec eux.

— Si nous ne décollons pas, nous allons tuer un passager toutes les demi-heures !

— Mais pourquoi voulez-vous aller à Paris ?

Yahia réfléchit un instant et répond :

— Pour tenir une conférence de presse.

— Une conférence de presse, c'est ici qu'il faut la faire. Le détournement est suivi dans le monde entier. Toute la presse internationale est à Marseille.

L'argument fait mouche. Le chef du commando se montre intéressé et se met à discuter des modalités pratiques. L'entretien avec les journalistes aura lieu à l'avant de l'avion, les passagers étant regroupés à l'arrière... Il ne se rend pas compte qu'il tombe ainsi dans le piège qui lui est tendu. Si les passagers sont tous à l'arrière, ils seront à l'abri et le GIGN aura le champ libre pour investir l'avant, occupé par les terroristes.

*

L'avion est à Marseille depuis maintenant douze heures. Sous les ordres du colonel Favier, le GIGN a pris tous ses repères. À bord, l'atmosphère se tend. Les terroristes croient toujours à la conférence de presse et s'impatientent. Une fois de plus, Yahia déclare au micro :

— Tout est prêt ici. Les journalistes peuvent venir.

Et une fois de plus, il s'entend répondre :

— Il y a encore quelques détails à régler. Il faut patienter.

Il commence à se douter de quelque chose. Il ordonne tout à coup au commandant :

— Déplacez l'avion. Amenez-le devant la tour de contrôle.

Le commandant Delhemme essaie de résister, mais il doit obéir. Il remet en route l'appareil et se positionne comme indiqué. Yahia reprend le micro.

— C'est trop tard pour la conférence de presse. Elle aurait déjà dû avoir lieu.

Sa voix se charge brusquement de colère.

— Ce que nous voulons, maintenant, c'est partir. Les réservoirs devront être pleins à 17 heures, sinon nous recommençons les exécutions…

Outre que cet ultimatum renoue avec les moments les plus dramatiques du détournement, le déplacement de l'avion prend de court le GIGN, qui avait établi sa stratégie en fonction du stationnement précédent. Tout est à refaire. Le commandant Favier doit remanier de manière très rapide son dispositif.

Cette fois, il opte pour une attaque éclair, employant trois passerelles et trente hommes. Le schéma est le suivant : une pénétration par les deux portes arrière, avec deux groupes de onze hommes et une pénétration avec une équipe réduite de huit hommes par la portière avant droite, pour s'emparer du cockpit. L'intention du GIGN étant de couper le cockpit du reste de l'avion…

*

Dix-sept heures. L'ultimatum expire et aucun camion de carburant n'est à l'horizon. Yahia décide de prendre sa nouvelle victime parmi le personnel de cabine et choisit le plus jeune, Maxime. « Le tueur » s'approche. Il regarde Maxime et lui dit :

— Je n'ai pas le choix.

Que se passe-t-il dans la tête de son chef à ce moment-là ? On ne le saura jamais. Il retient le membre du commando et lui ordonne d'ouvrir la portière, puis de tirer en direction de la tour de contrôle. Obéissant, « le tueur » entrouvre la porte de l'appareil et fait feu à plusieurs reprises. Le jeune steward est sauvé. Il est rare de passer aussi près de la mort.

Suite à cette scène, la décision du comité de crise est immédiate : ordre est donné au GIGN de passer à l'attaque. Il n'est pas question de faire durer une situation aussi dangereuse une seconde de plus.

Le GIGN a décidé d'utiliser des escaliers motorisés pour attaquer. Ceux-ci, au nombre de trois, s'avancent vers l'avion, sous les objectifs des caméras du monde entier, qui vont faire vivre le dénouement en direct.

Huit hommes sont installés sur la passerelle avant droite, la première à arriver. Il y a malheureusement un problème de hauteur. Elle est un peu plus haute que la portière. La passerelle doit faire marche arrière pour qu'on modifie le réglage.

Pendant ce temps, les deux autres escaliers, qui, eux, sont à la bonne hauteur, ont pris place à l'arrière et les 22 gendarmes qu'ils véhiculent font irruption dans la queue de l'Airbus. Un cri éclate :

— Mains sur la tête !

Les arrivants demandent aux passagers de se positionner le plus bas possible et, leurs collègues n'étant pas encore intervenus à l'avant, tirent des centaines de balles dans cette direction. La cabine est envahie de fumée et répercute la fusillade de manière assourdissante.

Des tireurs d'élite se sont embusqués sur un toit, afin d'intervenir contre le poste de pilotage où sont retranchés les terroristes. Le copilote se trouve malheureusement dans leur champ de vision et fait obstacle, jusqu'à ce qu'il prenne brusquement la décision de s'enfuir. Il ouvre un hublot et saute. La chute de plus de six mètres, qui est retransmise par les télévisions, aurait pu le tuer, mais il s'en tire avec une fracture de la jambe et une hanche cassée et réussit à se mettre en sécurité. Les tireurs d'élite peuvent intervenir.

Tandis que les huit gendarmes de la première passerelle pénètrent à l'avant et tirent à leur tour contre le commando, à l'arrière de la cabine, les autres membres du GIGN ont commencé l'évacuation des passagers. En moins de six minutes, ceux-ci sortent par les deux passerelles et les toboggans de secours.

Le combat ne se poursuit plus que dans le cockpit. Sur les quatre terroristes, deux ont été tués, « le tueur » et « le fou », et un autre grièvement blessé, Yahia. Seul « Simplet » est indemne et continue à se défendre avec acharnement. Il est coincé dans le cockpit, en compagnie du commandant et du mécanicien navigant. S'il tournait son arme contre eux, il ne leur laisserait aucune chance, mais il ne le fait pas. Il tire sur les gendarmes, en blessant plusieurs. Il résiste ainsi vingt minutes avant d'être abattu d'une balle dans le cœur.

Les tirs cessent, mais l'opération n'est pas tout à fait terminée. Le GIGN n'est pas certain d'avoir neutralisé tous les membres du commando. Les hommes du colonel Favier avancent prudemment dans l'appareil. Pour l'instant, toute personne vivante est, à leurs yeux, un suspect. Le commandant Delhemme entend :

— Les mains sur la tête ! Sortez !

Il répond :

— Je suis le commandant de bord. Je vais sortir mais je ne mets pas les mains sur la tête…

*

C'est l'heure du bilan et il est incroyablement positif, en regard de la gravité de la situation et des risques encourus. Du côté des otages et des forces de l'ordre, aucun mort n'est à déplorer. Onze membres du GIGN ont été blessés dont un grièvement, ainsi que treize passagers et trois membres de l'équipage, tous légèrement.

L'action du GIGN est considérée aujourd'hui encore comme une des réussites les plus remarquables en matière de prise d'otage. Elle a été analysée par les unités d'élite du monde entier et elle leur a longtemps servi de modèle. Tous les membres du GIGN ainsi que l'équipage d'Air France ont reçu la Légion d'honneur des mains du président François Mitterrand.

Mais le discernement des autorités n'a pas été moins remarquable. Bien plus tard, un ancien responsable des islamistes algériens a confirmé que l'intention du commando était bien de réaliser un attentat particulièrement spectaculaire dans la capitale française.

Par sa fermeté et son esprit de décision le comité de crise a évité que la France connaisse, sept ans avant les États-Unis, la catastrophe du 11 septembre.

11

Le passager du *Dresden*

En cet après-midi du 29 septembre 1913, un petit homme de cinquante-cinq ans gravit la passerelle du *Dresden*, paquebot allemand amarré dans le port d'Anvers. Il est d'allure à la fois sévère et élégante, avec ses fines lunettes, sa moustache bien taillée, sa redingote gris foncé et sa chemise blanche à col cassé. C'est également un personnage important, si l'on en juge par les saluts respectueux qui accueillent son arrivée.

Effectivement, l'homme est mondialement connu. Ce savant et inventeur allemand a révolutionné toute l'industrie en mettant au point un moteur nouveau, fonctionnant à partir d'huiles lourdes. Il est même sur le point d'accéder à la gloire suprême de perdre la majuscule de son nom. Bientôt, on ne dira plus un moteur de Rudolf Diesel, mais un moteur diesel, tant l'usage de son invention se généralise. S'il en fallait une preuve, le *Dresden* est équipé d'un de ses moteurs.

Rudolf Diesel gagne sa cabine, accompagné d'un steward qui porte sa valise. Elle est petite, car il ne va pas loin et il ne compte pas rester longtemps à bord. Il se rend à Harwich, un port de l'Essex au nord-est de Londres. Et pourtant, s'il n'est pas lointain, ce voyage revêt pour lui une importance décisive. Il va même être plus important encore, mais cela, Rudolf Diesel ne le sait pas encore.

*

Contrairement à ce qu'on pourrait imaginer, Rudolf Diesel est né à Paris, le 18 mars 1858. Son père et sa mère, tous deux Allemands, sont des maroquiniers installés dans la capitale française. Lorsqu'éclate la guerre de 1870, ils émigrent à Londres et envoient le jeune Rudolf chez des parents à Augsbourg, ville de Bavière dont ils sont originaires.

Là, il commence par suivre des études de commerce, mais il est irrésistiblement attiré par les sciences. Ses excellentes notes dans ce domaine lui permettent d'obtenir une bourse et il passe, en 1880, son diplôme d'ingénieur à l'École polytechnique de Munich.

À sa majorité, on lui laisse le choix de sa nationalité. Étant né en France, il peut, s'il le veut, être français. Il est d'ailleurs inscrit à l'état civil parisien sous le prénom de « Rodolphe ». Il hésite un moment, mais l'esprit revanchard et militariste qui règne en France le pousse à rester allemand, même s'il n'apprécie pas non plus les visées impérialistes de Guillaume Ier et de Bismarck. Ce sentiment de n'appartenir vraiment à aucune nation, d'être un citoyen du monde, restera toujours vivace chez lui et va jouer un rôle constant dans son existence.

Peu de temps après, en 1883, il se marie et se met au travail avec acharnement. Il n'est pas question pour lui de s'en tenir à la théorie. Il se veut inventeur et s'intéresse particulièrement aux moteurs. À l'époque, ils sont uniquement à vapeur. Or, ils présentent deux inconvénients majeurs : d'abord, une grande déperdition, seuls 6 à 10 % de l'énergie étant effectivement utilisés ; ensuite, en raison de leur encombrement, ils ne conviennent qu'aux grands véhicules, bateaux ou locomotives, et ne sont pas adaptés aux voitures individuelles.

Rudolf Diesel oriente donc son travail vers les moteurs à explosion. Il en existe à l'époque plusieurs, qui sont au stade expérimental. Après des années ponctuées d'échecs, il parvient à mettre au point un modèle qui semble viable et dépose un brevet en 1892.

Il est pourtant loin d'être au bout de ses peines, car continuer les recherches coûte très cher et il lui faut absolument l'aide d'un industriel. Il a la chance que le magnat de l'acier Friedrich Krupp lui apporte son soutien. Les essais peuvent donc se poursuivre.

*

Pendant cette période, le moteur à explosion fait de rapides progrès, donnant naissance à l'automobile, mais Rudolf Diesel se distingue des autres chercheurs par la dimension sociale qu'il donne à ses travaux. L'essence coûte cher, or il voudrait que même les ménages modestes puissent acquérir une auto. C'est pourquoi il met au point un moteur fonctionnant avec des huiles lourdes, dont le prix de revient est beaucoup plus faible.

Cette fois, c'est le succès, voire le triomphe. Son invention est présentée à l'Exposition universelle de Paris en 1900, et obtient la médaille d'or. La Société générale des moteurs Diesel est créée et doit faire face à un afflux de commandes, spécialement en provenance des États-Unis, pays qui a toujours accueilli plus volontiers l'innovation que l'Europe.

Pour Rudolf Diesel, c'est la célébrité et la fortune, même s'il se heurte à une contrariété : il avait imaginé son moteur pour les voitures individuelles, mais il se révèle impossible d'en construire de petits modèles. En revanche, son moteur est parfaitement adapté aux engins de grandes dimensions, spécialement les bateaux.

Et il y a une marine qui attire particulièrement les attentions des autorités allemandes, en ce début des années 1910 : la marine de guerre. Il est évident aux yeux de tous qu'un conflit est inévitable entre les puissances germaniques d'une part, et la France, l'Angleterre et la Russie de l'autre, et les dépenses d'armement de l'empire allemand ne cessent d'augmenter.

Pour rivaliser avec l'Angleterre, première puissance navale, l'empereur Guillaume veut lancer des dizaines de navires. Il a, en particulier, l'intention de développer la flotte sous-marine. Or, selon les spécialistes, le moteur diesel est parfaitement adapté à ce genre d'engin.

Il fait convoquer l'inventeur par le ministre de la Marine, le grand amiral Alfred von Tirpitz. L'entrevue est orageuse, car Diesel est viscéralement pacifiste et refuse que son invention serve à la guerre. Le petit homme bien mis n'est nullement intimidé par l'amiral bardé de décorations.

— J'ai fait cette invention pour le bonheur des hommes, monsieur le ministre, pas pour leur apporter la mort !

— Je crains que vous n'ayez pas le choix. Vous êtes allemand, docteur Diesel ?

— J'ai failli être français.

— Mais vous avez choisi d'être allemand… Savez-vous qu'il existe une loi selon laquelle toute innovation technologique pouvant avoir un usage militaire doit être strictement réservée à notre pays ? Ceux qui s'y refusent se rendent coupables de haute trahison.

Rudolf Diesel tient bon. Il va même plus loin : il ne repousse pas les avances que lui font les Anglais, notamment le Premier lord de l'Amirauté, c'est-à-dire le ministre de la Marine, Winston Churchill. Bien entendu, il lui tient le même discours qu'à l'amiral Tirpitz : il n'est pas question que ses moteurs aient une application militaire, mais il ne refuse pas de vendre ses brevets à l'industrie britannique.

Ces ventes prennent à vrai dire un caractère d'urgence, car sa situation financière, naguère si florissante, s'est brutalement dégradée, suite à de mauvais placements. De plus, son action sociale et politique l'accapare plus que jamais et lui coûte beaucoup d'argent. Il a publié à compte d'auteur un ouvrage intitulé *Solidarisme,* dans lequel il expose sa vision anticapitaliste et pacifiste du monde, mais il n'en vend pas plus de 400 exemplaires.

À mesure que l'année 1913 avance, ses finances personnelles se dégradent. C'est pourquoi il a accepté l'invitation que lui ont faite plusieurs industriels anglais, avec l'accord et même la participation du gouvernement. Bien entendu, les autorités allemandes ont très mal pris la chose. Elles lui ont interdit de livrer aux Anglais la dernière version de son moteur. Elles l'ont même menacé. Rien n'y a fait : Diesel a passé outre. Et c'est évidemment dans un état d'esprit plus que troublé qu'il monte à bord du *Dresden.*

*

Le paquebot appareille au coucher du soleil. Étant donné le peu de trajet qu'il doit effectuer jusqu'à Harwich, il arrivera en fin de matinée le lendemain. La traversée va donc se résumer au dîner.

Celui que prend Rudolf Diesel dans la salle à manger des premières classes est très gai. Il n'est pas seul. Il fait le voyage en compagnie de deux associés qui sont aussi des amis : Jean-Paul Carels, un industriel belge responsable du développement des moteurs diesel dans son pays, et Wolfgang Luckmann, un camarade de classe avec lequel il a fait ses études à Augsbourg et, plus tard, à l'École polytechnique de Munich. Tous deux sont partie prenante dans les accords qui vont avoir lieu en Angleterre. Ils ont même beaucoup poussé Rudolf Diesel à aller dans ce sens.

Ils évoquent les perspectives d'avenir, qui s'annoncent prometteuses. Seules les menaces de guerre pourraient ternir leur optimisme, mais ils évitent d'en parler. Au dessert, ils ouvrent une bouteille de champagne et trinquent joyeusement.

— À la réussite du diesel en Angleterre !

— À l'avenir et à l'humanité !

À 22 h 30, en homme ponctuel, Rudolf Diesel prend congé et regagne sa cabine. Après son départ, ses amis expriment pour la première fois des réserves, qu'ils se sont gardés de manifester devant lui.

— Nous aurions peut-être dû le retenir. Tirpitz l'a menacé et ce n'est pas un homme qui parle à la légère.

— De toute façon, Diesel l'aurait fait sans nous. Et puis, ils n'oseront pas…

*

Le lendemain, à 8 heures, Jean-Paul Carels et Wolfgang Luckmann se retrouvent à la même table, pour le petit-déjeuner. Ils attendent un moment Diesel, qui prend toujours le sien à cette heure, mais il ne vient pas et ils commencent sans lui. Une fois leur petit-déjeuner terminé, Diesel n'étant toujours pas là, ils vont prendre l'air sur le pont.

Ils ne commencent à se poser des questions que vers 10 heures : le *Dresden* arrive à 11 heures et il est tout à fait anormal que leur ami et associé ne se soit pas manifesté. Ils vont frapper à sa cabine, mais sans résultat. Gagnés par l'inquiétude, ils vont trouver le capitaine, qui ouvre lui-même avec le double de la clé.

La cabine est vide. Chose étonnante, visiblement, l'inventeur n'y a pas passé la nuit. Son lit est fait et son pyjama est plié sur l'oreiller. Près du lavabo, le dentifrice et la brosse à dents sont soigneusement disposés, comme s'ils allaient servir. Tout donne l'impression que Rudolf Diesel n'est pas rentré dans la cabine après avoir dîné, bref qu'il s'est volatilisé.

À bord du *Dresden*, l'émotion est vive. La disparition d'un homme de cette importance, disparition particulièrement mystérieuse de surcroît, a des allures de coup de tonnerre. La police anglaise est alertée par radio et commence son enquête dès l'arrivée dans le port d'Harwich. La cabine est fouillée avec soin, ce qui permet d'écarter formellement la piste d'un crime crapuleux. Sa montre de gousset est là, de même que ses papiers et son argent. D'autre part, il n'y a pas la moindre trace de lutte.

L'équipage est longuement interrogé, mais sans résultat. Il ne s'est pas produit de fait suspect pendant la nuit. Les hommes de quart n'ont rien remarqué. Les amis de Rudolf Diesel et d'autres passagers du *Dresden* sont également interrogés, mais ils ne peuvent rien dire non plus.

La disparition de l'inventeur du moteur qui porte son nom fait les gros titres de la presse du monde entier. Mais dix jours plus tard, ce n'est plus de sa disparition qu'il faut parler, c'est de sa mort.

*

Le 9 octobre 1913, des pêcheurs belges naviguant au large de l'estuaire de l'Escaut ramènent dans leurs filets le corps d'un homme. Celui-ci est immédiatement transporté dans une morgue anversoise et le fils de Rudolf Diesel est prié de venir l'identifier.

Il lui est impossible de reconnaître le cadavre, rendu méconnaissable par son séjour dans l'eau, mais des objets personnels trouvés dans ses poches ne laissent pas place au doute, il s'agit bien de son père… Peu après, un médecin légiste belge procède à une autopsie et trouve une profonde entaille derrière la tête, qu'il certifie avoir été infligée avant la mort.

Malgré cette troublante découverte, l'enquête est close. Les causes de la noyade de Rudolf Diesel restent inexpliquées, le suicide étant l'hypothèse la plus vraisemblable.

*

On en est toujours là, exactement cent ans après. La mort du passager du *Dresden* se conclut sur un point d'interrogation…

Le suicide n'est pas du tout à écarter. La situation financière de l'inventeur était catastrophique. Il avait décidé de la cacher à sa femme, ce qui n'avait pas empêché celle-ci de constater depuis quelque temps qu'il semblait préoccupé.

Rudolf Diesel avait aussi d'autres sujets de contrariété : les idées humanistes qui lui tenaient tant à cœur ne rencontraient aucun écho, et l'échec retentissant de son livre sur le « solidarisme » l'avait profondément touché ; la montée des risques de guerre ne pouvait qu'affecter le pacifiste qu'il était ; il était un bourreau de travail, qui ne s'accordait aucun repos et ce surmenage n'était pas pour améliorer son équilibre psychique.

C'est d'ailleurs la thèse du suicide qu'a adoptée sa famille. Dans un livre publié en 1957, la fille de Diesel affirme que son père était au bord de la ruine et qu'il n'a pas supporté la honte de voir cette situation rendue publique.

La version du suicide, pourtant, se heurte à plusieurs objections.

D'abord, sa situation financière n'était pas désespérée. C'est justement pour la redresser qu'il avait décidé ce voyage. Les Anglais étaient prêts à payer fort cher ses nouveaux brevets, ce qui aurait renfloué sa trésorerie.

Ensuite, dans les jours et les semaines qui ont précédé le drame, Rudolf Diesel ne donnait nullement l'impression d'un homme suicidaire. Il avait beaucoup de projets. Il voulait relancer la distribution de son livre, il voulait voyager avec sa femme, il lui avait même décrit les voyages qu'il envisageait de faire, avec les dates et les itinéraires. Enfin, juste avant le départ du bateau, il lui avait posté d'Anvers une lettre enjouée, presque guillerette.

Et si, dans ces conditions, c'était l'autre hypothèse qui était la vraie ? Car les autorités allemandes ne pouvaient admettre ce déplacement, qui allait livrer à leur futur adversaire britannique le moteur dernier cri en matière de marine. L'amiral Tirpitz avait menacé Diesel de l'arrêter et de le juger pour haute trahison, mais un procès fait à un homme aussi considéré n'aurait pas été bon pour l'image du pays, sans compter que c'était lui donner une tribune pour exprimer ses idées pacifiques.

Non, mieux valait employer un moyen plus discret et plus radical. Puisque, malgré les mises en garde, l'inventeur s'obstinait, il devait disparaître… Lorsqu'il quitte la salle du restaurant, un homme des services secrets – un passager ou un des nombreux employés de ce navire allemand – se glisse derrière lui, le frappe à la nuque avec un objet quelconque et le fait passer par-dessus bord. Personne n'a rien vu, personne n'a rien entendu et le *Dresden* continue imperturbablement sa route, au rythme régulier de son moteur diesel.

12

Mort d'un producteur

Il fait un temps détestable, un vrai temps de Toussaint, dans le Hollywood National Park, le cimetière des vedettes. D'ailleurs la Toussaint n'est pas si loin, puisque nous sommes le 20 novembre 1924.

Et c'est bien à un enterrement de vedette qu'on assiste. Dans la foule qui se protège de son mieux sous les parapluies, on peut reconnaître Charlie Chaplin, Mary Pickford, Douglas Fairbanks, Marion Davies, Harold Lloyd, pour ne citer que les plus connus.

Il faut dire que le disparu n'était pas n'importe qui... Thomas Harper Ince, prématurément enlevé à l'affection des siens à l'âge de quarante-deux ans, était un des producteurs les plus prolifiques et les plus talentueux de son époque. Il a réalisé pas moins de cinq cents films et surtout, il est le créateur d'un genre appelé à un fantastique développement. C'est lui qui a imaginé pour la première fois de raconter des aventures se passant au Far West, de filmer des combats mettant aux prises cow-boys et Indiens. Il y a gagné le surnom de « père du western », qui lui restera pour la postérité.

Elinor, sa veuve, une danseuse de revue talentueuse, qui a renoncé à sa carrière pour lui, paraît toute petite au milieu des gerbes de fleurs. La plus magnifique a été envoyée par Randolph Hearst, le magnat de la presse, qui n'est pas présent car il a une peur maladive des obsèques, mais qui a tenu à se manifester avec éclat. C'est d'ailleurs le moins qu'il pouvait faire, car Thomas Ince est mort à la suite d'une fête qu'il avait donnée sur son yacht, pour son anniversaire…

Une mort pour le moins curieuse ! Et, malgré la solennité du moment, plusieurs des personnes assistant à la cérémonie ne peuvent s'empêcher d'en parler à voix basse… Ince n'est pas décédé sur le yacht même, mais à son domicile de Beverly Hills où on l'a transporté inconscient. Officiellement, il a succombé à une crise cardiaque qu'il a eue sur le bateau. C'est du moins ce qu'a déclaré le docteur Goodman, le médecin personnel de Hearst, qui a signé le permis d'inhumer avant qu'Elinor ne fasse incinérer immédiatement le corps. Mais la presse a aussi évoqué une indigestion, le producteur étant célèbre pour sa gloutonnerie.

Et puis… et puis, il y a d'autres rumeurs, dont plusieurs personnes s'entretiennent à voix basse, en ce petit matin frisquet. Elles sont précises et terriblement accusatrices. Si précises, qu'elles ont traversé les années. Trois quarts de siècle plus tard, en 2001, le réalisateur américain Peter Bogdanovitch s'en est inspiré pour raconter, dans son film *Un parfum de meurtre,* la mort tout à fait extraordinaire de Thomas Ince.

Voici cette version. Si elle n'est pas absolument certaine, elle a beaucoup de chances d'être très proche de la vérité.

*

Le samedi précédent, 15 novembre, le soleil est au rendez-vous et c'est dans une élégante tenue de yachtman – pantalon blanc, veste bleue à galons dorés, casquette de capitaine – que Randolph Hearst accueille ses invités. Outre Thomas Ince, qu'il a convié pour célébrer son quarante-deuxième anniversaire, sont attendus, entre autres, Charlie

Chaplin et la célèbre chroniqueuse Louella Parsons, qui fait la pluie et le beau temps à Hollywood.

Les invités sortent les uns après les autres de leurs limousines, précédés de domestiques portant des malles, et le patron de presse vient les accueillir sur la passerelle de son yacht, l'*Oneida*. On prétend, sans doute à raison, que c'est le plus somptueux des États-Unis. Il a appartenu à l'ex-empereur d'Allemagne Guillaume II, mesure 67 mètres de long et ses salons comme ses cabines sont d'un luxe inouï.

Hearst avait largement les moyens de se payer cette folie… Né à San Francisco en 1863 d'un père déjà millionnaire dans les mines, il s'est orienté vers une autre voie, le journalisme, et il possède, en cette année 1924, le plus grand empire de presse du pays. Il doit sa réussite à une conception nouvelle du métier, privilégiant les articles à sensation. Il est considéré par tous comme le fondateur du journalisme moderne.

Randolph Hearst s'est également intéressé à la politique. Il a été élu dans les rangs démocrates à la chambre des Représentants, mais il n'a pas réussi à conquérir la mairie de New York ni à obtenir l'investiture de son parti pour les élections présidentielles. En fait, indépendamment de son métier de patron de presse, sa passion est le cinéma et c'est pour cela qu'on le voit si souvent à Hollywood.

Pendant longtemps, Hearst s'est surtout rapproché du cinéma par le biais des jeunes actrices avec lesquelles il entretenait des liaisons aussi nombreuses qu'éphémères. Il est marié, pourtant, avec Millicent Wilson, un ancien mannequin qui lui a donné cinq enfants, tous des fils, mais depuis longtemps, le couple ne s'entend plus. S'ils ne veulent pas divorcer, ils vivent séparés.

Le grand tournant s'est produit, huit ans plus tôt, en 1916… Randolph Hearst remarque dans la célèbre troupe des Ziegfeld Folies, une danseuse débutante, Cecilea Douras et il tombe éperdument amoureux d'elle. Elle a dix-neuf ans, elle est blonde, avec un charme fou. Il lui fait une cour passionnée. Elle résiste un temps, mais comment repousser les avances d'une des plus grandes fortunes du pays ? Elle finit par céder, tout en gardant la tête froide.

Cecilea n'est pas actrice, mais Hearst décide d'en faire une des gloires d'Hollywood. Il lui fait prendre le pseudonyme de Marion Davies et il crée, uniquement pour elle, une compagnie de production cinématographique, la Cosmopolitan Pictures. Il finance un premier film, qui est un échec retentissant. Qu'à cela ne tienne, il en produit un deuxième, puis un troisième et, à chaque fois, les 80 journaux du groupe Hearst encensent celle qui tient le rôle principal. L'argent peut beaucoup de choses et la demoiselle n'est pas sans talent : au bout de trois ans, le succès est au rendez-vous. Marion Davies est désormais une star d'Hollywood !

*

En cette matinée du 15 novembre 1924, Marion se tient aux côtés du propriétaire de l'*Oneida*, dans une robe noire de la dernière élégance qui contraste avec la casquette de capitaine, la même que celle de Randolph, qu'elle a posée sur ses cheveux blonds. Elle accueille les invités de la manière la plus aimable et la plus enjouée, sous le regard courroucé de son compagnon.

Marion lui pose, en effet, des problèmes. C'est une jeune femme émancipée, qui se veut libre, beaucoup trop libre à son goût. Au début de leur liaison, elle a insisté pour devenir son épouse. Quand elle a compris que jamais Randolph ne divorcerait, elle a cessé de réclamer qu'il lui passe la bague au doigt, mais son attitude a changé.

Considérant sans doute qu'en lui refusant le mariage, son amant lui rendait sa liberté, elle a montré moins de retenue avec les hommes, acceptant leurs hommages et parfois leurs cadeaux… Pour diriger son empire de presse, dont le siège se trouve à New York, Randolph Hearst est forcé de s'absenter souvent d'Hollywood, et il a fini par acquérir la certitude que, pendant ce temps, Marion le trompe.

Il a engagé des détectives. Ceux-ci lui ont confirmé que la jeune femme avait une vie légère, sortant tard, dansant dans les boîtes à la mode, se laissant conter fleurette par plus d'un. Ils n'ont toutefois pas apporté la preuve formelle qu'elle le trompait.

Mais tout a récemment changé… En juin 1924, alors que Hearst est à New York pour ses affaires, Marion commence une comédie musicale. Or, dans un studio voisin, Charlie Chaplin est en train de tourner *La Ruée vers l'or*. Marion ne peut s'empêcher d'éprouver une certaine fascination pour lui. Le créateur de Charlot est beaucoup plus jeune que Randolph, il a la trentaine alors que le magnat de la presse a dépassé soixante ans, il est mondialement connu et il est presque aussi riche.

Contrairement à l'image maladroite et naïve qu'il donne de lui-même dans ses films, Charlie Chaplin sait s'y prendre avec les femmes ; c'est un séducteur né et il fait une cour pressante à Marion. D'après les détectives qui ne la perdent pas de vue, elle n'y est pas insensible et elle sort plusieurs fois avec lui. A-t-elle été plus loin, lui a-t-elle cédé ? C'est très possible, sans que ce soit une certitude.

*

Telle est la situation au moment où Randolph Hearst convie le gratin d'Hollywood sur son yacht, pour l'anniversaire de Thomas Ince. S'il n'avait tenu qu'à lui, il n'aurait pas invité Chaplin, mais l'acteur est une personnalité incontournable et il aurait ainsi rendu publics ses soupçons. Il s'est donc résolu à le convier sur l'*Oneida* et à faire bonne figure, ce qui ne sera pas facile, car il est d'une jalousie maladive et quelquefois en proie à des accès de violence qu'il a du mal à contrôler…

Chaplin monte à bord et Hearst réussit à se dominer. Marion, de son côté, se montre assez froide, ce qui ne rassure pas outre mesure l'homme de presse. N'est-ce pas pour donner le change, alors qu'ils sont devenus amants ?… L'arrivée du héros de la croisière le tire de ces pensées amères. Thomas Ince gravit à son tour la passerelle et lui donne l'accolade avec effusion.

— Ce cher Randolph ! Quelle joie vous me faites ! Quelle joie et quel honneur !

L'attitude du producteur n'est pas feinte. Cette invitation sur l'*Oneida* représente pour lui une chance quasi inespérée. Il est, en effet, dans une situation plus que délicate…

Il a pourtant derrière lui la plus brillante des carrières : troisième fils d'un couple de comédiens, Thomas débute sur les planches à l'âge de six ans puis se tourne vers le cinéma, pratiquement dès ses débuts. Il est d'abord acteur, puis scénariste et réalisateur. Mais il est aussi doué sur le plan commercial que sur le plan artistique et il passe à la production, fabriquant ses films de manière quasi industrielle. Il s'attache les services à plein-temps d'un cirque qui lui fournit animaux et figurants, et il fait construire un studio reproduisant une véritable ville du Far West, qu'il baptise pompeusement « Inceville ».

C'est cet excès d'orgueil qui est la cause de ses revers. Délaissant le western, il se lance dans des superproductions ambitieuses, qui sont des échecs et l'amènent au bord de la ruine. Alors que, du temps de sa splendeur, il produisait quarante films par an, il a du mal à en boucler cinq. Dans ces conditions, l'invitation d'Hearst est inespérée. De tous les millionnaires américains, c'est celui qui met le plus d'argent dans le cinéma. Il doit absolument le convaincre de placer ses dollars dans sa société, moyennant quoi il est sûr de pouvoir redémarrer.

*

Une fois le dernier invité monté à bord, Randolph Hearst donne l'ordre au skipper de larguer les amarres. Le cap est mis sur San Miguel, une île au large de Santa Barbara. La croisière commence. La plupart des passagers se sont retirés dans leur cabine, d'autres prennent des rafraîchissements sur le pont ou au bar. Thomas Ince, lui, reste collé aux basques de l'homme de presse, bien décidé à l'amadouer, à force d'amabilités et de flatteries.

Ce jour-là, Hearst a choisi de se livrer à l'un de ses passe-temps favoris. Il est allé chercher dans sa cabine son revolver personnel à la crosse incrustée de perles et de diamants et, accoudé au bastingage, il tire sur les mouettes qui volent autour du bateau. La vision de ces oiseaux stoppés brutalement dans leur vol, qui s'inondent de sang et tombent dans la mer, n'est pas loin d'être écœurante, mais le producteur feint de trouver le spectacle passionnant.

— Quelle adresse, Randolph ! Encore un ! Vous êtes un vrai champion !

Sans répondre, le magnat de la presse poursuit ses cartons sur les malheureux volatiles. Ince continue encore un moment à l'abreuver de compliments, puis il juge qu'il est temps d'entrer dans le vif du sujet.

— Ce n'est pas facile de trouver de l'argent dans le cinéma. Heureusement que vous êtes là !

Cette fois, le millionnaire a une réaction. Il arrête de tirer et se tourne vers lui.

— Effectivement, c'est moi qui dépense le plus pour le septième art.

Puis il remet son arme à la ceinture et s'en va… Resté seul, Thomas Ince se dit que les choses seront plus difficiles qu'il l'imaginait. Hearst est visiblement d'une humeur exécrable. Mais s'il persévère, il finira bien par le convaincre, lors du dîner donné pour son anniversaire.

*

Ce dîner de gala a lieu à 21 heures dans le grand salon boisé, à côté de la salle de cinéma, car, bien entendu, l'*Oneida* possède une salle de cinéma. Au moment de lever son verre, Randolph Hearst adresse ses vœux d'anniversaire à Thomas Ince, accompagnés d'un bref éloge de circonstance, mais il dévie presque immédiatement sur sa propre société de production, la Metropolitan, et sa vedette unique. Et il conclut :

— Je lève aussi mon verre à celle qui illumine cette soirée, comme elle illumine Hollywood, ma chère Marion...

Cette insistance du maître des lieux à faire l'éloge de sa compagne n'est peut-être pas un hasard. Il tente sans doute de la reconquérir. Car, comme chacun des convives a pu le constater, elle se comporte très librement avec Chaplin, auprès duquel elle est placée. Elle rit comme une folle à ses plaisanteries et, la boisson aidant, elle lui lance parfois des regards émoustillés.

Un orchestre a joué en sourdine pendant tout le repas. Une fois ce dernier terminé, il entame un charleston. Marion Davies se lève aussitôt pour exécuter la danse sur un rythme endiablé. C'est tout juste si elle ne relève pas sa robe pour montrer ses jolies cuisses. Vissé à son siège, Randolph Hearst bout intérieurement et essaie de n'en rien laisser paraître. Mais à présent, il est sûr de la vérité : elle le trompe avec le créateur de Charlot. Et il sait que c'est grave, c'est le rival le plus dangereux qu'il pouvait rencontrer.

Ce manège n'a pas échappé à Ince, qui est prêt à employer tous les moyens pour obtenir l'argent du millionnaire. Alors que ce dernier s'est levé de table, il vient le rejoindre, la mine affligée.

— Mon pauvre ami, je suis désolé pour vous. Un tel affront en une si belle soirée !

— Je ne vois pas de quoi vous voulez parler.

— Mais de Marion et Charlie. Ils sont ensemble, c'est évident ! En tout cas, comptez sur moi pour ne pas ébruiter la chose. Surtout si nous sommes associés...

Furieux devant ce chantage à peine déguisé, Hearst tourne le dos au producteur et se rend compte que Marion et Charlie ont quitté la salle à manger. Il ne tarde pas à les retrouver sur le pont arrière. L'acteur s'est lancé dans une cour empressée.

— Allons, Marion, reconnais que tu es amoureuse de moi !

La jeune femme a un rire léger.

— Pas autant que tu es amoureux de toi-même, Charlie !

Le sang de Randolph Hearst ne fait qu'un tour. C'est plus qu'il ne peut en supporter ! Il se précipite vers sa cabine pour prendre son revolver. Il va tuer Charlie Chaplin et tant pis pour le scandale, tant pis s'il doit payer ce meurtre de sa carrière, voire de sa vie !

*

En réalité, ce qu'il vient d'entendre devrait plutôt le rassurer. Si Charlie Chaplin fait la cour à Marion, c'est qu'il n'a pas encore obtenu ce qu'il désire, sinon, il manifesterait beaucoup plus d'assurance. Quant à Marion elle-même, bien loin de lui céder, elle vient de le repousser, avec tact et finesse sans doute, mais de le repousser quand même.

Pour faire l'aller et retour du pont arrière à sa cabine, Randolph Hearst n'aurait dû mettre que quelques minutes, mais c'est là qu'intervient un impondérable, qui va avoir un rôle décisif… Il croise en chemin Louella Parsons, qui interpelle.

— Où allez-vous si vite, Randolph ? Il faut que je vous parle.

— Cela attendra !

— Il s'agit de Marion, je crois que je peux avoir un article pour elle.

Le magnat hausse les épaules.

— Mes journaux en écrivent tous les jours !

— Mais parmi vos journaux, vous n'avez pas *Movies*.

Randolph Hearst s'arrête net. *Movies* est une prestigieuse revue de cinéma, qui n'avait, jusque-là, manifesté que mépris pour Marion Davies, dont elle jugeait la carrière purement commerciale. Cet article serait effectivement la consécration des spécialistes de la profession. Mais il se reprend.

— Je dois partir, excusez-moi !

— Non ! Vous allez prendre le temps de m'écouter...

Il est difficile de résister à Louella Parsons. Randolph Hearst doit écouter ce qu'elle tient à lui dire et quand il la quitte, plusieurs minutes se sont écoulées. C'est peu, mais ce sera suffisant pour tout changer.

*

Entre-temps, Charlie Chaplin, découragé par la résistance qu'elle lui oppose, a quitté Marion Davies et celle-ci a été rejointe par un autre personnage. Ayant échoué auprès du maître des lieux, Thomas Ince a changé de stratégie ; il va tenter de gagner la confiance et l'amitié de sa compagne. Peut-être, dans ce cas, pourra-t-elle plaider sa cause auprès de lui...

Voici donc le producteur en pleine tentative de séduction de la jeune femme, en tout bien tout honneur, cette fois. Marion Davies, qui n'est pas fâchée d'être débarrassée de Chaplin et qui se dit que, s'il la voit en compagnie d'un autre homme, il ne reviendra pas à la charge, ne décourage pas Ince.

— Qu'est-ce que vous attendez de moi, Thomas ?

— Que vous parliez à Randolph. Personne n'a plus d'influence que vous. Tenez, vous pourriez le convaincre de monter avec moi une production dont vous seriez la vedette.

— Je suis en exclusivité avec la Metropolitan.

— Il doit y avoir moyen de s'arranger...

À cet instant, Hearst revient en courant sur le pont arrière, armé de son revolver. Marion et Charlie n'y sont plus. Il les cherche un moment et entend la voix de la jeune femme dans un petit salon. Il pousse la porte. Les protagonistes sont dissimulés à ses yeux par un paravent en verre dépoli. Il ne perçoit que leurs silhouettes, mais il ne peut pas se tromper. Ce sont eux !

Il se trouve que Thomas Ince, apercevant un chapeau melon semblable à celui de Charlot, a eu l'idée de s'en coiffer pour faire rire Marion. Une femme qu'on fait rire est déjà à moitié conquise… Et Marion Davies rit, elle rit de bon cœur de ces pitreries, car Thomas Ince, qui a été acteur, n'est pas sans talent de mime.

Ce rire, Randolph Hearst ne peut pas le supporter. Il tire en direction du chapeau. Il y a un grand cri et la silhouette s'effondre. Il se précipite, bouscule le paravent et reste figé… Thomas Ince est à terre, la tête en sang, aux pieds de Marion Davies, qui tremble de tous ses membres.

— Qu'est-ce que tu as fait, Randolph ?

— Je croyais… Tu n'étais pas avec Chaplin ?

D'une voix blanche, Marion Davies raconte ce qui s'est passé, lui dit qu'elle ne l'a jamais trompé avec l'acteur… Le magnat de la presse retrouve ses esprits. Il est doué d'un grand sang-froid. La scène n'a eu aucun témoin, cela devrait pouvoir s'arranger.

Mais c'est sans compter sur Louella Parsons qui entre au même moment et le voit, son revolver à la main. Il court le jeter par-dessus le bastingage : la principale pièce à conviction disparaît à jamais dans la mer. Il revient vers les deux femmes.

— C'est son revolver que je viens de jeter. Ince avait de graves difficultés financières et il a voulu mettre fin à ses jours. C'est d'accord ?

Marion et Louella font « oui » de la tête. Il envoie alors chercher son médecin personnel, le docteur Goodman. Celui-ci accourt et examine l'homme à terre.

— Il n'est pas mort, mais il est dans un état désespéré. La balle a atteint le cerveau.

— Nous allons le transporter chez lui par canot à moteur. En attendant, je vais parler aux invités. Et puis, j'appellerai sa femme.

*

Peu après, dans le grand salon, le maître des lieux annonce le tragique accident : Thomas Ince a été terrassé par une crise cardiaque peu après sa cérémonie d'anniversaire. Sans doute a-t-il été victime de l'émotion. Il termine en disant qu'on est en train de le rapatrier chez lui en canot.

À Elinor, sa femme, qu'il joint par la radio de bord, il ne peut dire la même chose. Elle va le voir arriver la tête en sang et il n'est pas question de crise cardiaque. Alors, il lui raconte l'autre version : le malheureux s'est suicidé à cause de ses problèmes financiers. Par respect pour sa mémoire, il a tout fait pour cacher la chose, en parlant de crise cardiaque et il va envoyer son médecin personnel qui rédigera l'acte de décès. Il ajoute qu'il serait bon de faire incinérer le corps au plus vite.

Tout comme les Hearst, les Ince sont un couple de façade. Elinor ne manifeste pas de chagrin excessif en apprenant la nouvelle et elle sait très bien avec quelles difficultés se débattait son mari. Il était même dépressif, ces derniers temps. Elle trouve l'explication tout à fait plausible. Et elle se montre d'autant plus convaincue que le magnat de la presse n'en a pas fini.

— Je me sens responsable, Elinor. Cela s'est passé sur mon bateau et puis, je ne l'ai pas suffisamment écouté quand il a essayé de me parler. Je veux faire quelque chose pour vous. Vous connaissez ma villa « Élysée » ? Elle est à vous. Et puis, je vais renflouer les affaires de ce vieux Thomas. Vous ne manquerez de rien.

Restent les deux témoins du meurtre. Avec Marion Davies, pas de problème. Elle ne parlera pas, à la fois parce qu'elle a des sentiments pour Hearst et parce qu'elle veut éviter un scandale, qui risquerait de briser sa carrière.

Quant à Louella Parsons, les habitués de Hollywood ont pu remarquer, à partir de cette date, un brusque changement dans son train de vie, Randolph Hearst lui ayant confié un poste de rédactrice en chef dans son empire de presse, accompagné sans aucun doute d'un salaire royal.

Il y eut tout de même une enquête, menée par le procureur de San Diego, mais celui-ci n'interrogea qu'un seul témoin, le docteur Goodman, et le corps avait déjà été incinéré. L'affaire a été classée.

Classée, mais pas oubliée, car elle a fait partie, désormais, de ces secrets qu'on se chuchotait à Hollywood. C'est ainsi que, des années plus tard, le célèbre producteur D. W. Griffith a déclaré au cours d'une soirée :

— Si vous voulez faire devenir Hearst blanc comme un linge, vous n'avez qu'un nom à prononcer : « Ince » !

13

Les deux vies de Laetitia

De mémoire de Parisien, on a rarement vu un aussi beau dimanche de Pentecôte et beaucoup ont voulu profiter du soleil, ce 16 mai 1937. Les plus aisés ont pris leur auto, ceux qui ont moins de moyens se sont contentés du chemin de fer, quant aux autres, ils ont envahi les espaces verts de la capitale.

C'est ainsi que le bois de Vincennes est noir de monde. Les familles se bousculent sur les pelouses, pour pique-niquer ou simplement pour chercher la fraîcheur. Des pêcheurs en canotier taquinent le poisson dans le lac Daumesnil. L'atmosphère est à la fête. Les récents congés payés ont donné le goût des loisirs et, avec ce qui se passe au-delà des frontières, on ne sait trop ce que réserve l'avenir, alors autant profiter du présent !

Non loin de là, porte de Charenton, l'autobus E1 arrive à son terminus. Il est 18 h 25. L'unique passagère en descend. Elle a la trentaine. Vêtue d'une robe verte et d'un petit chapeau blanc posé de travers sur ses cheveux roux, elle est absolument ravissante. Le conducteur ne peut s'empêcher de lui adresser son plus charmant sourire, auquel elle répond par un petit salut. Après quoi elle s'engouffre d'un pas rapide dans la bouche de métro.

La station Porte de Charenton est à l'époque le terminus de la ligne et la rame est à quai, dans l'attente des voyageurs. Elle est composée de cinq wagons, les quatre voitures vertes de seconde classe encadrant celle de première, de couleur rouge. La jeune fille se dirige vers cette dernière, monte et s'installe sur une banquette. Là aussi, elle est seule.

Le chef de gare ne tarde pas à siffler le départ. Il est 18 h 30 quand la rame arrive à la station suivante, Porte Dorée. Si les passagers sont relativement nombreux à attendre sur le quai, ils ne sont que six à monter dans le wagon de première. La jeune femme, le visage baissé sous son chapeau blanc, semble endormie.

Soudain, elle s'écroule de tout son long sur le sol. Il se trouve que les arrivants sont un dentiste et sa famille. Ce dernier se précipite. Il aperçoit du sang et pense à une blessure qu'elle se serait faite en heurtant la paroi ou la vitre, mais il ne s'agit pas de cela : un couteau est planté à la base de son cou, enfoncé jusqu'à la garde. Elle est encore vivante, mais il est évident que la blessure est mortelle. Toute intervention est inutile.

Les cris du dentiste alertent le chef de gare qui prévient immédiatement police-secours. Celle-ci arrive cinq minutes plus tard. Un agent soulève la malheureuse, puis, d'un geste sec, retire le poignard de la plaie. Aussitôt, le sang gicle à flots. Le policier demande à l'agonisante :

— Qui vous a fait ça ?

La jeune femme ouvre les yeux, ses paupières battent deux ou trois fois, ses lèvres s'entrouvrent, laissant passer quelques sons inintelligibles. Elle hoquette. Un peu de sang arrive à ses lèvres. Puis elle s'affaisse, les yeux grands ouverts.

Transportée en ambulance à l'hôpital Saint-Antoine, elle meurt pendant le trajet. Ses papiers sont dans son sac à main et permettent de connaître son identité : elle a trente ans, elle est italienne et s'appelle Laetitia Toureaux.

*

Malgré l'actualité très fournie du moment, les journaux vont s'emparer de l'affaire et la rendre célèbre. Il y a plusieurs raisons à cela. D'abord c'est le premier meurtre commis dans le métro parisien, ensuite, la beauté de la jeune victime est de nature à provoquer l'émotion, enfin les circonstances de l'assassinat, qui a tout du crime parfait, laissent présager une enquête difficile. Elle le sera !

Le commissaire Badin, du commissariat de Picpus, dont dépend la Porte Dorée, arrive très vite sur les lieux. Bien que ce soit un jour férié, il travaillait à son bureau et il est là moins d'une demi-heure après. Le trafic vient d'être rétabli et la voiture des premières a été conduite dans un dépôt où on pourra l'examiner plus tard.

Sont présents pour répondre à ses questions : le chef de gare de la station Porte Dorée, celui de Porte de Charenton qui a rejoint son collègue, le dentiste qui a trouvé la victime et les policiers qui sont arrivés les premiers sur place. C'est à ces derniers que s'adresse d'abord le commissaire de Picpus et le contenu de ses propos est tout sauf amical.

Il agonit d'injures l'agent qui a retiré le couteau en le prenant à mains nues. Il est là, tout poisseux du sang qui a giclé, et il est évident que les empreintes ont été effacées. Un indice capital vient d'être détruit par cette incroyable faute professionnelle. Le pauvre agent ne peut que baisser la tête, l'air contrit, pensant à ses possibilités d'avancement qui viennent de s'envoler.

Quant à ses collègues qui sont restés sur le quai, ce n'est pas mieux. À part le dentiste, ils ont laissé partir tous les passagers sans relever leur identité. L'un d'eux essaie de se justifier.

— Nous avons dit au témoin de rester. C'est ce qui nous a semblé le plus important.

Ce à quoi, le commissaire Badin répond d'un ton cinglant :

— Et l'assassin, cela ne vous a pas semblé important ?..

Mais il ne sert à rien d'épiloguer. Ce qui est fait est fait. Il vaut mieux examiner les circonstances du meurtre et, sur ce point, le chef de gare de la station Porte de Charenton a beaucoup à dire.

— Au moment où j'ai donné le départ, le wagon de première était vide, à part la jeune femme.

— Vous en êtes certain ?

— Certain.

— Est-ce que quelqu'un a pu entrer entre les deux stations en venant d'un autre wagon ?

— En théorie, c'est possible, mais en pratique, non. D'abord, il faut une clé spéciale, ensuite, faire cela en marche, c'est très dangereux et surtout, il y avait du monde dans les wagons de seconde.

L'hypothèse semble effectivement à écarter. Le commissaire Badin interroge alors le dentiste, témoin principal de cette affaire. Il confirme les dires du chef de gare, même s'il est moins péremptoire.

— Oui, elle était seule dans le wagon. Je n'ai vu qu'elle, en tout cas.

La suite n'apporte rien d'essentiel. Elle avait un couteau planté profondément dans le cou. Elle était mourante, il n'a rien pu faire… Le commissaire Badin fait la grimace. La victime est seule au départ, elle est seule à l'arrivée ; l'assassin semble être venu de nulle part et s'être volatilisé. On se trouve à première vue devant un crime impossible, comme on en voit dans les romans policiers à la Rouletabille…

Mais mieux vaut laisser, pour l'instant, de côté les circonstances du meurtre et se pencher sur la personnalité de la victime, qui apportera peut-être des éléments intéressants. Et effectivement, le policier ne tarde pas à apprendre des choses étonnantes sur la jeune femme du métro.

Elle s'appelle Laetitia Nourrissat, veuve Toureaux. Elle est née à Oyace, en Italie, le 11 septembre 1907, et demeure rue Pierre Bayle, dans le XXe arrondissement. Laetitia

Toureaux fait partie de ce petit nombre d'Italiens officiellement francophones, les Valdotains, habitant la province du Val d'Aoste, à la frontière avec la France et la Suisse.

Après la mort de son mari, un cultivateur tué durant la guerre de 1914, sa mère émigre en France, avec ses quatre enfants, deux fils et deux filles. Pour subsister, elle fait des ménages et des travaux de couture. Laetitia, de son côté, se fait embaucher dans un atelier de poterie. Jules Toureaux, trente-cinq ans, le fils des patrons, s'éprend aussitôt d'elle. Il l'épouse en cachette de ses parents, mais il meurt quatre ans plus tard d'une laryngite tuberculeuse.

Nous sommes en 1934, Laetitia Toureaux est veuve et elle a vingt-sept ans. M. et Mme Toureaux, furieux du mensonge de leur fils, ne veulent plus entendre parler d'elle et la renvoient de la fabrique de poterie. Heureusement, elle ne reste pas longtemps sans emploi. Elle retrouve du travail comme ouvrière dans une usine de cigares à Saint-Ouen et elle arrondit ses fins de mois comme dame de vestiaire dans deux dancings parisiens : « L'As de cœur », rue des Vertus, et « L'Ermitage », rue de Lappe. Du côté sentimental, elle entretenait, depuis peu, des relations épistolaires avec deux jeunes gens, l'un à Longwy, l'autre à Toulon.

Tel est le résultat des premières investigations de la police. Elles donnent l'image d'une jeune femme méritante, avec laquelle la vie n'a guère été tendre. La presse, qui publie ces informations, n'en est que plus révoltée par sa mort et réclame des résultats au plus vite.

Le rapport de l'autopsie, confiée au célèbre docteur Paul, arrive sur ces entrefaites. Il est précis, mais n'apporte pas grand-chose. Il exclut d'abord le suicide, auquel le commissaire Badin n'avait pas sérieusement songé, étant donné la localisation et la puissance du coup. Il poursuit : « La mort est due à un coup de couteau donné avec une extrême violence et qui, atteignant la région droite de la nuque, a sectionné la carotide, la jugulaire et lésé la moelle épinière.

La lame a suivi une direction de haut en bas, de droite à gauche et d'arrière en avant, ce qui indique que, lorsque la victime a été frappée, elle avait la tête tournée vers la gauche. La netteté de la plaie prouve qu'il n'y a pas eu lutte… »

On en est là, trois jours après le meurtre. Il y a un dernier détail à ajouter, qui a peut-être son importance : Laetitia Toureaux était brune et non pas rousse. Elle s'était teint récemment les cheveux, de même qu'elle avait abandonné les robes sombres qu'elle portait depuis son veuvage, pour des tenues dans des tons plus vifs. On peut imaginer qu'elle voulait de nouveau profiter de la vie, espoir qui s'est tragiquement brisé.

Les recherches du commissaire Badin s'orientent tout naturellement vers un crime passionnel. Laetitia Toureaux, jeune veuve ravissante, qui avait décidé de se donner du bon temps, avait tout pour susciter les passions. De plus, elle fréquentait deux dancings, elle a pu y rencontrer un jeune homme qui se sera épris d'elle et n'aura pas supporté d'être repoussé.

Le commissaire fait d'abord vérifier les alibis de ses deux correspondants épistolaires. Par chance, tous deux effectuent leur service militaire, le premier dans la toute récente ligne Maginot, le second dans la flotte de Toulon. Mais aucun d'eux n'avait de permission ce jour-là, ils n'ont pas quitté leur régiment.

*

C'est alors que l'affaire s'éclaire sous un nouveau jour. Sur son corsage, Laetitia Toureaux arborait un petit ruban rouge, qui n'était pas sans rappeler la Légion d'honneur. Le commissaire Badin n'a aucun mal à en découvrir la signification : c'est l'insigne avec lequel se reconnaissent les membres de la Ligue du bien public, une association de défense des droits de l'homme.

Ne voulant négliger aucune piste, il envoie un inspecteur au siège de la société, sans se douter que cela va faire basculer toute son enquête. L'inspecteur revient trouver son chef tout excité.

— J'ai rencontré le président de la ligue. Il m'a appris que, pour en faire partie, il fallait être parrainé par deux personnes. Les parrains de Laetitia Toureaux étaient un inspecteur de la PJ, dont il a malheureusement oublié le nom, et un détective privé, Rouffignac.

Le commissaire Badin en reste sans voix. Qu'est-ce que cela veut dire ? Laetitia Toureaux avait donc des liens avec la police à la fois officielle et privée ? Ce n'est pas dans son usine de poterie ou de cigares qu'elle a pu rencontrer ces gens-là. Et il repense soudain que les deux dancings où elle travaillait, « L'As de cœur » et « L'Ermitage », sont particulièrement mal famés et fréquentés par de nombreux indicateurs. Cela change tout ! Il faut reprendre l'enquête en l'abordant sous un angle complètement différent. Et il faut convoquer d'urgence ce Rouffignac…

Renseignements pris, l'homme est à la tête d'une des plus grosses agences de Paris. Il répond à la convocation et se rend dans les locaux du commissariat de Picpus.

— Parfaitement, monsieur le commissaire, elle a travaillé chez moi pendant un an. Elle a effectué plus d'une dizaine de missions, des affaires d'adultère surtout. J'ai tout de suite accepté de la parrainer pour la Ligue du bien public. C'était quelqu'un de tout à fait recommandable.

— Comment l'avez-vous recrutée ?

— C'est elle qui est venue à l'agence, pour me demander s'il y avait du travail. Comme j'avais besoin de quelqu'un, je l'ai prise. Et, à ce propos, il s'est passé quelque chose de tout à fait étonnant !

Le commissaire est suspendu aux lèvres de son interlocuteur ; il sent qu'il va apprendre quelque chose de capital.

— Quand je l'ai engagée, j'ai voulu lui donner des conseils, comme à tous les débutants, mais elle m'a dit :

« Pas la peine, je sais faire ! » Eh bien, c'était parfaitement vrai : elle se débrouillait comme une vraie professionnelle.

Le détective privé regarde son interlocuteur avec gravité.

— Je suis certain qu'elle avait déjà fait des filatures, monsieur le commissaire. Je me suis même demandé si elle ne faisait pas partie des services secrets ou quelque chose comme cela…

*

C'est alors une tout autre enquête qui commence et la presse, qui est tenue régulièrement au courant, se passionne pour celle qu'elle n'appelle plus « la jolie voyageuse du métro », mais « la mystérieuse voyageuse du métro ».

Le commissaire Badin parvient à établir que Laetitia n'a jamais travaillé pour la PJ, ni pour aucun autre service de la police. Elle ne faisait pas non plus partie de ses indicateurs, dans les deux dancings. Alors, qui était l'inspecteur qui l'a parrainée ? Malgré tous ses efforts, le commissaire ne parvient pas à le découvrir et son identité restera l'un des mystères de l'enquête. En revanche, ainsi que Rouffignac en avait le pressentiment, elle a bien fait partie d'autres agences de détectives privés avant la sienne. Cela remonte au temps de son mariage, alors qu'elle n'avait pas vingt-cinq ans.

Ce n'est pas tout. Dans son usine, la fabrique de cigares, elle n'était pas la gentille camarade que décrivaient tous ses collègues. À l'affût de toute tâche lui permettant de se procurer des revenus supplémentaires, la quasi-professionnelle du renseignement qu'elle était avait proposé à sa direction de lui fournir des informations sur les activités syndicales du personnel.

Dans ces conditions, on peut même s'interroger sur son récent changement d'aspect. Si elle s'est fait teindre en rousse et si elle a changé la couleur de ses robes, est-ce bien parce qu'elle avait décidé de mettre fin à son veuvage et de profiter de la vie ? Ne serait-ce pas, au contraire, une sorte de déguisement, parce qu'elle s'était fait repérer en brune toujours vêtue de sombre ?

La personnalité de ses deux soupirants prend également une autre dimension. Le fait qu'ils soient tous les deux militaires n'est peut-être pas une coïncidence. Il se trouve qu'ils étaient l'un et l'autre dans des sites sensibles : la flotte de Toulon et la ligne Maginot. N'a-t-elle pas, sous couvert de correspondance amoureuse, essayé de leur soutirer des informations ? Dans ce cas, Laetitia Toureaux aurait été un agent au service d'une puissance hostile : l'Allemagne ou, plus vraisemblablement étant donné sa nationalité, l'Italie.

Mais c'est peu probable. C'est même plutôt l'inverse qui serait à considérer. Si elle n'avait pas d'activités politiques connues, Laetitia avait des opinions tout à fait nettes : elle était antifasciste et révoltée par ce qui se passait dans son pays. Elle était restée très attachée à l'Italie et elle devait, d'ailleurs, le soir de sa mort, se rendre à un banquet avec des compatriotes. De là à penser qu'elle agissait secrètement contre le régime et qu'elle a été victime des services spéciaux de Mussolini, il n'y a qu'un pas.

*

La piste la plus sérieuse concerne la Cagoule. C'est le surnom communément donné à l'époque au Comité secret d'action révolutionnaire, créé dans les années 1930. Ce mouvement clandestin d'idéologie fasciste se caractérise par sa violence et ses liens avec le régime de Mussolini.

Dirigée par un polytechnicien exalté, Eugène Deloncle, la Cagoule a pour exécuteur Jean Filliol, qui a accompli sur son ordre plusieurs assassinats, dont celui des frères Rosseli, antifascistes italiens réfugiés en France.

Or, il semblerait – et, ici, il faut employer le conditionnel, car si la police communique sans réticence sur les autres aspects de l'enquête, elle reste réservée sur ce point précis –, il semblerait que Laetitia Toureaux ait été la maîtresse d'un des responsables de la Cagoule, Gabriel Jeantet, et qu'elle lui ait soutiré des informations qu'elle aurait rapportés au Deuxième Bureau. Les membres de l'organisation fasciste s'en seraient aperçus et auraient chargé Filliol de l'éliminer. Il serait l'auteur de ce crime à la fois brutal et plein de sang-froid, tout à fait dans sa manière.

Malgré le silence de la police, les journalistes ne tardent pas à être au courant de cette hypothèse et c'est, dès lors, la piste la plus communément évoquée dans leurs articles. Ce qui est certain, c'est que Filliol est recherché par les enquêteurs, officiellement comme témoin. Malheureusement, il est en fuite. Il ne reviendra en France qu'en 1941, pour se mettre au service de l'occupant. Condamné à mort à la Libération, il se réfugiera en Espagne et ne sera jamais retrouvé.

*

La piste Filliol s'efface un moment lorsque survient un des plus étonnants rebondissements de cette affaire. Quelque temps après le crime, une Mme de Romanuelas, se disant voyante extralucide, se présente au commissariat de Picpus, demandant à parler au « commissaire en charge du crime du métro ». Ne voulant négliger aucune piste, Badin la reçoit et ce qu'il entend est pour le moins étonnant.

— Voilà, monsieur le commissaire. J'ai vu dans le journal la photo de Laetitia Toureaux, je l'ai bien regardée et je suis formelle : je l'ai eue pour cliente. Elle s'est présentée à moi sous le nom de Mlle Yolande.

Intérieurement, le commissaire Badin sursaute. « Yolande » est le second prénom de Laetitia, qu'il n'avait pas cru bon de communiquer à la presse.

— Cela pourrait être elle. Continuez…

— Elle est venue me demander une formule de magie noire…

La femme semble extrêmement gênée, mais elle poursuit quand même.

— … pour tuer quelqu'un.

Cette fois, ce n'est pas un sursaut que fait le commissaire, c'est un bond.

— Elle vous a dit qui ?

— Elle m'a simplement dit que c'était un homme qui la menaçait.

— Et vous lui avez donné cette formule ?

— Oui, mais ce n'est pas vraiment sérieux, c'est même inoffensif. Je lui ai dit qu'il fallait faire une figurine en terre glaise, mettre à l'intérieur un cheveu de la personne et lui percer l'endroit du cœur avec une aiguille…

La voyante continue son témoignage. « Mlle Yolande » a dit qu'elle reviendrait, sans préciser si ce serait avec le cheveu ou non. Mais elle n'est pas revenue. Ce rendez-vous avait eu lieu le 9 mai, une semaine tout juste avant sa mort.

Une fois la voyante partie, le commissaire Badin fait le point. Il en sait maintenant suffisamment pour se faire une opinion.

Sur les circonstances du crime, il a fini par acquérir une conviction : l'assassin a agi Porte de Charenton. Il est entré dans le wagon derrière la victime et il l'a frappée par surprise, après quoi, il est redescendu. Le chef de gare ne s'était pas trompé : la jeune femme était bien seule dans le wagon de première classe lorsqu'il a donné le signal du départ. Seulement c'était une mourante qu'emportait le métro, une mourante qui décédera peu après son arrivée à Porte Dorée.

Reste la personnalité de cette dernière et c'est sans doute le point le plus compliqué… Laetitia avait une double vie. D'un côté, c'était une ouvrière et dame de vestiaire gagnant courageusement sa vie après son veuvage, mais de l'autre, c'était une quasi-professionnelle du renseignement, pratiquant les filatures avec maestria, espionnant jusqu'à ses propres collègues et peut-être combattant le régime fasciste avec le concours des services français.

Un crime passionnel est tout à fait possible. Cette ravissante créature décidée à profiter de la vie avait tout pour rendre fou un homme et faire de lui un meurtrier. Mais en même temps, cette femme de caractère et de conviction s'est peut-être aventurée sur un terrain très dangereux. La guerre n'est pas loin, les tensions sont extrêmes et les régimes totalitaires n'ont jamais hésité à éliminer leurs adversaires.

Le témoignage de la voyante est clair : Laetitia Toureaux était en danger de mort et elle le savait. Mais qui était cet homme dont elle voulait se débarrasser avant qu'il ne la tue, un jaloux ou un tueur à la solde des fascistes ?

Il est impossible de répondre à cette question et le commissaire Badin n'y parviendra pas. La guerre va arriver sans que son enquête ait pu être résolue. Elle ne sera pas vraiment reprise une fois la paix revenue.

*

Pour connaître un rebondissement, il faudra attendre l'année 1963, vingt-six ans après les faits. En juin de cette année, M. Fernet, directeur de la police judiciaire, reçoit la lettre suivante :

« Monsieur le Directeur,

« Je suis originaire de Perpignan, né en 1915, monté à Paris pour faire des études de médecine en 1935. J'étais sans fausse modestie assez beau garçon mais affligé d'un horrible accent, qui déclenchait des crises d'hilarité chez mes conquêtes d'un jour. Aussi, me faisais-je passer plus généralement comme étant d'origine sud-américaine et mon accent devint alors, pour ces aimables personnes, mon plus précieux atout !

« C'est dans un dancing que je fis la connaissance de Laetitia, en novembre 1936. Elle ne m'accordait aucune faveur et ne me permettait pas de la raccompagner à son domicile. Nous ne nous rencontrions que dans des cafés du Quartier latin ou dans ma voiture. Elle ne m'accordait, à mon goût, que de trop rares rendez-vous. En fait, elle me traitait en gamin et je pense, avec le recul du temps, qu'elle reportait sur moi son amour maternel vacant. Elle me conseillait, me gourmandait. Mais à mesure que le temps passait, je devins de plus en plus pressant. Elle traitait mon amour avec une douce ironie, ce qui me blessait, et je commençais à m'impatienter, à faire des scènes ridicules. Bientôt, elle écourta nos rendez-vous sous des prétextes plus ou moins risibles. Prenant mon courage à deux mains, je lui demandai de devenir ma femme. Elle me rit gentiment au nez. Blessé dans mon orgueil et mon amour, j'allai jusqu'à la menacer et elle m'éconduisit assez vertement. Je décidai alors de l'oublier (nous étions au mois de mars) et me plongeai dans le travail, en vue de mes examens. Elle ne donna alors plus signe de vie, mais je ne pus l'oublier. Ainsi, après plus d'un mois de silence, le 2 mai, j'allai au dancing "L'Ermitage" où je savais la retrouver.

« Je lui demandai humblement de me laisser la revoir. Après quelques hésitations, elle accepta et nous prîmes rendez-vous pour le 16 mai. Nous devions nous retrouver à "L'Ermitage", puis dîner ensemble le soir. Mais le 16 mai en fin de matinée, elle vint me retrouver dans un café du Quartier latin pour se décommander du dîner : elle devait assister à un dîner de Valdotains

« Furieux de cette déconvenue, je l'accusai d'aller retrouver un autre homme. Furieuse à son tour, elle me répondit qu'en effet, elle avait rendez-vous avec un autre homme et, comme je la défiai de me le prouver, elle sortit un télégramme signé d'un certain Jean, lui fixant rendez-vous pour le soir même.

« Sans attendre ma réaction, elle me déclara qu'elle ne me reverrait plus et sortit sans plus attendre. J'étais fou de rage et m'estimai trompé. Je rentrai dans ma chambre en proie à la plus meurtrière colère. J'y passai plusieurs heures. Je me calmai mais je fus alors possédé par une rage froide, bien plus inquiétante.

« Après avoir longtemps hésité, je décidai d'aller la rejoindre à "L'Ermitage" où je pensais qu'elle s'était rendue malgré tout. Mais avant de partir, je mis dans ma poche un couteau que j'avais acheté en compagnie de camarades, un jour où nous voulions épater les filles. Je pris ma voiture et me rendis au dancing. Mais lorsque je fus devant l'établissement, ma timidité – ou mon orgueil – reprit le dessus et j'attendis Laetitia devant la porte.

« Elle sortit vers 18 heures. Elle alla prendre l'autobus et je la suivis en voiture. J'en descendis rapidement à la Porte de Charenton, de sorte que j'entrai dans le métro juste derrière elle sans qu'elle devinât ma présence.

« Elle s'installa en première. Je montai juste derrière et, ne sachant plus ce que je faisais, je l'appelai alors qu'elle venait de s'asseoir. Étonnée, elle se retourna. Je sortis mon couteau et lui plongeai dans la gorge. Elle n'eut pas le temps de pousser un cri. Je recalai le corps qui avait basculé et descendis rapidement pour remonter en deuxième classe dans la voiture suivante. La rame partit aussitôt. Je ne sais comment les gens ne remarquèrent pas mon trouble. J'avais l'impression que tout le monde me dévisageait. À Porte Dorée, un remue-ménage m'apprit que le corps était découvert. Comme tous les voyageurs, on me fit descendre de la rame. À cet instant, j'envisageai d'aller me renseigner pour savoir si Laetitia était morte, mais j'étais incapable du moindre geste. J'avais peur d'apprendre que je l'avais tuée. Je vis passer la civière et faillis me trouver mal. Je crois que si un des policiers m'avait demandé quoi que ce soit, je me serais effondré. Mais on nous laissa partir.

« Je rentrai à mon hôtel je ne sais comment. Ce n'est que le lendemain, après une nuit horrible, que j'appris la mort de Laetitia. Lors de l'enquête rapportée dans les journaux, j'appris aussi que Laetitia s'était décommandée auprès de Jean et que ma jalousie n'était pas fondée. Je vous laisse à penser mon état d'esprit. Quelques jours plus tard, j'allai chercher ma voiture qui était restée Porte de Charenton. Au fur et à mesure que les jours passaient, je me calmai. La police ignorait totalement mon existence. Je suivais passionnément l'enquête par les journaux et appris ainsi que j'avais commis un crime parfait, en fait non imputable à mon intelligence, mais à un extraordinaire concours de circonstances. Maintenant, bien des années ont passé. Je suis médecin, marié et même grand-père. Mais ce secret me pèse lourdement, n'étant pas assez croyant pour le confier à un prêtre.

« Je n'ai plus de remords et il me semble vous raconter l'histoire d'un autre. Aussi, mon récit vous paraîtra-t-il froid et sec. Je ne pense pas être un criminel, du moins pas un criminel type et j'aurais sans doute bénéficié de circonstances atténuantes… »

*

Telle est la lettre qui met un point final à l'affaire Laetitia Toureaux. Ce serait donc un crime passionnel et la Cagoule et autres tueurs à la solde de Mussolini n'y seraient pour rien.

Effectivement, tout se tient dans le récit du médecin de Perpignan. Le ton est juste, les motivations sont psychologiquement crédibles et le mécanisme du crime – d'ailleurs découvert par le commissaire Badin – fonctionne parfaitement. De plus, tout cela a été écrit vingt-six ans après les faits et on peut imaginer que le meurtrier a éprouvé le besoin de passer aux aveux sans rien risquer sur le plan judiciaire, la prescription pour homicide volontaire étant, en France, de vingt ans.

Mais on ne peut malgré tout exclure qu'il s'agisse de l'œuvre d'un mythomane. En 1948, un tueur fou, qui avait poignardé plusieurs personnes, s'est accusé à tort du meurtre de Laetitia Toureaux. Pourquoi n'en serait-il pas de même cette fois-ci ? La jeune femme avait une double existence et c'était peut-être l'autre face de sa personnalité qui était visée. Il s'agissait peut-être quand même d'un crime politique.

Une seule chose est certaine : en frappant Laetitia de son couteau, l'assassin, qu'il s'agisse du médecin, de Filliol ou d'un autre, a tranché d'un seul coup deux vies.

14

La voiture n° 3

Il est 7 heures du matin, ce 7 décembre 1993. Comme tous les jours, des dizaines de milliers de travailleurs new-yorkais se préparent à prendre le Long Island Railroad, un train de banlieue raccordé au métro, sorte d'équivalent du RER parisien.

Chez les McCarthy, à Mineola, un faubourg de la ville, Carolyn a préparé le petit-déjeuner pour son mari Dennis, cinquante-deux ans, et pour son fils Kevin, vingt-six ans, qui travaillcnt dans la mĉmc compagnic d'assuranccs à Manhattan. Ce soir, elle rentrera plus tard qu'eux : elle préside une réunion d'un comité de quartier en faveur des déshérités. Elle leur fait ses recommandations.

— Le sapin pour l'arbre de Noël est devant la porte d'entrée. N'oubliez pas de l'installer dans le salon.

Les McCarthy père et fils promettent d'y penser et, comme ils se lèvent pour partir, elle ajoute :

— N'oubliez pas vos cache-cols non plus. Il fait froid !

Tout près de là, à Westbury, un autre faubourg new-yorkais, Debra Werber, trente-huit ans, a également pensé à se vêtir chaudement. Elle est administratrice de portefeuilles bancaires. S'il y avait un mot pour la définir, ce serait le mot « classe ». Cette brune distinguée gagne très bien sa vie et son mari encore mieux qu'elle. Pourtant, cela fait déjà plusieurs jours qu'elle a la tête ailleurs, elle est même soucieuse. Après plusieurs tentatives de grossesse, elle songe à recourir à l'adoption, ce qui ne sera pas facile, elle le sait. Elle essaie de penser à autre chose, mais elle n'y arrive pas et c'est avec cette préoccupation en tête qu'elle gagne le Long Island Railroad, qui doit la conduire à la station de Pennsylvania où se trouve sa banque…

Les Combatti sont eux aussi de Westbury. Lisa, trente-trois ans, est en arrêt de travail. Elle est enceinte de six mois et sa grossesse ne se passe pas bien. Jusque-là, elle avait préféré rester chez elle, mais ce 7 décembre, elle a décidé de sortir. John, son mari, s'en inquiète.

— Est-ce que tu crois que c'est prudent ?

— Il faut absolument que je fasse des courses pour le bébé.

— Alors, prends la voiture, pas le train.

— Non. Je n'aime pas conduire.

John insiste encore, mais Lisa Combatti est têtue comme une mule, il le sait bien et il la laisse partir…

Un peu plus loin, à Hicksville, un immigrant jamaïcain de trente-cinq ans, Colin Ferguson, se réveille dans son modeste appartement. Deux ans plus tôt, il travaillait pour la société d'alarmes Ademco. Mais un accident de travail l'a obligé à quitter son emploi. Une action en justice lui a permis de toucher une indemnisation de 25 000 dollars, qui est presque épuisée. Il a fait une demande d'appel auprès de la Commission des accidentés du travail et il se rend à son siège, à Manhattan, pour avoir la réponse. Il sort de chez lui pour prendre le train, un sac à la main. Il a, malgré tout, bon espoir.

*

Un peu plus de dix heures ont passé, il est 17 h 30 et les banlieusards de New York se pressent pour regagner leur domicile. Jim Gorsky, trente-huit ans, salarié dans une entreprise de téléphonie, arrive à la gare de Pennsylvania. Il attend le train, en face de l'emplacement de la voiture n° 3. C'est ainsi depuis des années et, au fil du temps, il s'est pris d'amitié avec des voyageurs qui ont la même habitude que lui.

Jim Gorsky s'est lié, en particulier, avec Dennis et Kevin McCarthy. En apparence, tout les oppose, mais c'est peut-être pour cela qu'ils s'apprécient. Chaque fois qu'ils se voient, ils parlent politique. Les McCarthy père et fils sont des démocrates inconditionnels et Jim est farouchement républicain. Leurs discussions ne sont pas méchantes, c'est plus pour passer le temps qu'autre chose, pour se changer les idées en sortant du travail.

Justement, Jim Gorsky les voit arriver. Il leur fait de grands signes et ils l'aperçoivent à leur tour. Peu après, le train arrive dans la station. Ils montent et ont la chance de trouver trois places sur des banquettes face à face. Jim lance, à propos du président démocrate :

— Minable, le discours de Clinton !

Les McCarthy se récrient et la polémique est lancée...

Debra Werber traverse la gare de Pennsylvania en courant. Elle a les bras chargés d'emplettes de Noël, qu'elle a faites à l'heure du déjeuner. Le train est à l'arrêt, elle a tout juste le temps de sauter dedans. Elle s'engouffre dans la voiture n° 3, qui est la première sur laquelle on tombe en sortant du couloir. Il n'y a plus de place assise, mais elle ne s'en préoccupe pas. Elle s'est remise à penser à l'adoption, et c'est ce qui l'occupe tout entière...

Lisa Combatti, elle aussi, porte des paquets : des articles de layette pour son futur bébé. Elle a trouvé tout ce qu'elle voulait dans les magasins de New York et elle ne regrette pas sa journée. Elle voit le train à l'arrêt. Elle ne peut pas courir en raison de son état, mais elle a tout de même le temps de monter dans le troisième wagon, le plus proche du couloir d'arrivée. Il est bondé mais heureusement, un jeune homme lui cède sa place. Elle le remercie avec un sourire…

Colin Ferguson, lui, ne sourit pas. Tout s'est mal passé à la Commission des accidentés du travail. Après l'avoir fait attendre une éternité, on l'a reçu deux petites minutes pour lui dire sèchement que son appel avait été rejeté. Il devra se contenter de l'indemnité qu'il a touchée et n'aura pas un cent de plus ! La voiture n° 3 s'arrête devant lui. Il y monte, un pli amer à la bouche, serrant contre lui, au milieu du flot des voyageurs, le sac qui ne l'a pas quitté depuis le début de la journée. Il est exactement 17 h 33, comme l'indique la grosse pendule au milieu du quai.

*

18 h 08 : le train arrive à la station de New Hyde Park, située aux confins de la ville de New York. Un nombre important de passagers sort et ceux qui restent ont enfin un peu d'espace. Debra Werber trouve une place assise ; elle s'y installe, avec ses paquets sur les genoux. Le prochain arrêt, Merillon Avenue, aura lieu dans trois minutes… C'est au moment où les portes se referment que Colin Ferguson ouvre son sac. Il en sort une arme de poing semi-automatique qu'il a achetée légalement sept mois auparavant, en Californie.

Il se lève et, tenant son pistolet à deux mains, fait feu en direction de la première personne qui se trouve devant lui. Il s'agit de Debra. Celle-ci, empêtrée dans ses paquets, ne peut faire aucun geste. Elle le regarde, les yeux agrandis par la terreur. L'instant d'après, atteinte au cou, elle s'écroule dans un flot de sang.

Les banquettes suivantes sont occupées par Dennis et Kevin McCarthy, en pleine discussion avec Jim Gorsky. Ils n'ont pas compris ce qui se passait, le premier coup de feu ne les a pas interrompus. Dennis, le père, s'apprêtait même à répliquer à un argument de son adversaire lorsqu'il est atteint en pleine tête. Il s'écroule, tué sur le coup. L'instant d'après, c'est Jim Gorsky, assis en face de lui, qui est touché de la même manière. Lui aussi meurt sur le coup. Colin Ferguson dirige alors son arme vers Kevin. Il l'atteint en pleine poitrine et continue son chemin.

Tandis que des cris éclatent dans tout le wagon, l'immigrant jamaïcain continue son œuvre de mort. Il tire dans toutes les directions, blessant plusieurs personnes. Un autre homme, un jeune musicien, est tué d'une balle dans la tête, une femme, atteinte à la colonne vertébrale, s'écroule et mourra peu après.

Lisa s'est levée précipitamment du siège qu'elle occupait et court droit devant elle, en direction du fond de la voiture. Il n'y a pas de communication entre les wagons et donc pas d'issue, pas d'espoir d'échapper au fou, qui tire dans toutes les directions. Les portes ne s'ouvriront qu'à la prochaine station, Merillon Avenue, mais ce ne sera pas avant plusieurs minutes, elle le sait pour être une habituée de la ligne.

Son regard accroche celui du tueur. Il est absolument terrifiant, car dénué de toute expression. Elle n'a jamais vu une froideur aussi inhumaine ; on dirait un robot, une machine… Il fait feu sur elle. Elle ressent une violente douleur à l'épaule, en même temps qu'un choc la projette à terre. Elle rassemble les forces qui lui restent, rampe pour se mettre à l'abri sous une banquette et parvient à s'y glisser jusqu'à la ceinture.

Elle entend encore plusieurs coups de feu : l'assassin continue son carnage dans le wagon. Elle croit qu'il l'a oubliée, mais la détonation suivante est suivie d'une douleur fulgurante. Elle a été atteinte à la cuisse. Et l'instant d'après, c'est l'horreur ! Elle entend qu'il se baisse vers elle. Il va lui donner le coup de grâce. Lisa ferme les yeux. Elle pense à son mari, qu'elle ne reverra jamais, à son bébé, qui ne naîtra pas, elle ébauche un semblant de prière… Mais il ne se passe rien, sinon un petit claquement. L'arme s'est enrayée ou bien il n'y a plus de balles. Des cris éclatent alors :

— Arrêtez-le !

Deux hommes se jettent sur Ferguson et le renversent. Un troisième intervient pour les aider. Plusieurs passagers hurlent à ceux qui maîtrisent le forcené :

— Tuez-le !

C'est à ce moment que le train entre dans la station de Merillon Avenue. Le cauchemar a duré un peu plus de deux minutes, durant lesquelles trente coups de feu ont été tirés.

*

Dès l'arrêt du train, des dizaines de personnes paniquées sortent de la voiture n° 3 en appelant à l'aide. À l'intérieur, Colin Ferguson est toujours immobilisé sur un siège par trois personnes qui attendent l'arrivée de la police.

Sur le quai, on réagit très vite. Tandis que les pompiers sont alertés par téléphone, Greg Salmon, un policier des chemins de fer en repos, saute dans le train et menotte Colin Ferguson sans attendre l'arrivée des agents de police.

Jennifer Perkins n'est pas en service non plus, bien qu'elle soit en uniforme de policière. Elle a accompli sa journée de travail dans le centre de New York et elle rentre chez elle. Elle se précipite dans la voiture n° 3 au moment où Salmon est en train passer les menottes au tueur.

Un rapide coup d'œil lui permet d'évaluer la situation. Le tireur était visiblement seul et il est neutralisé. En revanche, il y a beaucoup de gens blessés autour d'elle et, comme elle est secouriste diplômée, elle juge qu'elle doit en priorité s'occuper d'eux.

Elle aperçoit en premier les corps de Dennis et Kevin McCarthy, qui gisent sur une banquette. Elle se penche sur eux. Le plus âgé a un trou dans la tête et le teint cireux :

il n'y a rien à faire pour lui. Mais le plus jeune est vivant, il respire avec difficulté et de manière sifflante.

Elle lui ôte son cache-col, défait son pardessus et sa veste : une large tache rouge s'étale sur sa chemise. Il a reçu une balle dans la poitrine, qui a visiblement traversé le poumon, ce qui explique le sifflement. Son état est trop grave pour qu'elle puisse lui apporter des soins. Elle se contente de l'allonger sur la banquette, repoussant le mort qui s'affaisse contre la paroi, près de la fenêtre.

Sur la banquette d'en face, il y a aussi le corps d'un homme. Mais là, elle ne s'attarde pas : une partie de sa boîte crânienne a été arrachée, laissant apparaître le cerveau. Elle se dirige de l'autre côté du wagon vers une femme bien mise, effondrée au milieu de ses paquets imprégnés de rouge. Elle a entre trente et quarante ans et elle est toute blanche à cause du sang perdu. Celui-ci coule encore par une blessure qu'elle a au cou. Il faut impérativement comprimer la veine jugulaire sinon elle va mourir de l'hémorragie. Jennifer appuie avec force son pouce à l'endroit voulu. La femme veut lui parler, mais elle lui fait signe de se taire.

— Ne dites rien. On va venir vous soigner…

Un peu plus loin, la policière aperçoit deux passagères en train de sortir de dessous une banquette une femme enceinte sérieusement touchée, mais il n'est pas question qu'elle aille les aider. Si elle quittait sa blessée, elle mourrait presque à coup sûr. C'est déjà un miracle qu'elle soit arrivée à temps.

*

Les pompiers sont sur les lieux environ cinq minutes plus tard. Avec les policiers, ils font le compte des victimes. Il y a cinq morts et vingt blessés, dont deux grièvement : Kevin McCarthy et Debra Werber. Cette dernière est emportée inconsciente à l'hôpital. Les sauveteurs ne se prononcent pas sur son état, mais ils sont sûrs d'une chose : si Jennifer Perkins n'avait pas été là, elle serait déjà morte.

Kevin est emmené dans un autre hôpital. Il est mis sous oxygène dans l'ambulance, mais sa respiration est quand même difficile. Là encore, il est très difficile de se prononcer sur ses chances de survie.

Le pronostic est en revanche beaucoup plus favorable pour Lisa Combatti. Elle a été touchée de deux balles, l'une dans l'épaule et l'autre dans la cuisse, elle a perdu beaucoup de sang, mais aucun centre vital n'a été atteint et ses jours ne sont pas en danger. Ce n'est pourtant pas cela qui la préoccupe le plus. La première question qu'elle pose au médecin qui l'examine à l'hôpital concerne son enfant.

— Le bébé, il n'a rien ?

Le praticien est absolument affirmatif.

— Rien. Vous accoucherez normalement. Mais pas maintenant, il faut d'abord vous soigner.

Rassurée, Lisa demande alors qu'on prévienne son mari.

*

La station de Merillon Avenue est à présent envahie par les journalistes. Les télévisions filment des reportages dramatiques, qui seront diffusés au journal du soir… C'est ce que découvre M. Werber, en rentrant à la maison vers 19 h 30. Il devient tout à coup blême. C'est ce train-là que prend Debra en rentrant du travail et elle est d'une grande ponctualité. Espérant tout de même qu'un imprévu l'aura retardée, il appelle le numéro que donne la télévision. Mais, au bout du fil, cet espoir s'envole.

— Mme Werber ? Oui, elle fait partie des blessés.

— On sait si c'est grave ?

— On est en train de l'opérer. Le mieux serait que vous alliez à l'hôpital…

Joyce Gorsky, la femme de Jim, rentre chez elle à la même heure. Elle est un peu étonnée de ne pas voir son mari, mais elle n'est pas du genre inquiet. Machinalement, elle branche la télévision et se fige. Elle reconnaît la station Merillon Avenue sur la ligne qu'emprunte Jim et le journaliste parle de morts et de blessés. Mais ce n'est pas cela le plus terrible, c'est ce qu'il dit ensuite :

— Le massacre est dû à un seul tireur, qui a été arrêté. Il a eu lieu dans la voiture n° 3…

La voiture n° 3 ! Celle que prend toujours Jim, parce qu'il s'y est fait des connaissances… Elle se laisse tomber sur le canapé et c'est à ce moment qu'on sonne à la porte. Elle va ouvrir en tremblant. Quand elle voit deux policiers sur le seuil, elle a compris.

— Il est mort, n'est-ce pas ?

L'un des deux agents hoche la tête en silence et elle s'effondre, en larmes, sur son épaule…

Il est 21 heures passées lorsque Carolyn McCarthy rentre de sa réunion de quartier. En constatant que le sapin est à la même place devant la porte d'entrée du pavillon, elle est furieuse.

— Les bons à rien ! Ils vont m'entendre…

Mais quand elle entre et découvre la maison dans l'obscurité complète, sa colère fait brusquement place à l'angoisse. C'est à ce moment que le téléphone sonne. Carolyn va décrocher dans le noir et entend une voix d'homme.

— Ici, la police, madame. Il s'est passé un événement dramatique, votre fils a été blessé.

— Et mon mari ?

La voix hésite un instant avant de répondre :

— Il est mort, madame…

*

Au poste de Garden City, dont dépend Merillon Avenue, l'officier de police Brian Parpan interroge Colin Ferguson depuis plus d'une heure. L'émigré jamaïcain n'a pas nié son acte un seul instant. Il en a même semblé plutôt fier, demandant à plusieurs reprises si on savait le nombre de morts et de blessés. Mais il est beaucoup plus difficile de se faire une idée sur ses motivations.

— Vous vouliez vous venger parce que votre dossier a été refusé à la Commission des accidents du travail, c'est cela ?

— Pas seulement. J'ai agi par haine des Blancs et des Nègres soumis à l'oncle Sam.

— Qu'est-ce que vous voulez dire par « soumis à l'oncle Sam » ?

— Je me comprends parfaitement…

On n'en apprendra pas plus et, à l'issue de son interrogatoire, Colin Ferguson est inculpé de cinq meurtres et de vingt tentatives de meurtre.

*

En ce qui concerne les victimes, le destin ne leur accordera pas tous la même chance.

Après avoir été opérée d'urgence au Winthrop University Hospital, Debra Werber voit son état se dégrader. Elle sombre dans le coma et doit être maintenue en vie artificiellement. Le lendemain, l'électroencéphalogramme montre un tracé plat. Son mari consent à ce qu'on débranche le respirateur et le décès est constaté officiellement. Colin Ferguson a désormais six morts et dix-neuf blessés à son actif.

Lisa Combatti, touchée beaucoup moins gravement, se remet sans trop de mal. Elle a eu la chance que ni la balle dans l'épaule ni celle dans la cuisse n'aient touché d'os. Les deux projectiles sont retirés au cours de la même intervention, au Medical Center de Long Island. La suite est occupée par la convalescence et la rééducation.

C'est dans le même hôpital qu'elle choisit de revenir, deux mois plus tard, pour accoucher. Ses blessures sont alors en voie de guérison et elle donne naissance à un petit Matthew de 3,5 kg.

La situation est autrement dramatique pour Kevin McCarthy. Lorsqu'il est admis à l'hôpital de North Shore, il a, de l'avis des médecins, peu de chances de s'en sortir. La balle qui est entrée dans le côté gauche de sa poitrine a évité le cœur, mais s'est logée dans le poumon. Sa blessure ne nécessite pas moins de deux opérations, mais à l'issue de celles-ci, il est déclaré hors de danger. Les praticiens ne cachent pas à Carolyn, sa mère, qu'il s'agit d'un vrai miracle.

Le reste n'est qu'une question de temps. Carolyn aide de son mieux son fils pendant sa convalescence. Un jour, il lui déclare :

— Ferguson a pu acheter son pistolet légalement. Il faut que cela change.

— Je suis d'accord avec toi, mais comment faire ?

— Toi, tu le peux !

Carolyn McCarthy se récrie, mais Kevin insiste. Il y a des années que sa mère préside son comité de quartier, elle a toutes les qualités pour faire de la politique. Elle doit se présenter à la députation et militer pour l'interdiction des armes à feu… Carolyn secoue la tête.

— Je n'y arriverai jamais.

— Il faut que tu le fasses, maman. Pour papa et pour moi…

*

Le 7 décembre 1994, à 18 heures, un an exactement après le drame, une cérémonie émouvante a lieu à la station Merillon Avenue. C'est un moment de douleur et de deuil, mais aussi d'espoir. Les victimes veulent croire en l'avenir. Lisa Combatti est venue avec son fils Matthew dans son landau et Carolyn McCarthy, qui s'est lancée dans la politique, a appris, la semaine précédente, une grande nouvelle : le Parti démocrate a décidé d'en faire sa candidate à la Chambre des représentants, pour la 4e circonscription de New York.

*

Parallèlement, l'action judiciaire suit son cours. Elle est émaillée d'incidents et de rebondissements. Tout tourne autour de la santé mentale de l'accusé. Son avocat, Ron Kuby, plaide l'irresponsabilité. Il déclare aux journalistes :

— Il nc comprend pas dans quelle situation il se trouve. Il est incapable d'avoir une conduite rationnelle. On ne peut pas l'amener devant la justice.

Tel n'est pas l'avis du juge d'instruction Donald E. Belfi, qui, après avoir longuement interrogé l'accusé, conclut qu'il est sain d'esprit. Le procès aura donc lieu et le moins qu'on puisse dire, c'est qu'il va sortir de l'ordinaire !

Il s'ouvre le 26 janvier 1995, treize mois après le massacre, par un coup de théâtre : Colin Ferguson annonce qu'il renvoie son avocat et qu'il va se défendre lui-même. Ron Kuby essaie de le faire revenir sur sa décision et le président joint ses efforts aux siens, mais il n'y a rien à faire. C'est son droit, même si c'est pratiquement sans précédent dans un procès criminel.

Selon la législation de l'État de New York, l'accusé, devenu son propre avocat, a le droit de quitter son box pour interroger les témoins en s'adressant à eux face à face. Mais les victimes se récrient. Il n'est pas question que Ferguson puisse s'approcher d'elles, elles ont bien trop peur de lui ! Elles menacent purement et simplement de refuser de témoigner.

Après une longue discussion, le juge rend sa décision : l'accusé pourra quitter son box, mais une barrière sera installée, pour qu'il ne puisse pas venir trop près des témoins. Puis, après avoir déclaré les débats ouverts, il pose la question traditionnelle :

— Colin Ferguson, plaidez-vous coupable ou non coupable ?

L'intéressé répond d'une voix forte :

— Non coupable, Votre Honneur.

Et il ajoute, se muant en défenseur et parlant de lui-même à la troisième personne :

— La défense entend apporter la preuve que ce n'est pas Ferguson qui a tiré. Il s'est endormi dans le train et un inconnu a pris son pistolet dans son sac, pour commettre ces assassinats.

Dans la salle d'audience, on se regarde, ahuri. C'est délirant ! Tout le monde, dans le wagon, l'a vu tirer, sans compter que lui-même, jusqu'à ce jour, n'a jamais nié les faits, il les a même revendiqués hautement.

On assiste, dès lors, à des scènes absurdes où le tragique le dispute au comique. Comme lorsque Ferguson interroge Kevin McCarthy.

— Pouvez-vous dire formellement que c'est moi qui vous ai tiré dessus ?

— Vous m'avez regardé dans les yeux, quand vous m'avez tiré dans la poitrine, après avoir tué mon père.

— Tout cela s'est-il passé rapidement ?

— Oui, rapidement.

— Alors, comment pouvez-vous être aussi affirmatif ?

Même chose avec Lisa Combatti. Elle aussi dit reconnaître formellement l'accusé. Elle explique qu'après avoir reçu une balle dans l'épaule, elle s'est jetée sous une banquette pour se protéger et qu'il lui a tiré une deuxième balle dans la cuisse... Ferguson intervient vivement.

— Quand vous étiez sous la banquette, est-ce que vous pouviez me voir ?

— Non, bien sûr.

— Alors, comment pouvez-vous dire que c'est moi qui ai tiré ?

En tout, quarante et un témoins se succèdent à la barre et, le 16 février, après treize jours de débats, Colin Ferguson clôture sa défense par un plaidoyer totalement incompréhensible, qui dure plus d'une heure. Il conclut par cette phrase, à l'attention des jurés :

— Revenez avec un verdict de non-culpabilité. Cela donnera lieu à de grandes réjouissances.

Comme toujours aux États-Unis, les délibérations du jury sont longues, même dans une affaire aussi claire. Ce n'est que le lendemain, le 17 février, à 21 heures, qu'il revient avec son verdict : coupable. Le président annonce alors la sentence : six peines consécutives de prison à perpétuité, sans possibilité de libération sur parole. C'est le maximum, la peine de mort ayant été abolie dans l'État de New York. Après quoi, il déclare au condamné :

— Colin Ferguson, vous ne retournerez jamais dans la société, puisque vous passerez le reste de votre vie en prison !

Et la salle éclate spontanément en applaudissements…

*

Carolyn McCarthy, qui était bien entendu présente, a été élue l'année suivante députée démocrate à la Chambre des représentants, dans la 4e circonscription de New York. Elle a été constamment réélue depuis et n'a cessé de mener le combat pour l'interdiction des armes à feu. Très proche du président Obama, elle a confié aux journalistes, après l'élection de ce dernier :

— Nous avons une chance que la tuerie de Merillon Avenue n'ait pas été inutile. Il faut la saisir !

15

Décompression explosive

Nous sommes sur l'aéroport de Hilo, dans la plus grande île de l'archipel d'Hawaï. Il est 13 heures, ce 28 avril 1988, et le vol Aloha 243 à destination d'Honolulu, sur l'île voisine d'Oahu, s'apprête à partir. La compagnie locale Aloha Airlines assure, en effet, la liaison entre les diverses îles d'Hawaï. Ce sont des vols extrêmement courts, qui durent environ une demi-heure et qui s'apparentent plus à un service de transport en commun qu'à des liaisons aériennes classiques.

Le personnel est tout à fait formé à ce travail de routine. Le commandant Bob Shortlimer est pilote chez Aloha depuis onze ans. Son copilote est une femme, Millie Topkins. Elle a neuf années d'ancienneté et devrait bientôt avoir une promotion comme commandant. Il y a trois hôtesses. La chef de cabine, Clarabelle Lansing, est la plus ancienne hôtesse de la compagnie ; cela fait trente-sept ans qu'elle sillonne le ciel d'Hawaï. Elle est assistée de Michelle Honda, dix-neuf ans d'ancienneté, et de Jane Sao-Tomita, quatorze.

L'avion, un Boeing 737, ne manque pas d'ancienneté non plus, puisqu'il totalise près de 90 000 vols, exactement 89 090 ! Il est en service depuis près de vingt ans et accomplit douze rotations par jour. C'est ainsi que le vol 243 est, pour lui, ce 28 avril, le sixième de la journée.

Si les passagers avaient su l'âge de l'appareil, peut-être auraient-ils ressenti quelque inquiétude, mais rien n'est plus éloigné de leur esprit que ce genre de souci. Ils sont quatre-vingt-dix, des touristes pour la moitié d'entre eux, tout à l'euphorie des vacances. Les autres passagers sont des habitants de l'archipel pour lesquels monter dans ce genre d'avion n'est pas plus exceptionnel que de prendre l'autobus.

Ainsi, Patricia Aubrey, une mère de famille d'Hawaï, qui vient de faire des courses à Hilo et qui rentre chez elle, remarque une fissure étrange près de la porte avant gauche. Un instant, elle pense à le dire à l'équipage, mais elle se ravise. Tout cela n'a pas d'importance, le vol est si court !

*

Le vol est effectivement très court : sur trente-cinq minutes, la majeure partie du temps est consacrée à la montée. Il faut environ vingt minutes pour atteindre 7 300 mètres, l'altitude de croisière et, quasiment tout de suite après, c'est la descente. Cela oblige les hôtesses à commencer leur service juste après le décollage ; les passagers eux, doivent garder leur ceinture de sécurité pendant tout le trajet…

13 h 45 : l'avion atteint son altitude de croisière. Il vibre énormément, ce qui incite Patricia Aubrey à lever les yeux de la revue qu'elle était en train de lire. Sans qu'elle sache pourquoi, son regard tombe sur la fissure, près de la porte avant, et elle croit rêver : est-il possible qu'elle se soit agrandie ?

Elle ne se pose pas longtemps la question. L'instant d'après, le rêve se transforme en cauchemar. Une explosion épouvantable, à crever les tympans, retentit. La porte vient de s'envoler, puis c'est le toit et la paroi qui se déchirent et s'envolent à leur tour.

Les cinq premiers rangs se retrouvent à l'air libre. Devant, la cabine de l'équipage est intacte, derrière, la queue de l'appareil aussi, mais à part le plancher et la soute, toute la structure entre le cockpit et l'avant des ailes a disparu. Les passagers sont comme dans une voiture décapotable, avec le ciel au-dessus d'eux. Mais à la différence d'une voiture, les parois ne sont plus là. Il y a le vide en haut et des deux côtés. Le vent souffle à 800 kilomètres/heure et ils ne sont retenus que par leur ceinture.

Si les passagers sont attachés, il n'en est malheureusement pas de même des hôtesses. L'une d'elle, Clarabelle Lansing, la chef de cabine, était à la rangée 5, en train de ramasser les gobelets des consommations. Patricia Aubrey l'a juste devant les yeux. Ses traits sont tordus par la force du vent, sa longue chevelure est dressée derrière elle. Elle s'agrippe de toutes ses forces au dossier d'un fauteuil, mais elle ne peut rien contre la violence du vent ; elle lâche prise et disparaît, bras et jambes écartées, dans un vol plané terrifiant…

À l'arrière, la situation est moins épouvantable, mais elle est tout de même dramatique. Si la carlingue a tenu, des objets ont été projetés dans toutes les directions et les blessés sont nombreux. Il y a peut-être même des morts. Michelle Honda, l'hôtesse, a été touchée à la tête et du sang lui coule sur le visage, mais elle n'y prête aucune attention. En professionnelle qu'elle est, elle ne pense qu'à une chose : les pilotes sont-ils morts ?

L'avion semble continuer son trajet normalement, mais il était arrivé à son altitude de croisière et, pendant quelques minutes, le pilote automatique est branché. C'est peut-être une machine qui est en train de les conduire. Et, dans ce cas, ils sont perdus. Car on ne peut pas vivre à cette hauteur plus de quelques minutes, en raison du manque d'oxygène et surtout du froid. À 7 300 m, il fait près de - 50 °. Le vol Aloha 243 va continuer quelque temps, en emportant des cadavres attachés sur leur siège et tombera à la mer quand il n'aura plus d'essence... C'est au moment où elle allait s'évanouir qu'elle sent que l'avion se met en descente. Oui, les pilotes sont là. Ils ont une chance infime, mais une chance quand même d'en réchapper.

*

Dans le cockpit, Bob Shortlimer et Millie Topkins ont entendu une terrifiante explosion dans leur dos et ils ont été plaqués contre le tableau de bord par l'appel d'air. Heureusement pour eux, à la différence de ce qui s'est passé pour les passagers, leurs masques à oxygène sont restés en place. Ils peuvent s'en saisir et les mettre, sinon, ils auraient rapidement sombré dans l'inconscience et l'avion, livré à lui-même, aurait été perdu... Le commandant crie à sa copilote :

— C'est une décompression explosive !

Mais le bruit qui les environne est tel qu'elle n'a rien entendu. Lui-même a, d'ailleurs, à peine perçu le son de sa voix. Millie Topkins essaie alors de joindre les hôtesses, mais elle ne reçoit aucune réponse.

Ils n'ont aucune idée des dégâts qu'a subis l'appareil, mais cela ne change rien. Quoi qu'il se passe derrière, les passagers ne peuvent pas supporter les conditions de vol à cette altitude, il faut immédiatement descendre. Bob Shortlimer débranche le pilote automatique et commence une descente d'urgence. Le Boeing ne tarde pas à se retrouver en piqué, perdant plus de 1 200 mètres par minute. La vitesse augmente jusqu'à atteindre et dépasser la vitesse maximale autorisée.

Ils ne le savent pas, mais c'est un miracle si l'appareil ne se casse pas en deux à ce moment. Les contraintes mécaniques sont extrêmes, compte tenu de l'état du fuselage. Les poutres du plancher, les seules à réunir l'avant et l'arrière, supportent la totalité de l'effort. Le poste de pilotage s'enfonce d'un mètre sous l'axe de l'avion.

*

Dans la cabine de l'appareil, ou ce qu'il en reste, ce phénomène est nettement perceptible. Les passagers des cinq premiers rangs peuvent voir sous leurs pieds le plancher se déformer et se tordre. Mais dans l'environnement d'apocalypse où ils se trouvent, c'est à peine s'ils y font attention. L'homme assis à côté de Patricia Aubrey, qui se trouvait contre ce qui était le hublot, a perdu connaissance et penche au-dessus du vide. Elle tente un geste pour le retenir, mais elle est impuissante. Il n'y a plus qu'à espérer que sa ceinture tiendra.

À l'arrière, la situation a encore empiré. La brusque descente a eu pour conséquence d'ouvrir plusieurs coffres à bagages et des valises et objets divers se sont déversés dans l'habitacle, provoquant de nouvelles blessures. C'est le cas de la troisième hôtesse, Jane Sao-Tomita, qui s'écroule. Avec la forte pente de l'appareil, elle se met à glisser vers les premiers rangs et le vide. Heureusement, un jeune homme l'agrippe au passage. Il la retient aussi fermement qu'il peut, jusqu'à ce qu'il la voie se redresser sur les genoux. Elle est sauvée, du moins pour l'instant, car leur vie à tous ne tient qu'à un fil.

*

À l'avant, les deux pilotes tentent de reprendre la situation en main. Bob Shortlimer décide d'arrêter la descente. Il est à 3 000 mètres, l'air est respirable et, si le froid est intense, surtout quand on porte des chemisettes et des robes légères adaptées à une température de 25 °, il n'est plus mortel.

Maintenant, il faut atterrir, mais où ? Il n'est plus question d'aller jusqu'à Honolulu, l'avion ne tiendrait pas. Le plus proche aéroport est celui de Kahului, sur l'île voisine de Maohi. Mais il se trouve encastré au fond d'une vallée entre deux massifs volcaniques qui culminent à 3 000 mètres. Il est exclu de les franchir en reprenant de l'altitude. Il va falloir les contourner. Seulement, l'appareil sera-t-il capable de supporter un virage ? Et sera-t-il capable de supporter ensuite l'atterrissage ?

La première chose à faire est d'établir le contact radio avec Kahului. Tandis que Bob Shortlimer se bat avec les commandes qui sont de plus en plus dures à manœuvrer, Millie Topkins appelle l'aéroport. Mais le bruit ambiant est tel que sa voix est à peine audible. Elle doit s'y prendre à plusieurs reprises pour que le contrôle comprenne son immatriculation.

— OK, Aloha 243. Qu'est-ce qu'il se passe ?

— Explosion à bord. Demandons atterrissage en urgence

— Je vous entends très mal. J'ai compris « urgence ». C'est cela ?

La copilote hurle autant qu'elle peut.

— Affirmatif !

— Avez-vous besoin de secours ?

— Affirmatif.

— Quels secours ?

— Tous !

— Compris. Atterrissez sur la piste 2.

*

Il est 13 h 49, quatre minutes se sont écoulées depuis la décompression explosive. Le commandant réduit la vitesse à 350 kilomètres/heure. Du coup, le bruit du vent est moins fort. Millie Topkins peut parler avec le contrôleur de Kahului, qui demande quelles sont les avaries, mais elle est sans réelle information à ce sujet et elle sous-estime la gravité de la situation.

— On dirait qu'on a perdu la porte avant gauche.

— Vous n'en êtes pas sûrs ?

— Non, impossible d'établir la communication avec les hôtesses…

Pendant ce temps, le commandant, qui a continué à descendre, amorce son virage pour passer entre les deux massifs montagneux de l'île. Il le fait aussi doucement qu'il peut, mais il sent tout le fuselage trembler et il a le plus grand mal à maîtriser ses commandes. Visiblement, les circuits hydrauliques se détériorent rapidement. Il est urgent d'atterrir, avant que l'appareil devienne ingouvernable...

Pour les passagers, la situation est dramatique. L'avion vibre et remue dans tous les sens, on a l'impression qu'il va se casser à chaque instant. Tous les porte-bagages se sont ouverts, des câbles électriques qui ont été arrachés fouettent l'air avec un sifflement sinistre. Chacun a compris que le moment décisif est proche. Les couples s'étreignent, les croyants font leurs prières.

*

L'atterrissage est effectivement imminent et il se présente aussi mal que possible. La copilote actionne la sortie du train qui est matérialisée sur le tableau de bord par trois lumières vertes, les deux premières correspondant aux roues situées sous les ailes et la troisième à celle située sous le nez de l'appareil. Or seuls les voyants lumineux des ailes s'affichent, celui de l'avant reste éteint. Cela peut correspondre à une réelle avarie, à moins que les roues soient bien sorties et que le voyant soit tombé en panne. La copilote appelle la tour de contrôle.

— Il semble que le train avant soit bloqué...

Dans ce genre de situation, les décisions doivent se prendre en quelques secondes, et la mort ou la survie de tous en découle. Le commandant a le choix entre essayer de débloquer le train en faisant un tour de piste supplémentaire ou se poser malgré tout. Il décide d'atterrir immédiatement. Millie Topkins en informe la tour.

— Nous atterrissons quand même...

Au sol, l'angoisse est à son comble. Tout ce que Kahului comporte de voitures de pompiers et d'ambulances converge vers la piste n° 2. Mais si l'appareil n'a pas de train avant, cela ne servira pratiquement à rien. Le nez va se désintégrer au sol, dans une forêt d'étincelles, qui va faire exploser les réservoirs.

C'est à ce moment, que depuis la tour, les contrôleurs voient dans leurs jumelles le Boeing à l'approche. Et ils poussent un cri de joie : le train est sorti, c'était seulement une défaillance du voyant ! Ils en informent immédiatement le vol Aloha 243, même s'ils s'abstiennent de lui dire dans quel état est l'appareil.

Dernière difficulté : le vent. La côte nord de l'île de Maohi, où se trouve la piste, est directement exposée aux alizés. Ceux-ci peuvent parfois être très violents. Mais comme par enchantement, ils se calment au moment où l'avion commence son approche.

Bob Shortlimer se prépare au pire. La tour a confirmé la descente du train mais rien n'indique qu'il soit correctement verrouillé. En touchant le sol, il peut très bien s'affaisser et ce serait le choc de cinquante tonnes lancées à 280 kilomètres/heure.

Mais non, c'est une parfaite réussite. Il n'y a même pas de secousse. La copilote coupe tout. Les passagers valides sont aussitôt évacués par le toboggan arrière alors que les secours montent à bord pour s'occuper des blessés. Le bilan est incroyablement léger, compte tenu de l'importance et de la nature de l'avarie : soixante-cinq blessés, dont sept grièvement, qui survivront tous. À cela, il faut malheureusement ajouter un mort : Clarabelle Lansing, l'hôtesse chef de cabine aspirée en plein vol. Les recherches en mer pour retrouver son corps ne donneront rien.

*

Une enquête a eu lieu pour établir les raisons de l'accident et les conclusions ont été sans surprise : la vétusté de l'appareil était cause de tout. Jamais il n'aurait dû être autorisé à rester en service. On calcule traditionnellement l'âge d'un avion par ses heures de vol, mais ce sont les décollages et les atterrissages qui sont les plus éprouvants pour sa structure. Or le Boeing d'Aloha avait effectué près de 90 000 vols.

En outre, le Boeing effectuait la totalité de son parcours au-dessus de la mer et l'air salé est extrêmement corrosif. À l'époque, les plaques métalliques composant le fuselage étaient retenues ensemble par des rivets, mais aussi par une colle très puissante, l'époxy. Celle-ci a fini par pratiquement disparaître sous l'effet de la corrosion, laissant les boulons retenir seuls l'ensemble. Ils ont cédé tous en même temps, provoquant la catastrophe. C'est ce vide dû à la colle manquante qu'avait vu Patricia Aubrey, en montant dans l'avion.

À la suite de ce drame, des mesures nouvelles ont été prises et le vol Aloha 243 a beaucoup contribué à renforcer la sécurité aérienne. Il est également entré dans l'histoire : jamais aucun avion n'a atterri avec autant de dégâts à son bord.

16

LES LIÈVRES

Kingsley Ofusu en a assez ! Ce beau Noir de vingt-deux ans respire la santé et fait l'admiration de tous pour son physique, mais il n'arrive plus à supporter la vie qui est la sienne. Originaire de Takoradi, un port du Ghana proche de la Côte d'Ivoire, cet aîné d'une famille de quatre enfants a quitté l'école pour aider sa mère à vendre des tomates sur le marché. Il a continué avec elle jusqu'à ce qu'il trouve une place de docker, mais on ne peut pas dire que le travail lui plaise. Quel intérêt peut-on trouver à porter sur son dos des sacs de cacao de cinquante kilos, pour l'équivalent de 3 euros par jour ?

Alors, Kingsley Ofusu rêve d'une autre vie. D'autant que tous ces bateaux qu'il a sous les yeux sont comme autant de tentations. Ils ont pour destination des pays riches où on peut étudier, apprendre un vrai métier et gagner réellement sa vie. Kingsley Ofusu aimerait devenir ingénieur dans l'automobile. C'est sa passion, l'automobile !

C'est pourquoi, ce 24 octobre 1992, il a décidé de franchir le pas, il va s'embarquer clandestinement sur un cargo. Il n'est pas seul dans cette aventure : son jeune frère Albert l'accompagne, ainsi que cinq de ses compagnons dockers… Une fois la nuit tombée, ils se glissent sur les quais. Ils n'ont pas fixé leur choix sur l'un ou l'autre des bateaux, ils iront dans celui qui leur paraîtra le moins bien surveillé.

Justement, ils n'aperçoivent personne à bord de ce porte-conteneurs. La passerelle est déserte et il n'y a pas âme qui vive dans les environs. Ils s'élancent prestement et silencieusement. L'instant d'après, ils sont sur le pont. Au passage, ils ont eu le temps d'apercevoir son nom, en grosses lettres sur la poupe : *MC Ruby.* Où va-t-il ? En Amérique, en Europe ? À New York, à Hambourg, à Rotterdam ? Ils n'en savent rien et ils s'en moquent. Tout ce qu'ils veulent, c'est fuir Takoradi, son cacao et sa misère.

Une fois à bord, il faut faire vite pour gagner la cale. La chance leur sourit de nouveau : une écoutille est ouverte. Ils s'y précipitent. En dessous, l'immense espace est faiblement éclairé et ils peuvent s'y diriger sans problème. Ils vont se glisser au milieu d'un tas de sacs de cacao, il y a peu de chances qu'on les découvre à cet endroit-là.

C'est alors qu'ils sursautent tous en même temps. Ils viennent d'entendre un bruit : il y a quelqu'un dans la cale, ils sont perdus !... Mais à leur grande surprise c'est un homme noir qui apparaît, un clandestin, tout comme eux. Ils vont vers lui et lui parlent en chuchotant.

— Il y a longtemps que tu es là ?

— Deux jours. J'ai embarqué à l'escale d'avant, à Douala.

— Tu n'es pas ghanéen ?

— Non, je suis camerounais. Je m'appelle Anduze...

Anduze vient rejoindre les autres derrière les sacs de cacao. La nuit se passe à discuter. Chacun se confie. Kingsley Ofusu raconte qu'il veut devenir ingénieur automobile, les autres aussi font part de leurs projets :

— Moi, je serai électricien !

— Moi, je serai cuisinier !

— Et moi, boxeur !

Au matin, ils se taisent et se font aussi petits que possible. Les marins descendent dans la cale pour faire une inspection. Ils passent près d'eux sans rien remarquer et, peu après, un léger roulis indique que le *MC Ruby* a pris la mer. Les huit hommes échangent de larges sourires. C'est parti ! La grande aventure a commencé…

*

La suite du voyage se passe sans problème. L'équipage ne descend plus dans la cale : il a fait son inspection au départ et n'a plus de raison d'y retourner. Kingsley Ofusu et ses compagnons gardent bon moral. Tout cela ne durera pas longtemps : une quinzaine de jours si le *MC Ruby* va en Europe, un peu plus s'il a pour destination l'Amérique.

Malheureusement pour eux, s'ils ont des biscuits en suffisance, ils n'ont pas emporté assez d'eau. Or, bien qu'on soit fin octobre, il fait très chaud dans la cale qui n'est pas climatisée. Takoradi est presque à la hauteur de l'équateur et, tant que le cargo n'aura pas remonté plus au nord, la température restera élevée. Bientôt, la soif devient insupportable. Il n'y a plus qu'une seule solution : il faut aller chercher de l'eau, malgré les risques que cela comporte.

La nuit suivante, Kingsley Ofusu, son frère Albert et deux autres clandestins montent sur le pont. Ils ont enlevé leurs souliers pour faire moins de bruit. Ils découvrent avec soulagement que le sol est légèrement mouillé : il a plu récemment, ce qui est fréquent en cette saison… Ils ont emporté deux bouteilles avec eux, il faut maintenant trouver de quoi les remplir.

Ils errent un long moment sur le pont avant de découvrir enfin ce qu'ils cherchaient : un bidon où il y a largement de quoi les satisfaire. L'opération de remplissage est pourtant difficile. Il faut incliner le récipient et renverser une grande partie de son contenu. De plus, l'eau est boueuse. Mais ils ne doivent pas faire les difficiles : ils ont assez pour tenir jusqu'à la fin du voyage, c'est l'essentiel… Leurs bouteilles pleines à la main, ils se dépêchent de regagner la cale. Personne ne les a vus, ils éprouvent un intense soulagement !

Ils ont pourtant commis une erreur : ils ont piétiné l'eau boueuse et laissé l'empreinte de leurs pas. Dans leur hâte de regagner leur cachette, ils ne s'en sont pas aperçus et ont filé sans les effacer…

Le lendemain matin à 6 heures, le matelot Sergueï Romachenko, un hercule slave, son balai et sa serpillière à la main, part pour sa corvée quotidienne : laver le pont. Sergueï Romachenko est ukrainien, comme pratiquement tout l'équipage, qui a été recruté à Odessa, le grand port de la mer Noire.

Sergueï est déjà bien avancé dans son travail lorsqu'il s'arrête brusquement : il y a de la boue et des empreintes de pas autour d'un bidon. Bien sûr, il pourrait s'agir de ses collègues, mais on distingue nettement des plantes de pieds et des orteils, et les marins du *MC Ruby* ne marchent pas pieds nus. Il a un cri :

— Des lièvres !

Les « lièvres », c'est ainsi qu'on désigne, dans l'argot de la marine russe, les passagers clandestins. Ils ne sont pas rares, surtout dans les voyages qui ont lieu en Afrique. Sergueï Romachenko court prévenir son supérieur, Valery Artemenko, l'officier en second.

Ce dernier est furieux lorsqu'il entend le récit du matelot et plus encore quand, s'étant rendu sur place, il constate qu'il s'agit bien de pieds nus. Il a un cri de rage :

— Pas de doute, ce sont des lièvres ! Dis aux autres de venir. On va les chercher.

Quelques minutes plus tard, le reste de l'équipage est là : le cuisinier Oleg Mikhaïlevsky, les matelots Piotr Bondarenko et Dzhamal Arakhamya, le seul qui ne soit pas ukrainien – il est originaire d'Akhbazie, une province de la Géorgie qui revendique son indépendance.

La traque n'est pas longue. Artemenko et ses hommes se rendent dans la cale et ils découvrent presque tout de suite les « lièvres » derrière les sacs de cacao… Kingsley et ses compagnons sont extraits sans ménagement de leur cachette. Malgré cela, ils ne sont pas inquiets ; ils seraient même plutôt soulagés. On va les enfermer, peut-être les forcer à travailler, mais au moins, ils auront de quoi boire et manger. Ils sont bien loin d'imaginer ce que l'équipage leur réserve.

Sous les ordres de l'officier en second, ils ne sont pas enfermés dans une cabine, mais dans une trappe boulonnée sans aération et on ne leur donne ni boisson ni nourriture. Les conditions de vie sont à la limite du supportable. Brutalement, alors qu'ils étaient jusque-là plutôt insouciants, l'angoisse les saisit.

*

Elle ne s'apaiserait certainement pas s'ils savaient ce qui se passe à l'extérieur. Une fois leur besogne accomplie, les hommes se groupent autour du second. Sergueï Romachenko lui demande :

— Qu'est-ce qu'on va en faire, maintenant ?

— On ne peut pas les garder. Sinon, on serait sanctionné par l'armateur. Peut-être même qu'on perdrait notre emploi.

— Vous êtes sûr ?

— C'est plus que probable !

Et laissant là les marins, il conclut :

— Il faut que j'aille voir le commandant…

Vladimir Ilnitsky est un marin chevronné. Il a sillonné le globe en tous sens, du temps, tout récent, où les navires qu'il commandait battaient pavillon soviétique. Des clandestins, il en a vu au cours de sa carrière ! Il y avait alors un manuel à l'usage des commandants, qui disait comment s'y prendre avec les « lièvres » : les faire travailler un maximum et les nourrir un minimum, juste assez pour qu'ils soient présentables à l'arrivée.

Telles ne sont pourtant pas les consignes officielles sur le *MC Ruby*. L'armateur est assuré pour ce genre d'événements auprès de la société londonienne P & I. En cas de découverte de clandestins, elle prend en charge les frais de nourriture et de rapatriement.

Valery Artemenko fait son rapport au commandant... On ne saura jamais ce qu'ils se sont dit, mais quand le second sort de la cabine, il a le feu vert pour faire ce qu'il a projeté : éliminer les huit clandestins !

Il réunit ses hommes. Il n'y a pas d'objection, à part l'Akhbaze, qui refuse absolument de participer à l'opération. Les trois autres ne disent rien. Ils attendent les instructions. Elles ne tardent pas :

— Vous allez prendre des barres de fer, les assommer et les jeter par-dessus bord.

Sergueï Romachenko intervient alors.

— Si vous voulez, j'ai un fusil automatique. C'est quand même plus efficace que les barres de fer.

— Le problème, c'est que ça fait du bruit. Il ne faut pas que les deux autres entendent.

Les deux autres, ce sont l'officier radio et le représentant de l'armateur, qui complètent le personnel de bord et qui ne seraient certainement pas d'accord avec le projet... Valery Artemenko réfléchit un instant et conclut :

— On agira par gros temps. Le bruit de la mer couvrira les coups de feu...

Tout est dit. Ils attendent que le temps change et, par malheur pour les huit Africains, une tempête se lève dans la nuit du 2 au 3 novembre.

*

C'est vers minuit que l'horreur commence. La trappe où ont été enfermés les Noirs est déverrouillée. Valery Artemenko, le seul qui parle anglais, se penche au-dessus de l'orifice.

— Sortez, les gars, on va vous mettre dans une vraie cabine !

Les clandestins, qui commençaient à étouffer dans cet espace confiné, ne se le font pas dire deux fois. L'escalier qui mène à l'écoutille est relativement large, ils peuvent monter deux par deux. Le Camerounais Anduze et un des dockers ghanéens arrivent les premiers en haut. Le cuisinier et le matelot Bondarenko sont là, qui les attendent, avec chacun une barre de fer à la main. Ils les frappent de toutes leurs forces à la nuque. Tous deux s'écroulent. Sont-ils déjà morts ou seulement blessés ? Cela ne change rien, car Sergueï Romachenko entre à son tour en action et leur envoie une décharge de son arme automatique dans le corps. Ensuite, avec l'aide du second, il va les jeter par-dessus le bastingage, dans la mer déchaînée.

Le même scénario se reproduit deux fois. Six « lièvres » ont maintenant été abattus comme des lapins. Il ne reste plus que les deux frères Ofusu, Kingsley et Albert. Avec le vacarme occasionné par la tempête, ils n'ont rien entendu et c'est sans méfiance qu'ils s'avancent à leur tour dans l'escalier.

Il se produit alors deux incidents en apparence insignifiants, mais qui vont avoir des conséquences décisives : Kingsley trébuche et laisse son frère sortir le premier. Ensuite, le matelot Bondarenko et le cuisinier Mikhaïlevsky, peut-être surpris de voir arriver un homme au lieu de deux, le ratent. Leurs barres s'entrechoquent et ils le touchent à l'épaule. Albert Ofusu découvre le spectacle d'horreur : le sang partout, l'autre matelot avec le fusil automatique. Il hurle :

— Kingsley, ils vont nous tuer !

Et il s'enfuit à toutes jambes. Les Ukrainiens se mettent à sa poursuite et n'ont aucun mal à le rattraper. Un coup de barre de fer l'envoie au sol, un coup de feu l'achève... Ce court délai a été mis à profit par Kingsley Ofusu. Il bondit comme un fou hors de l'écoutille et court droit devant lui.

Délaissant le corps de son frère, les hommes du *MC Ruby* se mettent à sa poursuite. Mais la tempête est son alliée. Le bateau roule et tangue dans tous les sens et Sergueï ne parvient pas à l'ajuster. Les balles sifflent sans l'atteindre. Hors d'haleine, Kingsley Ofusu entre dans la cale. Il ne s'arrête pas. C'est là qu'on va le chercher, il le sait, il doit aller ailleurs !

Il entre dans la partie du cargo donnant accès aux machines et finit par se cacher dans une bouche d'aération. Une fois à l'abri, il décide de ne pas bouger jusqu'à ce que le cargo soit arrivé à destination. Il n'a pas d'eau, mais il préfère mourir de soif que sortir…

Sa cachette est bonne et il le faut car, les jours suivants, le second et les marins se livrent à une traque acharnée. Ils explorent en tous sens les différentes parties du bateau. Ne le trouvant pas, ils répandent un peu partout de la farine, en espérant qu'il y laissera de nouveau des empreintes. Peine perdue : le *MC Ruby* arrive dans le port du Havre le 7 novembre 1992, quatre jours après la tuerie. Kingsley Ofusu le comprend en constatant que le moteur s'est arrêté. La délivrance est proche, mais avant, il tient à faire deux choses, qu'il juge indispensables.

*

Il quitte sans problème le *MC Ruby*. Tout occupés qu'ils sont au déchargement de la cargaison, les hommes d'équipage ne le voient pas descendre la passerelle ni courir sur le quai… Il ne tarde pas à voir le mot « police » sur un édifice. Il se précipite et s'effondre en arrivant. Il est sauvé !

Kingsley Ofusu est, plus précisément, dans les locaux de la police de l'air et des frontières. L'agent qui le reçoit parle couramment anglais et, malgré toute son expérience, est bouleversé par le récit que lui fait le Ghanéen. Il n'a jamais rien entendu de tel. Seulement, est-ce bien la vérité ? Le jeune homme qu'il a en face de lui vient de lui avouer spontanément être un immigré clandestin. Il pourrait s'agir d'une affabulation, pour attirer la pitié, pour se venger ou pour toute autre raison.

— Pourquoi est-ce que je devrais vous croire ?

Kingsley Ofusu met la main à sa poche et en sort une poignée de graines de cacao.

— Je les ai prises dans le *MC Ruby*. Il a une cargaison de cacao.

— Ce n'est pas vraiment une preuve. Vous avez pu ramasser ça sur le quai.

— Une preuve, j'en ai une ! Avant de partir, j'ai caché ma carte d'identité dans la cale.

Cette fois il faut agir, d'autant que, renseignements pris, le *MC Ruby* appareille le lendemain pour Rotterdam.

Les policiers montent sur le cargo en compagnie de Kingsley. Ils retrouvent ses papiers à l'endroit qu'il leur a indiqué, après quoi ils lui demandent d'identifier les auteurs des sept meurtres. Sans hésitation, il leur désigne Valery Artemenko, l'instigateur de la tuerie, Oleg Mikhaïlevsky et Piotr Bondarenko, qui maniaient les barres de fer, et Sergueï Romachenko, chargé des exécutions avec sa carabine, mais ne met pas en cause l'Akhbaze, Arakhamya.

Malgré leurs protestations indignées, les membres de l'équipage sont arrêtés sur-le-champ.

Interrogés, les hommes du *MC Ruby* ne tardent pas à avouer, à l'exception de l'Akhbaze qui nie toute participation. Dans sa déposition, l'officier en second met gravement en cause le commandant. Lorsqu'il est venu lui faire part de la découverte des « lièvres », il lui aurait dit : « Débrouillez-vous pour qu'il n'y ait plus de clandestins ! » Ce n'est pas tout. Le matin du 3 novembre, lorsque Artemenko l'a prévenu de la mort des Africains, il n'a pas bronché. Pis, il aurait ordonné qu'on recherche activement le survivant fugitif. À la suite de ces accusations, le commandant Vladimir Ilnitsky est inculpé de complicité de meurtre et emprisonné à son tour.

*

Le procès des hommes du *MC Ruby* s'ouvre au Havre le 14 novembre 1995, presque trois ans jour pour jour après les faits. Ce long délai s'explique par les multiples nationalités en cause ; elles ont entraîné un imbroglio juridique qui a retardé la procédure. Le navire appartenait à un groupe monégasque, battait pavillon de complaisance des Bahamas, était exploité par un bureau chypriote et affrété par une compagnie camerounaise. En outre, l'équipage était ukrainien, à l'exception d'un Abkhaze…

Cet équipage, il est là, dans le box, prêt à répondre aux questions du président Jean Reynaud, par interprètes interposés. Quatre hommes sont accusés d'assassinat : Valery Artemenko, officier en second, Oleg Mikhaïlevsky, cuisinier, Piotr Bondarenko et Sergueï Romachenko, matelots. Deux sont accusés de complicité : Dzhamal Arakhamya, l'Akhbaze, qui aurait assisté à la tuerie sans y participer, et Vladimir Ilnitsky, le commandant, qui aurait couvert l'opération de son autorité.

Après les interrogatoires d'identité, on passe au témoignage que tout le monde attend, celui de Kingsley Ofusu. L'affaire a soulevé une grande émotion dans l'opinion et elle est toujours vive, malgré le temps écoulé… Dans son récit, le jeune Ghanéen n'apporte rien qu'on ne sait déjà, mais il conclut par une déclaration qui fait frémir :

— Je suis là pour témoigner, parce que j'ai eu beaucoup de chance. Mais il y a sûrement eu, sur d'autres bateaux, des massacres comme celui-là, auxquels personne n'a survécu et qui sont inconnus…

Les journées suivantes sont consacrées aux dépositions des accusés. Interrogé le premier, Piotr Bondarenko, un des deux hommes à la barre de fer, évoque son passé dans les commandos parachutistes de l'armée Rouge, la guerre en Afghanistan, avec les musulmans, « qui préféraient s'ouvrir le ventre que d'être faits prisonniers ».

Il est visiblement éprouvé par ce qu'il est en train de vivre. Dans ses lettres à sa compagne, il s'est plaint de son existence en prison où « il n'y a que des Nègres et des Arabes… » Il lui a également donné une étonnante version des faits, qu'il répète, sans se démonter, devant le tribunal.

— Nous avons découvert des clandestins armés de couteaux et d'armes. Sous la menace, ils ont exigé qu'on les transporte en Allemagne. Ils nous ont tiré dessus avec des pistolets à gaz. Nos yeux brûlaient. Ils ont mis le feu au navire. Après, ils se sont enfuis sur des radeaux et le commandant a exigé que nous jetions à l'eau ceux qui restaient encore à bord.

Il a dit cela à toute allure, comme une leçon apprise, provoquant la stupeur dans le prétoire. Le président Reynaud démontre sans mal, dans l'interrogatoire qui suit, l'absurdité de ce récit…

Oleg Mikhaïlevsky, le cuisinier, reconnaît, lui, les faits. Il était bien en compagnie de Bondarenko à attendre les clandestins à la sortie de l'écoutille avec une barre de fer. Mais il s'exprime d'une manière si inaudible que l'interprète doit lui faire répéter ses propos à plusieurs reprises pour donner sa traduction.

Sergueï Romachenko n'a pas ce genre de scrupule. Ce costaud du genre râblé, ancien champion de boxe, a tout avoué à l'instruction et il renouvelle ses aveux à l'audience. Il est sans illusion sur le sort qui l'attend et il assume le rôle du méchant avec une sorte de fatalisme désabusé. Oui, il a bien achevé avec son fusil d'assaut M16 sept des huit clandestins. Oui, il a tiré aussi sur Kingsley Ofusu, qui s'enfuyait, mais il n'a pas pu l'atteindre, en raison des mouvements du bateau.

Au passage, il accable l'officier en second, qui est bien, selon lui, l'instigateur de la tuerie.

— C'est Artemenko qui nous a dit de nous débarrasser des lièvres. L'essentiel, pour lui, c'était de ne pas laisser de traces. Parce que, dans d'autres histoires de clandestins, eh bien, les cadavres flottaient autour des navires !

Changement de registre avec Dzhamal Arakhamya, l'Akhbaze. Physiquement, il ne ressemble pas à ses compagnons, il est aussi brun qu'ils sont blonds et surtout, il clame son innocence, que les autres ont d'ailleurs confirmée. Il semble bien, effectivement, qu'il ait été le seul à émettre des objections d'ordre moral devant l'octuple meurtre qui se préparait…

On en arrive aux officiers et à Artemenko, qui a été si malmené pendant les débats. Le président Reynaud a beaucoup de mal à le lui faire dire, mais il reconnaît avoir donné l'ordre de tuer les Africains. Pour le reste, il se justifie comme il peut :

— J'avais peur de perdre mon poste. C'est déjà arrivé, sur un autre bateau, pour une affaire de clandestins…

C'est enfin le tour du commandant. Vladimir Ilnitsky a soixante ans, les cheveux tout blancs et paraît plus que son âge. Devant le président, il développe une curieuse défense.

— C'était mon premier voyage depuis la fin de l'URSS. Avant, je n'avais commandé que des navires soviétiques.

— Qu'est-ce que cela changeait ?

— Tout !

Et le commandant Ilnitsky explique que, sur les bateaux soviétiques, il y avait un commissaire politique. Le commandant avait la responsabilité de ce qui concernait la navigation, mais pour les autres problèmes, c'était le commissaire qui décidait. Les affaires de passagers clandestins, en particulier, étaient de son ressort.

— Je n'avais jamais eu à traiter ce genre de problème, plaide-t-il. Alors, j'ai été pris de court. J'ai laissé faire Artemenko. J'ai fermé les yeux…

*

Le réquisitoire de l'avocat général Marc Gaubert est, comme on pouvait s'y attendre, implacable. Il réclame la prison à perpétuité pour tous les acteurs du drame. Il a des mots particulièrement durs pour le commandant, qui était parfaitement au courant de la présence des Africains et qui porte dans l'affaire une responsabilité écrasante. Il s'exclame :

— Il n'avait qu'un mot à dire et ils étaient tous sauvés !

Artemenko n'est pas mieux traité.

— Il était physiquement présent lors du massacre. Il a été celui qui régulait le flux des innocents et qui les a tous envoyés à la mort. Il a tout décidé, tout mis en œuvre.

Le procureur termine par les exécutants, ceux qu'il appelle « les ouvriers de l'indicible ». À leur sujet, il ne cherche pas de formules. Il se contente de rappeler les faits, qui sont accablants dans leur horreur. Notons qu'il refuse de dissocier le cas de l'Akhbaze. Pour lui, il est coupable comme les autres et mérite le même châtiment.

Parlant après lui, les avocats évoquent le passé soviétique de leurs clients. Ils étaient habitués, conditionnés à une obéissance aveugle et, placés dans des circonstances qui les dépassaient, ils ont conservé leurs anciennes habitudes. L'avocate de Dzhamal Arakhamya, quant à elle, demande qu'on reconnaisse son innocence et réclame l'acquittement.

*

C'est le 10 décembre 1995, après plus de quatre semaines de procès et douze heures de délibéré, que le jury rend son verdict. Il condamne le commandant du

MC Ruby Vladimir Ilnitsky et son second Valery Artemenko à la réclusion criminelle à perpétuité, pour avoir organisé le massacre. Les matelots Bondarenko et Romachenko, ainsi que le cuisinier Mikhaïlevsky, se voient infliger vingt ans de prison. En revanche, les jurés n'ont pas suivi le procureur au sujet de l'Akhbaze, qui est acquitté.

La justice est donc passée. Mais ainsi que l'avait dit le malheureux Kingsley dans sa déposition, combien de massacres du même genre sont restés ignorés et impunis ?

17

Le passager du dernier rang

Nous sommes à l'aéroport de Roissy et il est 16 h 35, ce jeudi 13 mai 1999. Au guichet d'enregistrement du vol Air France 718 à destination de Dakar, Nathalie Damiens est nerveuse. Elle est hôtesse et, en attendant de monter à bord, elle est chargée de l'embarquement des derniers passagers. Or, il en manque un, un Sénégalais voyageant seul, Mamadou Diabo. Il a déjà dix minutes de retard, elle a diffusé trois messages par haut-parleur et il n'est toujours pas là. L'ennui, c'est qu'il a déposé un bagage et que si M. Diabo n'arrive pas, il va falloir vider la soute pour le retrouver, ce qui va entraîner au moins une demi-heure de retard supplémentaire.

L'hôtesse est en train de se préparer à cette désagréable éventualité, lorsqu'elle aperçoit dans le hall un Noir d'une trentaine d'années, à la carrure athlétique, qui vient dans sa direction. Ce qu'il y a d'étonnant, c'est qu'à la différence des autres passagers en retard, il ne se presse absolument pas. Il avance d'un pas lent, comme s'il voulait faire durer encore les choses. Nathalie Damiens ne peut s'empêcher d'en faire à haute voix la remarque.

— Eh bien, en voilà un qui n'est pas gêné !

Mais à mesure qu'il approche, elle a une impression étrange. L'homme marche, en fait, avec difficulté, au ralenti, comme s'il était ivre ou drogué. Il s'arrête devant le comptoir. Il a les yeux fixes, le regard absent. Il n'a pas l'air de se rendre compte de ce qu'il doit faire.

— Vous êtes monsieur Diabo ?

L'homme ne répond pas.

— Vous avez votre billet ?

Toujours sans répondre, il met la main à la poche de sa veste, en sort un portefeuille, qu'il laisse tomber par terre et ramasse péniblement. Il finit par trouver, dans une autre poche, son ticket d'embarquement... Nathalie s'en saisit. Il est bien au nom de Mamadou Diabo. Elle le lui rend, mais il ne bouge pas.

— Allons, monsieur, on n'attend plus que vous !

Le passager reste planté devant le guichet, comme hébété. Elle lui prend doucement le bras.

— Vous n'avez pas l'air bien. Venez, nous allons y aller ensemble...

Cette fois, il se met en marche, mais très lentement. On a l'impression que chaque pas lui est pénible ; il respire avec difficulté. Il leur faut plusieurs minutes pour arriver dans l'avion, un Airbus A340, le plus grand et le plus récent modèle de la gamme... Entre-temps, Nathalie Damiens s'est fait une idée sur la raison de son état : c'est quelqu'un qui a peur en avion et qui s'est bourré de tranquillisants. Une chose qui arrive relativement souvent, même si c'est rarement à ce point.

*

À l'intérieur de l'appareil, le reste de l'équipage les attend avec fébrilité et les passagers, qui comprennent que l'arrivant est la cause du retard, le dévisagent sans indulgence... Nathalie a vu sur son billet qu'il occupait un siège au dernier rang, ce qui est une bonne chose, car, s'il y a un problème avec lui, les autres passagers ne s'en apercevront pas. Seulement, il y a tout le couloir central à parcourir et il va de plus en plus lentement. Et voilà qu'à présent, il s'arrête tout à fait. Claude Morandi, le chef du personnel de cabine, vient au secours de l'hôtesse.

— Je vais m'occuper de vous, monsieur. Vous voulez bien ?

Le Sénégalais ne répond pas. Personne, jusqu'ici, n'a entendu le son de sa voix. Il se laisse pourtant faire docilement et peu après, il est installé à sa place. Le chef de cabine juge plus prudent de boucler lui-même sa ceinture de sécurité. Il lui demande ensuite s'il a besoin de quelque chose, mais ne reçoit pas plus de réponse que précédemment.

En tout cas, maintenant, on va pouvoir décoller. Le commandant Gérard Feldzer, un des pilotes les plus chevronnés de la compagnie, en fait l'annonce par l'interphone... Il est 16 h 45. L'incident n'aura entraîné que vingt minutes de retard, un bien léger contretemps par rapport à d'autres vols. C'est ce que pensent les 188 passagers et membres de l'équipage. Mais ils se trompent. Avec Mamadou Diabo, l'Airbus a une bombe à son bord.

*

L'avion prend son altitude de croisière et se dirige vers le sud-ouest de la France. Son trajet va le faire passer successivement par l'Espagne, le Maroc et la Mauritanie, pour arriver à Dakar cinq heures et demie plus tard. Dans le cockpit, tout se passe normalement, même si un élément sort de l'ordinaire. En effet, un invité est assis sur le troisième siège, derrière le pilote et le copilote : Nicolas Hulot.

Le célèbre animateur de télévision est un ami de Gérard Feldzer, qui lui a proposé de passer le vol en sa compagnie. Nicolas Hulot a accepté avec empressement, sans se douter que cette circonstance allait jouer un rôle non négligeable dans les événements qui vont suivre...

Dans la cabine des passagers, c'est également la routine. Une demi-heure après le décollage, le personnel commence à servir les repas. Nathalie Damiens, l'autre hôtesse, Claude Morandi et les trois stewards distribuent les plateaux et servent les boissons. Ils ont déjà oublié l'étrange Sénégalais et le retard qu'il a causé. D'ailleurs, sur son siège tout au fond, il semble profondément endormi.

Nathalie arrive enfin devant lui. Elle s'apprête à le laisser tranquille, sans lui donner son repas, comme c'est la consigne lorsqu'un passager est endormi, mais il se réveille juste à ce moment. Il soulève péniblement les paupières et prononce avec difficulté :

— Les toilettes ?

C'est la première fois qu'on entend le son de sa voix. Elle sourit.

— Vous allez mieux, on dirait !

L'homme se lève en titubant, il répète :

— Les toilettes ?

— C'est juste derrière vous.

Avec des gestes lents, le Sénégalais quitte sa place et se dirige vers les W.-C. situés à l'arrière de l'avion. Mais lorsqu'il en sort, quelques minutes plus tard, il ne rejoint pas son siège. Il remonte le couloir central pour se diriger vers les toilettes situées à l'avant de l'appareil.

Nathalie Damiens, qu'il croise au passage, ne s'en étonne pas. Ce comportement peut arriver avec les passagers sujets à la peur en avion. Ils ne tiennent pas en place, ils vont d'un endroit à l'autre, pour tromper leur angoisse... Le Sénégalais reste quelques minutes dans les W.-C. avant et en sort, toujours dans le même état d'engourdissement, mais il se produit alors quelque chose.

Au lieu de rebrousser chemin et de se rendre à sa place en queue de l'appareil, il continue vers l'avant et met la main sur la poignée de porte du poste de pilotage. Claude Morandi, qui était en train de ranger un plateau dans le chariot, lâche tout et se précipite vers lui.

— Excusez-moi, monsieur, vous n'avez pas le droit d'entrer là.

Le passager le regarde fixement. Et, brusquement, sa conduite change. Il fait une sorte de bond sur lui-même et il regarde autour de lui avec étonnement, comme s'il se demandait où il se trouvait. On dirait un somnambule qui vient de se réveiller. Même s'il est désorienté par cette attitude, Claude Morandi répète avec fermeté :

— Vous n'avez pas le droit d'aller par là. C'est interdit !

C'est à ce moment que le cauchemar commence.

*

Comme dans les films d'épouvante, l'individu se métamorphose d'un coup. Ses yeux s'injectent de sang, tandis que sa bouche se tord dans un affreux rictus. Il pousse un rugissement et, d'un revers du bras, envoie le chef de cabine à terre…

Dans le poste de pilotage, on n'a rien entendu et l'atmosphère est décontractée. Le copilote est en relation avec le contrôle aérien de Bordeaux, qui lui donne la météo. Il met fin à la communication et se retourne vers Nicolas Hulot.

— Nous aurons beau temps sur tout le parcours. Regardez, on commence à voir les Pyrénées. Nous approchons de Biarritz.

Effectivement, au loin, la barre grise et blanche de la chaîne montagneuse se dessine dans un ciel sans nuage… C'est à cet instant que la porte s'ouvre avec fracas et qu'un individu fait irruption en hurlant. C'est si soudain que les trois hommes n'ont pas le temps d'avoir la moindre réaction. Mamadou Diabo se précipite vers les commandes. Mais la présence de l'homme de télévision sur le troisième siège le gêne. Il l'écrase de tout son poids, lançant les mains en avant pour atteindre les manettes.

Avec le recul, on peut penser que si Nicolas Hulot n'avait pas été là, faisant involontairement barrage, le forcené aurait pu profiter de la surprise pour assommer le pilote et le copilote et mettre l'avion hors d'usage. Gérard Feldzer pousse un cri :

— Qu'est-ce qui se passe ?

L'animateur, qui a le dos martelé de coups, résiste de son mieux. Il répond :

— C'est un fou !

Dans un effort terrible, le Sénégalais s'est propulsé en avant et parvient à saisir les manettes des gaz. Il les ramène brutalement vers l'arrière. Le pilote hurle :

— Arrêtez !

Il remet les commandes en place. Mais l'homme reprend le dessus. Son comportement est plus effrayant que jamais. Il lance des hurlements de rage et des hoquets de douleur, qui ressemblent à des pleurs. Il repousse de nouveau les manettes. Gérard Feldzer, dans un immense effort, les remet en place. Le Sénégalais les inverse à son tour et ce mouvement de va-et-vient se poursuit pendant d'interminables secondes…

Ici, il faut apporter des précisions techniques. C'est une chance inespérée que l'événement ait eu lieu à bord d'un Airbus A340. Ce modèle très récent est équipé d'un nouveau système électronique baptisé « Alpha Floor ». En cas de baisse ou d'augmentation soudaine des gaz, l'ordinateur de bord rétablit automatiquement un volume normal. Il est certain que s'il n'avait pas eu cet équipement, l'appareil n'aurait pas résisté, il aurait déjà basculé sur une aile et serait parti en vrille. Au lieu de cela, il a gardé de bout en bout sa trajectoire. Les passagers en cabine n'ont pas senti la moindre secousse !

*

Mamadou Diabo, lui aussi, se rend compte que ses interventions ne provoquent rien de particulier. Il décide alors de s'acharner sur tout ce qui lui tombe sous la main. Avec des cris rageurs, il se met à tourner tous les boutons et les interrupteurs qu'il trouve. Dans le cockpit, des voyants s'allument un peu partout et se mettent à clignoter, des sonneries d'alarme retentissent.

Le commandant comprend l'urgence de la situation. L'Airbus a beau être doté des ordinateurs les plus perfectionnés, ils ne pourront pas tout corriger. S'il continue, l'homme va finir par mettre hors d'usage tout le système de pilotage et ce sera la chute libre. Il n'y a qu'une chose à faire : le maîtriser. Gérard Feldzer lance à son copilote :

— Prends les commandes !

Et il quitte son siège, pour faire face à l'agresseur. Nicolas Hulot lui prête main-forte, mais bien qu'ils soient deux, c'est un combat inégal qui s'engage. L'homme est un véritable colosse ; il a la carrure et les bras d'un boxeur poids lourd et la démence décuple ses forces, tandis que Feldzer et Hulot sont loin d'être des athlètes. Tout en essayant de parer les coups, Gérard hurle à son copilote.

— Demande de l'aide !

Mais ce ne sera pas la peine. Au même instant, le chef de cabine entre dans le cockpit. Il lui a fallu quelques instants pour reprendre ses esprits et il est aussitôt allé alerter les trois stewards. Ils sont donc quatre à faire irruption. En les voyant, le forcené change de tactique : il renonce à affronter les arrivants et se précipite vers le copilote. Il veut lui prendre le manche à balai des mains. S'il y arrive, c'est la catastrophe !

Le commandant a alors la réaction qui s'impose. Il saute sur son siège et bascule le switch qui lui donne la priorité de commande. Maintenant, l'agresseur peut s'acharner tant qu'il veut sur son collègue, il n'arrivera à rien. En même temps, il lance au copilote :

— Tu as compris ce qu'on doit faire ?

Ce dernier lui crie que oui… Effectivement, il a compris. Si l'homme se retourne vers le commandant, il basculera le switch à son tour et reprendra les commandes. Et ainsi de suite. Quoi qu'il fasse, l'agresseur ne pourra rien, l'avion restera toujours entre leurs mains. Maintenant il faut arriver à le maîtriser, car la situation ne peut pas durer ainsi.

Derrière eux, ils sont cinq à tenter de venir à bout du forcené. On pourrait penser que c'est suffisant, mais il n'en est rien. Le Sénégalais se débat férocement. Il donne des coups de pied et de poing, il hurle, tout en essayant d'agripper ce qui se trouve à sa portée. À un moment, il est sur le point d'actionner la manette du train d'atterrissage. Un des stewards parvient à l'arrêter à la dernière seconde. Il était temps, car la sortie du train à cette altitude et à cette vitesse aurait provoqué un déséquilibre fatal…

On assiste à une scène de folie. Derrière les pilotes, six hommes sont aux prises dans un espace exigu. Tout le monde crie, le vacarme est épouvantable… Enfin, l'avantage du nombre arrive à jouer : le chef de cabine et les stewards parviennent à plaquer Mamadou Diabo au sol, tandis que Nicolas Hulot lui maintient les chevilles.

L'homme semble admettre sa défaite. Tout en soufflant comme un bœuf, il grogne quelque chose comme :

— OK, OK. Ça va !

Nicolas Hulot lui tient toujours les pieds, deux stewards lui immobilisent les bras, Claude Morandi et le troisième steward sont assis sur son dos. Ils pensent être au bout de leurs peines, mais ce n'était qu'un répit. Après avoir repris des forces, le Sénégalais recommence à se débattre avec une énergie redoublée. Il essaie de se retourner, de mordre.

Le commandant de bord se tourne vers le copilote. Il se trouve qu'outre Nicolas Hulot, il connaît un autre passager :

— Appelle Pierre Giraud par l'interphone. C'est un toubib… Il faut qu'on lui donne un tranquillisant.

Le copilote fait l'annonce d'une voix aussi calme qu'il peut :

— Monsieur Giraud est demandé au poste de pilotage…

De cette manière, la panique est évitée chez les passagers, alors que la demande d'un médecin chez les pilotes aurait donné l'alerte… Le docteur Giraud, lui, a compris qu'il se passait quelque chose de grave Il arrive immédiatement. Le spectacle qu'il découvre lui donne toute la mesure du drame qui est en train de se jouer. Le chef de cabine s'adresse à lui :

— Il lui faut une piqûre de calmant.

— Je n'ai pas ma trousse avec moi…

— Il y en a dans la pharmacie de bord. Demandez à une hôtesse.

Quelques minutes plus tard, Pierre Giraud a en main une seringue de calmant. C'est du Droleptan. Mais l'administrer est loin d'être de tout repos. Le Sénégalais se débat frénétiquement. Il ne faut pas moins de trois hommes pour lui immobiliser le bras, et permettre ainsi au médecin d'enfoncer l'aiguille.

Maintenant, on doit attendre, car le Droleptan met un certain temps à agir. Et c'est d'autant plus angoissant que non seulement il ne semble produire aucun effet, mais que le passager s'agite de plus en plus. À un moment, il arrive même à renverser tout le monde et à se redresser. Il se dirige vers le pilote, les bras tendus en avant.

Il est maîtrisé de nouveau… Il faut agir. Le docteur Giraud sort précipitamment de la cabine de pilotage et retourne à l'armoire à pharmacie. Il prépare cette fois une injection de Valium. Tout ce remue-ménage commence à alerter les passagers, qui posent des questions aux hôtesses. Nathalie Damiens et sa collègue sont au courant de la situation, mais elles ont pour consigne de ne rien dire. Elles font des réponses rassurantes.

De retour dans le poste de pilotage, Pierre Giraud se met en devoir de faire sa nouvelle piqûre, mais le Sénégalais est de plus en plus agité. Il parvient à mordre sauvagement le médecin et à retirer son bras, cassant net l'aiguille.

Heureusement, c'est à ce moment-là que la première injection de Droleptan se met à agir. L'homme se débat toujours, mais ses gestes sont plus lents. Nicolas Hulot et le personnel de cabine peuvent, pour la première fois, souffler un peu… C'est l'occasion, pour eux, de constater les dégâts. Le cockpit semble avoir été ravagé par un ouragan : des fils sont arrachés, le sol est jonché de cartes, les fauteuils sont lacérés, les masques à oxygène ont été arrachés.

Gérard Feldzer comprend qu'il ne peut continuer ainsi. Il ne va pas aller jusqu'à Dakar avec un dément à un mètre derrière lui, qui risque à tout moment d'échapper à la surveillance et de se jeter sur lui ou sur son copilote. Il doit se dérouter vers l'aérodrome le plus proche, qui se trouve être Bordeaux. Il branche sa radio sur la fréquence d'urgence, qui signale que l'appareil a de graves difficultés.

Il entre en contact avec le contrôle aérien espagnol, explique la situation, demande l'annulation de son plan de vol et le retour à Bordeaux. L'autorisation lui est immédiatement accordée. Il contacte ensuite l'aéroport de Bordeaux-Mérignac et l'informe à son tour de ce qui se passe. Les autorités prennent aussitôt leurs mesures. Tous les services de sécurité et d'urgence seront là : les pompiers, la police, les gendarmes, des médecins, des ambulances. Le préfet sera prévenu et devrait être présent lui aussi.

*

L'Airbus amorce son demi-tour. Il n'y a pas plus d'une demi-heure de vol jusqu'à Bordeaux. Maintenant, il faut avertir les passagers. Gérard Feldzer tient à ne rien leur cacher.

— Mesdames et messieurs, un incident grave nous oblige à nous dérouter. Le passager arrivé en retard et que vous avez peut-être remarqué a été pris d'une crise de démence et a tenté de faire s'écraser l'appareil…

Il raconte ensuite dans tous les détails ce qui vient de se passer et il termine en disant que l'homme est sous contrôle et qu'il n'y a plus de danger. Son récit est accueilli par un silence de mort. Tous les visages sont devenus terriblement graves, le cours normal des choses est rompu, chacun attend le dénouement avec angoisse.

*

Comme prévu, une demi-heure après avoir été dérouté, l'Airbus commence sa descente sur l'aéroport de Mérignac. Dans le cockpit, tout le monde respire, pensant que le pire est passé. C'est au contraire maintenant que le plus tragique va avoir lieu.

À exactement 18 h 26, l'appareil se pose sur la piste 5 de l'aéroport. On entend alors la voix du docteur Giraud.

— Il se passe quelque chose, il ne bouge plus !

Claude Morandi, le chef de cabine, réplique sans trop s'affoler :

— C'est qu'il est retombé dans son état somnolent du début.

— Non, ce n'est pas la même chose. Il y a des signes inquiétants.

Le médecin s'adresse à Gérard Feldzer, qui est en train de rouler vers son point de stationnement.

— Vous pouvez aller plus vite ? Il a besoin de soins.

— C'est grave ?

— Je crains qu'il soit dans le coma…

L'Airbus s'immobilise très peu de temps après. La passerelle est mise en place immédiatement. Les policiers arrivent les premiers. Ils veulent passer les menottes au forcené, mais le médecin les retient :

— Non. Il faut d'abord le soigner !

Les pompiers, qui arrivent juste après, comprennent immédiatement la situation.

— Il faut d'abord le sortir du cockpit.

Mamadou Diabo est extrait du poste de pilotage et allongé devant la porte de l'avion. Il est totalement inerte.

Le diagnostic du médecin et des pompiers et du médecin est le même.

— Il est intransportable. Il faut le réanimer sur place.

*

C'est une scène dramatique qui se déroule alors sous les yeux des passagers. Tandis qu'un des pompiers administre de l'oxygène au Sénégalais inconscient, un autre pratique un massage cardiaque. Tout l'équipage est groupé autour d'eux. La consternation est générale.

Pendant plus d'une heure, les pompiers, rejoints par le SAMU, tentent de le réanimer. À 19 h 30, ils renoncent. Ils rabattent un drap sur sa tête et l'évacuent sur une civière. Mamadou Diabo est mort. C'est extrêmement rare, mais cela peut arriver dans des crises de folie furieuse portées à leur paroxysme…

Les passagers assistent au départ du corps. Ce sont, pour la plupart, des Sénégalais allant passer quelque temps au pays. Et brusquement, chez eux, la colère remplace l'angoisse. Il y a trop de souvenirs douloureux dans la mémoire de ces immigrés. On assiste à un début d'émeute. Des hommes et des femmes entourent les pompiers, des cris fusent :

— C'était notre frère !

— Vous l'avez tué !

Les policiers reviennent dans l'appareil, prêts à intervenir, mais Gérard Feldzer leur fait signe de le laisser faire. Il vient au milieu des passagers. Il est très calme.

— Monsieur Diabo a été pris d'une crise de folie qui aurait pu tous nous tuer. Nous devions d'abord défendre vos vies. Mais nous avons agi avec respect et nous avons tout fait pour le sauver…

Une longue discussion s'ensuit. Le commandant répond avec précision à toutes les questions. Sa modération, sa tranquillité en imposent. Au bout d'une heure d'échanges de part et d'autre, tout le monde se dit convaincu. L'avion est évacué, pour que les services de nettoyage remettent de l'ordre. Cette fois, tout est bien terminé. Quelques femmes pleurent en silence.

*

L'Airbus A340 du vol 718 Paris-Dakar, est reparti de Bordeaux à 22 heures et a atteint sa destination avec cinq heures de retard sur son horaire. Un délai somme toute bien court pour un événement resté jusqu'ici unique dans l'histoire de l'aviation.

18

LE JEUNE HOMME AUX GANTS GRIS

Deux heures du matin, dans la nuit du 24 au 25 juillet 1921. L'express Paris-Marseille a quitté, comme chaque soir, la gare de Lyon à 19 h 45 et, après un court arrêt à Dijon, il a deux heures de trajet avant d'atteindre Mâcon.

Il y emporte peu de passagers : des ouvriers espagnols et quelques soldats en permission en troisième classe, moins de monde encore en seconde, enfin, un tout petit nombre de notables et d'officiers en première. Vu l'heure, tous sont plus ou moins assoupis.

Tous, sauf trois hommes, qui quittent rapidement leur siège pour se diriger vers le wagon des premières, en queue du convoi. En arrivant devant le soufflet qui y conduit, ils entreprennent de dissimuler leurs traits. L'un se coiffe d'un masque et d'un bonnet de bain en caoutchouc, un autre s'enveloppe la tête d'un foulard et le troisième, qui porte des gants gris, met un loup et un casque d'aviateur. Après quoi, les deux premiers se dirigent dans le couloir des premières, tandis que le porteur de gants gris reste dans le couloir pour faire le guet.

Dans le premier compartiment, il n'y a qu'une seule personne : le Dr Morucci, député des Bouches-du-Rhône. Il est en train de dormir. Un coup sur la tête le réveille en sursaut. Abasourdi, il voit devant lui deux hommes masqués, dont l'un brandit deux revolvers et l'autre un revolver et un couteau. Un ordre retentit :

— Ton argent, vite !

Il tend son portefeuille, tandis que le bandit au couteau éventre son sac de voyage et en examine le contenu. Après quoi, les deux hommes se retirent à reculons en lui lançant :

— Pas un mot, pas de sonnette d'alarme, si tu veux vivre !

Le compartiment suivant est également occupé par une seule personne, le médecin-major Palaper. La même scène se reproduit : il est réveillé brutalement, délesté de ce qu'il a sur lui et s'entend promettre une balle dans la peau s'il donne l'alerte.

Mais dans le troisième compartiment, les choses vont se passer autrement. Il est occupé par deux voyageurs, le capitaine d'aviation Morel et le sous-lieutenant Max Carabelli, ancien polytechnicien, héros de la guerre, qui se rend dans sa Corse natale pour assister à un mariage. Un pied sur la banquette, un des bandits est en train de dévoiler la lumière, car à l'époque on tamise les lampes avec des rideaux, lorsque le sous-lieutenant saute sur l'autre arrivant, pour le saisir au poignet. Il s'ensuit une brève lutte, à l'issue de laquelle le gangster fait feu. Frappé d'une balle en pleine poitrine, le jeune officier tombe à la renverse et reste à terre en gémissant.

Le capitaine Morel veut se pencher sur le blessé. Il est violemment tiré en arrière.

— Tiens-toi tranquille, si tu ne veux pas qu'il t'arrive la même chose !

La détonation a alerté le troisième homme de la bande, qui accourt pour voir ce qui se passe. Et comme un passager, le médecin Palaper, sort dans le couloir en demandant s'il y a un blessé, il le repousse sans ménagement dans son compartiment.

Le coup de feu a également été entendu des autres passagers du wagon : un couple d'Espagnols et son fils, un ecclésiastique, un homme seul, une femme seule. Ils arrivent, hébétés et terrorisés. Le gangster qui a tiré leur déclare :

— N'essayez pas de résister. Nous sommes quinze et nous sommes maîtres de tout le train !

Résister, ils n'en ont aucune intention. Ils remettent en tremblant tout ce qu'ils ont sur eux. Après quoi, les trois hommes tirent le signal d'alarme. Le train s'immobilise en catastrophe dans la campagne bourguignonne, au lieu-dit Le Pont des Mûriers, entre Beaune et Chagny, et ils disparaissent dans la nuit, avec leur butin.

Ce n'est qu'à la gare suivante que les cheminots peuvent prévenir les gendarmes. Lorsqu'ils arrivent, le sous-lieutenant Carabelli a succombé à sa blessure. L'agression du Paris-Marseille a fait un mort.

*

L'affaire a un retentissement énorme, car les attaques de train sont pratiquement inédites dans le pays. C'est le gangstérisme à l'américaine qui débarque en France. L'opinion exige une action énergique et l'arrestation des coupables.

Elle va être exaucée : la police va faire preuve d'une exceptionnelle efficacité… Les témoignages recueillis dans le train n'apportent pas grand-chose sur le signalement des malfaiteurs, puisqu'ils étaient masqués. Tout ce qu'on peut dire, c'est qu'ils étaient jeunes, aux alentours de vingt-cinq ans. Détail intéressant : ils portaient tous les trois des gants et celui qui faisait le guet, des gants gris, que plusieurs personnes ont remarqués. Cela indique qu'ils ne voulaient pas laisser d'empreintes et, par conséquent, qu'il s'agit sans doute de repris de justice figurant dans les fichiers.

Mais s'ils ont laissé peu d'indices dans le Paris-Marseille, il n'en est pas de même dans la fuite qui a suivi.

Le commissaire Guillaume, chargé de l'enquête, peut reconstituer pratiquement tout leur itinéraire. Sur la route de Nolay, des cyclistes ont vu trois hommes, qui ont tenté de se cacher dans un fossé pour ne pas être vus. Non loin du cimetière de Nolay, la police a retrouvé les masques des bandits et les portefeuilles volés, qu'ils ont tenté de brûler sans succès. Puis, en gare de Nolay, trois inconnus ont pris le train pour Étang-sur-Arraux, en première classe.

Dans un autre train reliant Étang à Montargis, trois voyageurs se sont fait remarquer de leur voisin de compartiment : ils avaient l'air affamés et épuisés et ont dévoré des tranches de pain, avant de faire la sieste sur la banquette. L'un d'entre eux portait des gants gris. Une fois arrivés en gare de Montargis, ils ont pris le train pour Paris, mais en s'arrêtant à Charenton. De là, c'est en tramway qu'ils ont regagné la capitale

En apprenant l'attaque du train, le voisin de compartiment va trouver la police pour signaler le comportement bizarre des trois voyageurs. Conduit devant le commissaire Guillaume, il identifie sans hésitation trois hommes sur les photos de repris de justice qu'il lui présente : il s'agit de Mécislas Charrier, un vague étudiant fréquentant le Quartier latin, d'un nommé Bertrand, électricien, et de Jules Thomas, garçon de café.

Le commissaire décide de commencer ses recherches par Mécislas Charrier, le guetteur aux gants gris. Il envoie ses hommes fouiller le Quartier latin et ils arrivent à leurs fins très rapidement. D'indicateur en indicateur, ils tombent sur une nommée Lucette, dont il est l'amant. Il s'est vanté auprès d'elle d'avoir participé à l'agression du train. Le patron de l'hôtel où il a élu domicile, rue des Fossés-Saint-Jacques, le reconnaît formellement. Il confirme, en outre, qu'il était absent la nuit du 24 au 25 juillet.

L'arrestation se fait par surprise, un des policiers ayant même mis un tablier de garçon d'hôtel pour passer inaperçu. Mécislas Charrier est ceinturé, menotté ; lorsqu'on le fouille, on découvre un revolver de gros calibre dans sa poche. Amené au quai des Orfèvres devant le commissaire Guillaume, il reconnaît sa participation à l'attaque du train, mais refuse de donner ses complices. Contrairement à tous les principes, le commissaire le menace alors avec un revolver et, totalement paniqué, le jeune homme craque. On peut les trouver au café *Le Moka*, place des Ternes...

L'arrestation qui s'ensuit est dramatique. Les hommes du commissaire Guillaume tendent une souricière autour du café. Les deux bandits ne tardent pas à arriver et à s'installer sur la terrasse. Il est décidé d'agir encore une fois par surprise, car ils sont sans doute armés eux aussi. Malheureusement, à peine assis, ils se relèvent, peut-être parce qu'ils ont remarqué quelque chose de suspect. Il n'y a pas de temps à perdre.

Deux inspecteurs ceinturent Jules Thomas, mais il est bâti comme un athlète, il se dégage et tue l'un des deux hommes, l'inspecteur Curnier, avant d'être abattu. Bertrand essaie alors de s'enfuir en vidant son chargeur dans toutes les directions, mais lui aussi est abattu.

Ainsi, des trois « bandits du train », comme les appelle la presse, seul Mécislas Charrier reste vivant. C'est lui seul qui va passer en justice et c'est pratiquement de lui seul que vont parler les journaux.

*

Mécislas Charrier a vingt-cinq ans. C'est un jeune homme longiligne, au teint très pâle, avec des cheveux noirs ondulés. Malgré ses moyens modestes, il tient à être d'une élégance raffinée : complet noir, cravate sombre, faux col à bouts cassés et pochette blanche, sans oublier les gants gris, qui sont sa coquetterie et sa marque distinctive.

Il est né à Paris, en 1896, de Mécislas Golberg et Berthe Charrier. Son père naturel n'est pas quelqu'un d'ordinaire, c'est le moins qu'on puisse dire ! Mécislas Golberg est un émigré juif, issu du ghetto de Plock en Pologne. D'une laideur hideuse, rongé par la tuberculose, il se fixe à Paris à la fin du XIXe siècle. C'est alors la pleine période de l'affaire Dreyfus et il s'engage avec fougue dans les rangs dreyfusards, multipliant les articles dans les divers journaux auxquels il collabore.

Doué d'un incontestable talent et d'une personnalité qui fascine ceux qui l'approchent, Mécislas Golberg se fait d'innombrables amitiés dans les arts et lettres. Il fréquente Antoine Bourdelle, qui sculpte son buste, aussi laid que son modèle mais d'une présence saisissante, il se lie avec Auguste Rodin, Camille Claudel, André Gide, Jules Romains, Matisse et Apollinaire, qui écrit de lui : « Il est laid, curieux, méphitique, diabolique, mais léger, léger : c'est ce qui le sauve. »

Son œuvre littéraire est étrange, à la fois poétique et politique, de manière exaltée dans les deux cas. Mécislas Golberg est farouchement anarchiste. Il développe une théorie curieuse : faire le maximum d'enfants et les abandonner pour qu'ils aillent grossir les rangs des anarchistes révoltés. Il met sa théorie en pratique avec son propre fils : il l'abandonne et c'est sa mère Berthe Charrier qui l'élève en lui donnant à la fois son nom de famille et le prénom de son père. Mécislas Golberg ne tarde pas à mourir de la tuberculose, en 1907…

On ne peut qu'être marqué par une telle hérédité et c'est le cas de Mécislas Charrier. De son père, ainsi que ce dernier l'avait voulu, il hérite des convictions anarchistes, mais aussi, malheureusement pour lui, de la tuberculose.

Lorsque la guerre éclate, il a commencé de vagues études de médecine qui lui valent d'échapper aux tranchées et d'être mobilisé comme infirmier. De retour à la vie civile, il s'inscrit en fac de médecine sans suivre les cours et il verse dans la délinquance, ce qu'il justifie par des considérations idéologiques. Il est un adepte de la reprise individuelle, c'est-à-dire le vol des riches pour rétablir l'équilibre social. Condamné avec sursis pour une obscure affaire de chantage, il réussit, par un subterfuge, à toucher six fois sa prime de démobilisation, ce qui l'envoie pour deux ans en prison.

Son état de santé lui vaut d'être interné dans un sanatorium à La Tronche, en Isère, où il scandalise les bonnes sœurs par le cynisme et la crudité de ses propos. Libéré en juin 1921, il revient à Paris et se lie d'amitié avec Thomas et Bertrand, libérés en même temps que lui. Ils sont également anarchistes, partisans de la reprise individuelle et ne sont pas effrayés à l'idée de verser le sang. Mécislas, qui y est opposé, les suit avec réticence dans l'attaque du train, à la condition expresse de ne faire que le guet.

*

Tel est l'homme qui se présente devant la cour d'assises de la Seine le 27 avril 1922. Il est, bien sûr, habillé avec soin et porte comme un défi les gants gris avec lesquels il a participé à l'attaque du train. Il est poursuivi pour vol à main armée en bande organisée et complicité de meurtre, puisqu'il est établi que son rôle s'est borné à monter la garde. Ce chef d'accusation devrait lui valoir une certaine indulgence, en tout cas d'échapper à la peine de mort, mais il va tout remettre en cause par son attitude.

Dès le début, lors de l'interrogatoire d'identité, il choisit la provocation.

— Votre nom ?

— Mécislas Golberg.

— Ce n'est pas ainsi que vous vous appelez.

— Je suis le bâtard de Golberg.

— Votre profession ?

— Esclave de la société.

— Votre adresse ?

— Aujourd'hui dans le désert, demain dans le néant…

La suite est à l'avenant. Après seulement deux jours de débats, l'avocat général prononce son réquisitoire. Il fait longuement l'éloge des deux victimes des malfaiteurs, le sous-lieutenant Carabelli et l'inspecteur Curnier et il invite les jurés à châtier sans faiblesse le dernier membre de la bande présent devant eux.

Prenant la parole pour la défense, Me Campinchi invite les mêmes jurés à ne pas condamner à mort un homme qui n'a pas tué et qui n'a suivi ses complices qu'à la condition de faire guet. Il s'exclame :

— Vous le punirez pour ce qu'il a fait : le vol, pas pour un meurtre qui était contraire à ses convictions !

Il réclame ensuite les circonstances atténuantes en raison de son enfance malheureuse, de son hérédité et de son état de santé.

Cet appel aurait peut-être été entendu, mais Mécislas va tout anéantir par une ultime provocation… Prenant la parole le dernier, comme la loi l'y autorise, il lance d'une voix forte aux jurés :

— Je vous mets au défi de me condamner à mort !

Le résultat ne se fait pas attendre, après seulement trois quarts d'heure de délibération, ceux-ci reviennent avec un verdict de peine capitale.

Et le président de la République Alexandre Millerand n'a pas plus d'indulgence qu'eux, puisqu'il refuse la grâce. Mécislas Charrier est exécuté le 2 août 1922, en face de la prison de la Santé. Il marche courageusement à l'échafaud, en chantant *La Carmagnole* et *L'Internationale.*

Ainsi s'est terminée la courte et déroutante existence du jeune homme aux gants gris. C'est le dernier anarchiste à avoir été guillotiné en France.

19

Miracle en mer Rouge

Il fait particulièrement beau, ce 12 août 2004. Et comment en serait-il autrement, puisque nous sommes à El Quseir, en Égypte, sur les bords de la mer Rouge, un des endroits les plus chauds de la planète ? D'ailleurs, « beau » n'est pas le mot qui convient, il fait une température accablante, écrasante.

Pourtant, le groupe de douze touristes qui monte à bord de cette embarcation rapide amarrée sur un quai du port de plaisance n'a pas l'air de s'en plaindre. Il faut dire que leur destination n'est pas une quelconque curiosité touristique perdue dans les sables du désert, mais la mer tout simplement. Ce sont tous des plongeurs confirmés et ils partent à la découverte des fonds magnifiques et de la faune sans pareille de la mer Rouge.

La mer Rouge… Si on leur avait demandé à cet instant à quoi leur faisait penser ce nom, ils auraient sans doute parlé de la douceur de ses eaux ou de ses fonds de corail, mais pas un n'aurait songé à du sang.

*

Tout en les emmenant vers leur destination, le capitaine du bateau leur vante le but de leur expédition.

— Je vais vous conduire à la cité engloutie.

Cette annonce fait naître des questions impatientes.

— Qu'est-ce que c'est ? Des ruines grecques ? Égyptiennes ?

— Pas du tout. C'est une barrière de corail. Mais elle est faite de telle manière qu'on dirait des maisons, des rues, des temples.

Au bout d'environ une heure de navigation, le capitaine coupe le moteur. Les touristes s'étonnent. Rien ne distingue particulièrement cet endroit d'un autre. Il leur désigne la côte déjà lointaine.

— Vous voyez cette montagne et cette plage ? Elles sont dans un parfait alignement. Avec ce repère, on ne peut pas se tromper !

Les plongeurs revêtent leur équipement. Sans être vraiment leur moniteur, c'est Allan, un Anglais, le plus âgé et le plus expérimenté d'entre eux, qui fait office de chef d'équipe. Ils sont onze hommes, plus Monica, une jeune Belge, la seule femme du groupe. Ils ne tardent pas à plonger et découvrent que le capitaine n'a pas menti : la cité engloutie est là, quelques dizaines de mètres plus bas. C'est effectivement une merveille !

Pendant un moment, tout en veillant à ne pas se perdre de vue, ils explorent ce monde féerique. Mais la cité perdue, pour enchanteresse qu'elle soit, est relativement peu étendue et ils ne tardent pas à s'intéresser aux nombreux poissons que recèlent ces fonds marins.

Il y a là de petites espèces de toutes les formes et de toutes les couleurs et d'autres poissons beaucoup plus gros qui, parfois, les dévorent goulûment, des mérous et même des requins. Ces derniers sont vraiment impressionnants : ce sont des requins blancs, une des espèces les plus grandes et les plus dangereuses. Mais les plongeurs ne perdent pas leur sang-froid. Ils savent que, sous l'eau, l'homme a une masse trop imposante pour que le requin s'attaque à lui. Ce n'est que lorsqu'il nage en surface que le squale est vraiment à craindre, car de son point de vue, les jambes du nageur ressemblent alors à deux anguilles…

Il y a deux heures d'air dans les bouteilles et c'est peu avant cette limite que, sur un signe d'Allan, ils refont surface. Là, ils cherchent des yeux le bateau, mais ils ont beau regarder dans toutes les directions, il n'y a rien. Ils appellent sans plus de résultat. Ils se font part entre eux de leur incompréhension :

— Qu'est-ce qui a pu lui arriver ? S'il avait eu une panne de moteur, il serait toujours là.

— Il n'a pas pu couler, avec une mer d'huile pareille, c'est impossible !

Il faut donc en conclure que le capitaine s'en est allé en les laissant là, tout seuls en pleine mer Rouge. Mais c'est également impossible. Ce serait un véritable assassinat !… C'est alors qu'Allan pousse un cri :

— La côte, là, regardez ! La montagne et la plage, on ne les voit plus !

— C'est vrai ! Qu'est-ce que cela veut dire ?

— Cela veut dire que ce n'est pas le bateau qui a bougé, c'est nous.

— Mais cela n'a pas de sens : nous avons nagé en rond.

— Oui, mais il doit y avoir un fort courant sous l'eau. Il nous a emportés.

— Qu'est-ce qu'on va faire ?

— Attendre. L'alerte ne va pas tarder à être donnée. D'abord, jetez vos bouteilles. Elles ne nous servent plus à rien et elles nous alourdissent.

Allan joint le geste à la parole et, bientôt, les grosses bouteilles presque vides s'enfoncent doucement dans les eaux claires de la mer Rouge… Les onze hommes et la jeune femme se retrouvent ensemble, essayant de ne pas penser à ce qui se passe en dessous d'eux, au spectacle que forment leurs douze paires de jambes qui s'agitent sous le nez des gros requins blancs.

Au même moment, le patron du bateau qui les a amenés, qui n'a cessé pendant tout ce temps de décrire des cercles autour du point de plongée, consulte sa montre : cela fait exactement deux heures qu'ils sont sous l'eau, ils n'ont plus d'oxygène, il leur est arrivé quelque chose !

Par acquit de conscience, il regarde la côte pour voir s'il n'aurait pas dérivé. Mais non, la montagne et la plage sont dans l'exact alignement l'une de l'autre, il est à l'endroit où ils auraient dû faire surface... Une pareille excursion, avec douze plongeurs, ne s'organise pas à la légère. Toutes les précautions de sécurité ont été prises et le bateau dispose de la radio. Le capitaine lance un message d'alerte et, instantanément, les secours prévus en pareil cas se mettent en action.

Il s'agit de moyens importants, avec plusieurs bateaux et un avion. La marine de guerre est également alertée. Les autorités ne perdent pas espoir même si elles ne peuvent cacher leur inquiétude. Qu'un plongeur disparaisse, cela peut se comprendre. Mais douze : c'est totalement incompréhensible ! Qu'a-t-il pu se passer ?

*

Loin de là, Allan, Monica et leurs compagnons sont groupés en cercle, essayant de tromper leur angoisse. Grâce à de légers mouvements des bras et des jambes, ils se maintiennent à la surface. Ils n'ont pas trop d'inquiétude de ce côté. Ils savent qu'ils peuvent tenir longtemps ainsi. D'abord, ils sont tous d'excellents nageurs, tous jeunes et ils ont tous une très bonne condition physique. Ensuite, la mer Rouge offre les meilleures conditions de survie : elle est très chaude, au moins 30 °, et on peut y rester pratiquement indéfiniment ; elle est très salée et le corps y flotte avec un minimum d'efforts. Elle n'a qu'un inconvénient :

c'est l'un des habitats de prédilection du requin blanc. Mais cela, ils évitent d'y penser…

Justement, à cet instant, tout près d'eux, une masse claire jaillit du fond de la mer et bondit hors de la surface pour replonger ensuite. Plusieurs plongeurs ne peuvent s'empêcher de pousser un cri, mais Allan les rassure :

— Il n'y a pas de danger, c'est un dauphin !

Effectivement, c'est un dauphin et même plusieurs. À présent, il en arrive de tous les côtés. Ils font des bonds joyeux autour d'eux, comme s'ils voulaient s'amuser en leur compagnie. Le manège dure environ un quart d'heure, puis ils disparaissent.

Grâce à eux, les plongeurs en avaient presque oublié leur situation ; maintenant qu'ils se retrouvent seuls, l'inquiétude s'empare à nouveau d'eux. Allan intervient :

— Il ne faut pas rester comme cela. Il faut parler. Nous allons raconter notre vie à tour de rôle. Toi, Monica, tu es mariée ?

— Divorcée.

— Tu as des enfants ?

— Oui, deux…

Et la conversation continue ainsi pendant des heures, en pleine mer, loin de tout. Bien qu'ils évitent d'en parler, tous se demandent ce que font les secours. Ils ont dérivé, mais tout de même pas au point d'être hors de la zone des recherches. Ils devraient voir arriver un bateau, un avion, quelque chose…

Et, effectivement, à la fin de la journée, un avion apparaît. Allan leur explique quoi faire en pareil cas : il ne sert à rien de crier ou de faire des gestes, il faut se rapprocher le plus possible et battre des pieds tous en même temps pour faire une grande tache d'écume. D'en haut, on devrait les voir.

Mais non, l'avion ne les voit pas ! Il continue sa route et disparaît. Pour eux tous, c'est un coup terrible. D'autant que la nuit tombe presque aussitôt et que l'effort qu'ils ont fait pour battre des pieds les a épuisés. Encore une fois, Allan prend les choses en main.

— On va s'en sortir. Il faut continuer à parler, chacun va prendre un numéro et de temps en temps je ferai l'appel.

Et dans la nuit devenue noire, ils parlent pendant des heures et des heures. Lorsqu'ils ont épuisé tous les sujets de conversation, ils se mettent à chanter n'importe quoi : les derniers succès du hit-parade, des hymnes nationaux, des marches militaires et même, bien qu'on soit en août, des chants de Noël... Régulièrement, Allan fait l'appel :

— Numéro un ?

— Présent.

— Numéro deux ?

— Présent.

*

C'est le lendemain matin à l'aube que la frégate *Louxor*, de la marine militaire égyptienne, découvre un étonnant phénomène : une bande de dauphins nage contre la coque puis, brusquement, fait demi-tour vers l'est, comme s'ils voulaient qu'on les suive. Le navire maintenant son cap, les cétacés continuent leur manège. C'est tellement troublant qu'à la fin, le capitaine décide d'aller dans cette direction.

La frégate *Louxor* a participé aux recherches pour les plongeurs. Le capitaine, comme tous les marins, a entendu des légendes à propos de dauphins qui auraient sauvé des naufragés. Bien entendu, il n'y croit pas, mais une sorte d'instinct lui a dit de les suivre quand même.

Et il a raison ! Au bout d'un quart d'heure environ, on aperçoit des corps dépassant de l'eau. Ce sont eux ! Ils sont tous là, épuisés, à bout de forces, mais vivants ! Ils étaient à cinquante kilomètres de leur point de plongée :

jamais on ne les aurait cherchés dans ce secteur, s'il n'y avait eu les dauphins.

Et ce sont eux qui mettent le point final à cette histoire. Tandis que la frégate recueille les jeunes gens à son bord, ils entament une sorte de ballet joyeux et, brusquement, comme si leur rôle était terminé, ils plongent dans la mer et disparaissent.

20

Le cargo de la haine

6 juin 1975. Dans le port de Kiel, en Allemagne, le cargo *Lola*, battant pavillon panaméen, se prépare à appareiller pour le Mexique, via le Canada. Mais pour l'instant, une toute petite silhouette aux cheveux blonds s'agite sur le pont : c'est Hans Mordach, huit ans, le fils du capitaine, Gunther Mordach, à qui son papa a permis cette visite avant le départ.

Le petit Hans veut tout voir… Comme son père n'a pas le temps de lui faire visiter le navire, il a choisi comme guide un des marins, un jeune homme de vingt-cinq ans environ, au type asiatique. Sous sa conduite, le gamin, les yeux émerveillés, parcourt tout le bâtiment, des cales à la passerelle de pilotage. Il est ravi, il a plus que jamais envie d'être marin plus tard.

Le matelot est très gentil avec lui. De temps en temps, il lui dit des choses dans sa langue à lui, une langue étrange, incompréhensible, qui vient du bout du monde. L'enfant ne comprend pas mais il se laisse bercer par ces syllabes qui évoquent l'aventure, les grands voyages…

*

Jamais le petit Hans Mordach ne saura ce que lui a dit le marin d'une voix douce, avec un sourire resplendissant, tandis qu'il le tenait par la main. Et pourtant, ce n'étaient pas des phrases ordinaires.

— Tu es gentil, parce que tu es petit et que tu ne connais pas le mal. On ne t'a pas encore appris le mépris des autres races. Mais bientôt, tu seras comme tous les Européens, comme ton père. Tu vois, Hans, je hais ton père !

Un quart d'heure plus tard, Hans Mordach, sur le quai, fait des signes frénétiques de la main au cargo *Lola* qui s'éloigne. Il donnerait tout son argent de poche pour faire partie du voyage. Dans son esprit d'enfant, il n'y a qu'un beau bateau qui s'en va. À huit ans, on ne pense pas à autre chose, on ne pense pas que, sur le bateau, il y a des hommes, avec leurs rivalités et leurs passions. Car cette histoire est, hélas, une histoire de haine.

*

Le cargo *Lola* gagne rapidement le large. Tandis qu'il s'affaire à ranger les cordages, le matelot Salim Sabaya remue dans son esprit les événements de la veille… Salim Sabaya a le type caractéristique des Indonésiens : la peau brune, les cheveux noirs qu'il porte très longs, une toute petite moustache peu fournie. Ses yeux noirs ont une expression farouche.

Il était hier, avec trois de ses camarades indonésiens, dans un bar à matelots de Kiel. Un grand homme blond en pull-over et casquette est arrivé dans la salle. Salim Sabaya a tout de suite pensé : « C'est un capitaine qui cherche du personnel pour un prochain embarquement. »

Effectivement, l'homme s'est approché d'eux :

— Salut les gars, j'ai besoin de quatre matelots pour aller en Amérique… Ça vous intéresse ?

Quelle question ! Cela faisait des semaines qu'ils étaient à quai dans l'attente d'une pareille proposition. Salim, le seul des quatre à parler quelques mots d'allemand, a pris la parole.

— Bien sûr que ça nous intéresse, capitaine. Mes trois camarades sont matelots. Mais moi, c'est un engagement d'officier que je cherche.

Salim Sabaya a sorti un papier de sa poche :

— J'ai mon brevet d'officier, tenez, le voici.

Salim revoit le capitaine hausser les épaules.

— Je n'ai pas besoin d'officier, enfin pas d'un officier asiatique. Je te prends comme matelot, avec les autres. 1 600 marks pour la traversée.

« Pas d'un officier asiatique »… Un salaire de 1 600 marks, alors qu'avec sa qualification, il en mériterait 3 000 ! Tout cela parce qu'il est né dans un pays où le soleil est plus généreux que dans le glacial port de Kiel. Mais a-t-on les moyens de faire autrement, quand on est sans travail depuis plus d'un mois ? La rage au cœur, Salim Sabaya a accepté ce marché injuste.

*

Sur le *Lola*, tous les officiers et sous-officiers sont allemands : le capitaine Gunther Mordach, le premier, le second officier et le timonier. L'équipage, au contraire, est uniquement composé d'Asiatiques : lui-même, ses trois camarades indonésiens et un cuisinier philippin. Pourtant, même s'il a accepté un travail inférieur à sa qualification, Salim entend avoir les privilèges d'un officier.

Lorsque le cuisinier sonne la cloche pour le premier repas, Salim Sabaya se dirige vers le mess attenant à la cabine du capitaine. Les quatre Allemands sont là et le voient arriver comme si c'était un Martien qui débarquait de sa planète. L'un d'eux, une sorte de géant blond aux épaules de déménageur, lui barre le chemin.

— Qu'est-ce que tu viens faire ici, toi ?

Salim répond poliment :

— Je suis officier. J'ai accepté de faire le travail d'un matelot mais j'ai le droit de prendre mes repas avec les autres officiers.

Il sort de sa poche son brevet et le montre au colosse. Celui-ci, après un moment d'hésitation, éclate de rire. Il bouscule l'Indonésien, lui arrache le papier et le déchire en petits morceaux… Salim Sabaya est d'une constitution plutôt frêle et il n'arrive même pas à l'épaule de l'autre. Il se tait et serre les dents, mais ne s'en va pas. L'Allemand a l'air de beaucoup s'amuser.

— Écoute-moi bien, je vais t'apprendre une chose. Je m'appelle Lothar Kunig et je suis officier en second. Eh bien, moi, je ne l'ai pas, ton fichu brevet d'officier. Normalement, je ne suis que matelot, mais le capitaine m'a pris quand même !

Il se tourne vers le capitaine Mordach qui, pendant l'algarade, n'a pas jugé bon d'intervenir.

— C'est vrai, ce que je dis, capitaine ?

— Il fallait bien. Je n'ai pas eu le temps de trouver un officier allemand.

Salim Sabaya s'approche de lui.

— Mais, capitaine…

Le capitaine Mordach lui coupe la parole.

— Ça suffit comme ça ! Je n'allais tout de même pas mettre un Allemand sous les ordres d'un Indonésien.

Salim en a le souffle coupé. Avant qu'il ait pu répliquer quoi que ce soit, Lothar Kunig le soulève par son paletot.

— Allez, file, on t'a trop vu ! Va manger avec les autres sauvages.

*

Il n'y a pas d'autre incident avant les côtes américaines. Salim fait son travail de matelot sans protester. Et pourtant, plus d'une fois, il est sur le point d'éclater. Lothar Kunig prend un plaisir sadique à l'humilier. Il délaisse ses tâches à la passerelle, pour lesquelles d'ailleurs il n'est pas qualifié, et, dès qu'il a un instant, il vient derrière lui inspecter son travail.

— C'est ça que tu appelles un pont lavé ? Va me chercher ta serpillière et recommence ! Tu as entendu, matelot ? D'abord, on se met au garde-à-vous quand un supérieur vous parle et on répond : « Bien, chef ! » Alors, qu'est-ce que tu attends ? Tu es devenu muet ?

— Bien, chef.

Salim est tremblant de rage, mais il évite les provocations. Il ne veut pas d'ennui et, sait que si jamais il ne se contrôlait plus, il serait capable de tout...

*

Le temps passe. Après une escale à Terre-Neuve, le cargo *Lola* navigue vers le sud, au large des côtes de la Floride. La chaleur est étouffante. Il n'y a pas un souffle de vent. Le bateau avance sur une mer d'huile. Sur le pont, les parties métalliques sont chauffées à blanc. Comme la traversée est sans histoire, les matelots et les officiers ont peu de chose à faire. L'inaction jointe à la canicule les rend nerveux. Mexico est encore loin, le baromètre reste obstinément au beau fixe et, dans cette atmosphère électrique, le moindre incident peut prendre les pires proportions.

*

10 juillet 1975. Le caboteur américain *City of Birmingham* fait route au large des côtes de Floride à une cinquantaine de milles de Miami. Son capitaine Fenimore Clark est préoccupé ; il a capté la veille au soir sur sa radio un message dramatique :

— SOS. Ici, capitaine du cargo *Lola*. Mutinerie à bord. Demande secours !

Et le message s'est brusquement interrompu au moment où le capitaine commençait à donner sa position...

Sur le pont du *City of Birmingham*, un marin pousse un cri :

— Naufragés à bâbord !

Le capitaine se précipite. Effectivement, au loin, on distingue cinq hommes dans une embarcation de sauvetage. Ce qui est étonnant, c'est qu'ils ne font pas de signes en direction du navire. Au contraire, ils sont occupés à ramer et – dirait-on – en sens inverse. Puis, le *City of Birmingham* s'étant rapproché, les hommes cessent leurs efforts et se laissent rejoindre... Maintenant le capitaine Clark les discerne : ce sont des Asiatiques mais pas des Jaunes, peut-être des Indiens ou des Malais.

Quelques minutes plus tard, ils sont sur le pont. Ils n'ont pas l'air épuisés, ils ne sont même pas mal rasés. Visiblement, ils ne sont pas sur ce canot depuis longtemps. Le capitaine Clark sort un revolver et le pointe dans leur direction. À cette vue, l'un des Asiatiques prend la parole, dans un mauvais anglais.

— Qu'est-ce qui vous prend, capitaine ? Nous sommes des naufragés. Notre bateau a coulé. Il a explosé. Moi, je suis l'officier en second Salim Sabaya.

— Quel bateau ?

— Le *Lola*. Un cargo panaméen...

Du coup, le revolver se pointe avec plus de fermeté vers Salim Sabaya. Le capitaine Clark se tait un instant, puis il lance d'une voix sèche à Salim :

— Tu n'es pas officier ! Tu es un matelot comme les autres. Tous les cinq, vous avez tué vos officiers. Votre capitaine a eu le temps de tout dire par radio avant que vous ne l'assassiniez !

Fenimore Clark se tait et attend... En réalité, le capitaine du *Lola* n'a rien dit de tel, il a été interrompu avant d'avoir terminé son message. Mais c'est ainsi que les choses se sont vraisemblablement passées. Le capitaine Clark espère que les hommes, se croyant découverts, vont se trahir, la chaleur et le remords aidant.

Il y a un grand silence sur le pont du *City of Birmingham* écrasé de soleil. Entourés par tout l'équipage et toujours sous la menace du revolver, les cinq Asiatiques se taisent, jusqu'à ce que Salim prenne la parole.

— Je vais tout vous dire. Mais avant, il faut que vous sachiez une chose : je suis officier et pas matelot…

Et il raconte la suite de l'histoire, la fin de la traversée tragique du *Lola*.

*

La veille, il faisait la même chaleur torride. C'est au moment du déjeuner que s'est produit l'incident. Dans la coursive, Salim croise Lothar Kunig qui se rend au mess des officiers. En raison de la carrure imposante de l'Allemand, ils n'ont pas la place de se croiser. Mais cette fois, Salim refuse de s'effacer, de se coller contre la paroi pour laisser le passage, comme il l'a fait jusque-là. Lothar Kunig ne s'écarte pas non plus, bien au contraire. Il accentue le choc d'un coup d'épaule et l'Indonésien se retrouve à terre.

Kunig le relève en le soulevant par sa chemise.

— Alors, matelot, on refuse de laisser passer un officier ?

Et il éclate d'un rire énorme… Il est tellement content de sa nouvelle plaisanterie qu'il ne fait pas attention à Salim. Il ne voit pas que dans son regard s'est allumé d'une haine fulgurante. Ce regard constituait pour l'Allemand un signal d'alarme, la dernière chance. Car la suite va se dérouler trop vite pour qu'il puisse esquisser la moindre défense.

Dans un geste d'une rapidité inouïe, l'Indonésien met la main à sa poche, en sort un couteau et le plonge de toutes ses forces dans la gorge de l'officier en second. Le rire de Lothar Kunig s'étrangle dans un hurlement horrible.

Il lance ses bras en avant pour attraper son adversaire. Mais celui-ci, avec la même rapidité, a retiré l'arme de la blessure et se met à le frapper frénétiquement à la poitrine, jusqu'à ce que Kunig s'effondre dans une mare de sang.

C'est le début du carnage… Sortant sur le pont, Salim Sabaya se heurte à l'autre officier qui arrive, alerté par les bruits de lutte et les cris. Cette fois, un seul coup de couteau suffit, droit au cœur. Puis, comme un fou, Salim monte sur la superstructure, arrive dans la cabine de pilotage… Le timonier, occupé à la barre, n'a rien vu. Il est de dos. Il n'esquisse même pas un geste de défense. Il est tué net.

Il ne reste plus que le capitaine, Gunther Mordach… Celui-ci a assisté, abasourdi, au carnage. Il se précipite dans la cabine radio, poursuivi par l'Indonésien, tandis que les trois marins et le cuisinier restent immobiles et muets sur le pont.

En quelques bonds, Salim est devant la cabine où le capitaine s'est barricadé et commence à lancer son SOS. Mais la rage et la haine décuplent les forces de l'Asiatique. En deux coups d'épaule, il fait voler la porte en morceaux. Il agrippe le capitaine à la gorge… Quelques instants après, il sort de la cabine, les mains pleines de sang. Il crie aux trois matelots et au cuisinier :

— Ils sont morts à cause de la haine qu'ils avaient en eux. Maintenant, c'est moi qui commande. Je suis officier.

Comme des robots, les quatre Asiatiques obéissent à Salim. Celui-ci entre dans le magasin et en ressort avec des haches :

— Prenez-en chacun une et suivez-moi dans la cale…

Le *Lola* contient des produits chimiques hautement inflammables. À coups de hache, ils brisent une dizaine de caisses métalliques. Puis Salim ordonne à ses compagnons de remonter sur le pont. Resté seul, il allume une torche en papier et la jette le plus loin possible devant lui. Une flamme bleue jaillit aussitôt… Bientôt, sous l'effet du brasier, les autres caisses explosent. Dans un quart d'heure, le *Lola* aura coulé à pic.

Les cinq hommes ont juste le temps de se jeter dans un canot de sauvetage et de ramer de toutes leurs forces pour se mettre hors de portée de l'explosion. Dix minutes plus tard, en effet, une lueur terrible illumine le ciel, suivie un bruit assourdissant... Salim Sabaya ranime le courage de ses camarades. Il ne reste aucune trace du crime. Qui pourra prouver qu'il ne s'agit pas, effectivement, d'une explosion ? Il suffira qu'aucun d'eux ne craque, quand on les interrogera.

*

Salim vient de terminer son récit... C'est pourtant lui qui a craqué devant le capitaine Fenimore Clark. Sans doute est-ce parce qu'il avait cru que le capitaine Mordach avait effectivement tout révélé par radio, mais peut-être aussi parce que son quadruple meurtre lui pesait trop, maintenant que sa flambée de haine était éteinte.

En arrivant en Floride, le capitaine Clark a remis les cinq hommes à la police américaine et ils ont été incarcérés à la prison de Miami sous l'inculpation de meurtre et de complicité de meurtre. Seulement, leur cas posait un problème juridique ; les autorités américaines ont tout de suite fait savoir que, les faits s'étant passés hors des eaux territoriales, il n'était pas question pour elles de juger les prévenus.

Alors, allait-on juger Salim et ses camarades en Allemagne parce que les victimes et le commandant du navire étaient allemands, en Indonésie à cause de la nationalité du meurtrier ou à Panama, du fait que le *Lola* naviguait sous pavillon panaméen ?

C'est finalement cette dernière solution qui a été retenue. C'est donc dans ce petit pays d'Amérique centrale qu'a été jugée cette histoire de haine et de préjugés raciaux entre Asiatiques et Européens.

Salim Sabaya, auteur du quadruple meurtre, a été condamné à la prison à vie et ses compagnons à dix ans de prison chacun. Bien que l'Indonésien ait revendiqué toute la responsabilité des faits, les jurés n'ont pas voulu croire à la totale innocence des autres. Et, en fait, personne dans ce drame n'était vraiment innocent, pas même les victimes.

21

L'HOMME AUX MARTEAUX

La Federal Express, la première compagnie au monde de transport aérien de colis, est un modèle d'organisation, spécialement aux États-Unis où elle réalise la majorité de son chiffre d'affaires. À bord de chaque avion, tous des gros-porteurs où les sièges des passagers sont remplacés par des empilements de paquets, il n'y a que trois hommes d'équipage : le pilote, le copilote et le mécanicien navigant. Chaque nouvel arrivant dans la société est engagé à ce dernier poste, quelles que soient ses qualifications et ses activités antérieures. Ensuite, c'est à lui de gravir les échelons. S'il donne satisfaction, il passe copilote et son salaire double, s'il continue à bien faire son travail, il est nommé pilote et son salaire double encore. Un système simple et efficace…

*

En ces premiers mois de l'année 1994, Auburn Ralph Calloway a quarante-trois ans. Après avoir été pilote à l'US Navy, puis dans diverses petites compagnies civiles, il est mécanicien navigant à la Federal Express, depuis sept ans. Il ne pense, bien sûr, qu'à devenir copilote, d'autant qu'il vient de divorcer et qu'il doit verser une pension importante à son ex-femme, mais il piétine.

Il y a quelques semaines, il a commis l'erreur de protester. Il est allé trouver le responsable du personnel dont il dépendait et lui a demandé quand il passerait à l'échelon supérieur. L'autre lui a répondu que les choses suivaient leur cours. Il a alors menacé d'aller se plaindre auprès des journalistes sur la manière dont se passaient les promotions à la Federal Express. Mal lui en a pris. Le responsable lui a rétorqué que, puisque c'était ainsi, on allait rouvrir son dossier d'embauche, qui n'était pas clair.

*

Son dossier d'embauche… Ralph Calloway aurait dû y penser, avant d'aller se plaindre. Pas clair, c'est le moins qu'on puisse dire ! Il a triché. Il a grossi ses heures de vol à l'US Navy et, surtout, il a omis de dire qu'il avait été renvoyé pour faute grave de deux des compagnies où il avait travaillé. La direction n'aura aucune difficulté à le découvrir et la suite est facile à deviner.

Le 3 avril 1994, il reçoit une lettre recommandée le convoquant à un conseil de discipline pour le 8. Il comprend qu'il va être renvoyé et il a alors une réaction étonnante : il fait son testament !

Le 5 avril, il va le déposer auprès d'un notaire. Il se rend ensuite à sa banque et il vide son compte en faveur de ses enfants. Il range son appartement et met ses affaires en ordre. Après quoi, il va faire des courses dans un drugstore et il achète des marteaux, uniquement des marteaux.

Le 7 avril, il téléphone à la Federal Express pour avoir une place sur le vol 705 de Memphis, en direction de San Jose, en Californie. Les employés de la société ont, en effet, le droit de voyager gratuitement comme passagers s'il reste une place à bord. L'employée lui dit que la place est libre et lui demande de se présenter à 14 heures. La suite va figurer dans les annales de l'aviation.

*

L'équipage du vol 705 monte dans l'appareil à 13 h 30. Il est composé du commandant David Sanders, un pilote chevronné, aux allures d'intellectuel avec son front dégagé et ses lunettes, du copilote Jim Tucker, un colosse de deux mètres bâti comme une armoire à glace et du mécanicien navigant, Andy Peterson, un jeune homme dont c'est la première année à la Federal Express.

Lorsqu'ils arrivent, ils découvrent à la place du passager, dans la carlingue, au milieu des paquets, un grand Noir à l'allure sympathique, avec, pour bagages, un étui à guitare et un sac de toile. Ils échangent un regard surpris car, habituellement, le passager arrive plus tard, après l'équipage. Mais ils ne font aucune réflexion... Le passager, en revanche, en fait une. Il demande :

— Linda n'est pas là ?

Il s'agit de Linda Meyer, l'une des rares femmes faisant partie du personnel navigant, qui était inscrite sur ce vol. C'est Jim Tucker, le copilote, qui lui répond :

— Elle est souffrante. Elle s'est fait excuser au dernier moment. C'est moi qui la remplace.

Ralph Calloway ne peut s'empêcher d'avoir une grimace de contrariété. Croyant qu'il s'agit d'une tentative amoureuse qui vient d'échouer, Jim Tucker lui donne une tape amicale sur l'épaule.

— Gardez le moral, mon vieux ! Vous aurez plus de chance la prochaine fois...

*

Délaissant la carlingue, l'équipage passe dans le poste de pilotage et entame les préparatifs précédant le vol. Le passager, de son côté, s'est endormi. Au cours de l'inspection des commandes, David Sanders, le pilote, fait une étonnante constatation : la boîte noire enregistrant les conversations de l'équipage est débranchée. C'est tout à fait étrange, car on ne la coupe jamais. Mais il ne s'attarde pas à ce détail, il la remet en marche et continue, avec ses deux collègues, la vérification réglementaire.

L'avion, un DC10 gros porteur, décolle à 15 h 11, exactement selon l'horaire prévu. Dès que l'appareil commence à prendre de l'altitude, Ralph Calloway se réveille ou plutôt arrête de faire semblant de dormir... Il ne se presse pas. Là où il est, les autres ne peuvent le voir et ils ne sortiront pas de la cabine de pilotage avant la fin du décollage.

Il ouvre son étui à guitare, qui contient un fusil de chasse sous-marine et sort de son sac de toile trois marteaux de tailles différentes. Outre la partie contondante, ils ont, comme c'est courant aux États-Unis, une extrémité pointue et recourbée pour arracher les clous. Il prend en main celui de taille moyenne et, avant de passer à l'action, se concentre sur les détails de son effroyable plan.

Il doit d'abord tuer les trois hommes d'équipage ; ensuite il prendra les commandes et fera s'écraser l'avion, afin que ses enfants touchent l'assurance qu'il a souscrite avant d'embarquer : 1 million et demi de dollars de l'époque, près de 2 millions d'euros actuels.

Mais les compagnies d'assurances sont méfiantes, c'est pourquoi il a tout prévu. D'abord pas d'armes à feu, qui seraient retrouvées dans les décombres et qui laisseraient des impacts dans le fuselage et dans le corps ; d'autre part, il ne faut pas que les pilotes aient le temps de lancer un SOS. Il devra agir avec rapidité, leur fracasser le crâne sans qu'ils puissent réagir. Après, il aura tout le temps de les achever au marteau ou avec le harpon de son fusil sous-marin.

Ralph Calloway grimace. S'il avait choisi ce vol, c'est que c'était le seul, avant plusieurs jours, où il y avait une femme pilote. Et voilà qu'à la place de cette Linda Meyer, il a vu arriver un véritable hercule !... Mais cela ne changera rien. La surprise jouera en sa faveur et personne, armoire à glace ou pas, ne pourra résister aux coups qu'il va donner.

Toutefois, il ne suffit pas à Calloway d'éliminer l'équipage. Il y a aussi la boîte noire. Il avait pris soin de la débrancher, mais ils s'en sont aperçu. Encore une fois, cela ne changera rien ! Une fois son triple meurtre accompli, il prendra les commandes et il volera pendant une demi-heure. La capacité d'enregistrement des boîtes noires est, en effet, de cette durée et quand les enquêteurs la retrouveront, ils n'auront rien à entendre.

Ralph Calloway a un sourire sauvage... Viendra ensuite le bouquet final, qui constitue l'élément le plus inattendu et le plus démoniaque de son plan. Il en jubile rien que d'y penser ! Mais chaque chose en son temps. C'est l'heure du premier acte. Il se lève et prend la direction du cockpit, son marteau à la main.

*

Sept minutes se sont écoulées depuis le décollage, le DC10 a atteint son altitude de croisière et le pilote automatique a été enclenché. Le commandant de bord est en train de discuter avec son copilote. Ils font connaissance. Le personnel est si nombreux à la Federal Express qu'il est rare que les navigants d'un même vol se soient rencontrés.

Andy Peterson, le mécanicien, est assis sur son siège, environ deux mètres derrière eux. Il n'a pas de réaction particulière en voyant arriver le passager. Et il n'a pas de réaction non plus lorsque le marteau s'abat. Il reçoit deux coups terribles sur le crâne. Un flot de sang gicle ; il s'écroule sans un cri.

Devant, les deux hommes n'ont rien entendu. Ils continuent à discuter de manière décontractée. Ralph Calloway se glisse derrière Jim Tucker, le copilote. Vu sa constitution athlétique, il doit le mettre hors de combat et, si possible, le tuer du premier coup. Il choisit de frapper avec la partie pointue du marteau. Il l'abat sur sa tempe de toutes ses forces. L'engin pénètre si profondément qu'il a du mal à le retirer. Jim Tucker s'écroule sur le tableau de bord sans prononcer un mot.

Cette fois, la surprise ne peut plus jouer : David Sanders, le pilote, a tout vu et il est éclaboussé de sang. Il enlève sa ceinture et tente de faire face. Il doit subir un déluge de coups, qu'il essaie de parer comme il peut. Son bras et son épaule droits présentent des blessures profondes. Un coup donné au visage avec la pointe de l'instrument lui arrache presque une oreille ; elle pend le long de sa joue, retenue seulement par la base. Ses lunettes volent à l'autre bout du cockpit. Il appelle ses collègues à son secours :

— Aidez-moi, il va me tuer !

Ralph Calloway arrête de frapper, car il découvre un spectacle qu'il n'aurait jamais imaginé : le copilote et le mécanicien tentent de répondre à cet appel ; ils ne sont pas morts. Jim Tucker essaie de se relever du tableau de bord sur lequel il était effondré, mais retombe en geignant. Derrière, Andy Peterson tente sans plus de succès de se lever de son siège. Il prononce, l'air égaré :

— Oh, mon Dieu !...

Ralph pousse un juron de rage. Tuer est plus difficile qu'il ne l'imaginait. Il va devoir employer les grands moyens. Il fait demi-tour et se rue vers la carlingue.

David Sanders a compris. Ce n'est pas une fuite. Il va revenir avec une autre arme. Il se dirige vers la radio de bord pour lancer un SOS, mais il n'en a pas le temps. Le forcené est là, le fusil sous-marin en main. Il le lève dans sa direction, en lui lançant :

— Tu vas crever, ordure !

Le harpon est pointé vers sa tête. Il va la traverser de part en part. C'est la fin !

Mais le salut arrive de la manière la moins prévisible. Andy Peterson, le mécanicien, qui n'était pas aussi touché qu'il y paraissait, fait un bond et agrippe le harpon, l'empêchant de tirer. Ralph Calloway a gardé son marteau dans sa poche et le frappe à coups redoublés. Mais son adversaire semble ne plus rien sentir. Il s'accroche avec la force du désespoir.

Le commandant entre dans la mêlée. Lui n'a pas été frappé à la tête, il a toute sa conscience, mais ses blessures au bras et à l'épaule le gênent énormément pour se battre. De plus, il est aveuglé par le sang qui lui coule dans les yeux. Ralph Calloway les frappe l'un et l'autre et, malgré l'infériorité numérique, il a largement l'avantage. Il répète, tout en cognant comme un sourd :

— Je vais vous tuer, salauds !

Ses adversaires ne pourront résister longtemps, ils vont lâcher prise et Calloway n'aura aucun mal à les achever l'un après l'autre. Mais encore une fois, le salut vient de là où on ne l'attendait pas. Jim Tucker a été le plus grièvement touché des trois. On découvrira plus tard que la pointe du marteau est entrée dans son cerveau et a endommagé la matière cérébrale. Il est toujours incapable de se lever, mais malgré sa blessure, il est conscient de la situation.

Se déplaçant un peu, il parvient à agripper le manche à balai et le tire vers lui. Le DC10 se met immédiatement en position presque verticale, ce qui déséquilibre Ralph Calloway. Andy Peterson, qui s'accroche toujours au harpon, le suit dans sa chute. Lorsque le copilote remet l'appareil en position normale, les deux hommes reprennent le combat, rejoints par David Sanders.

La lutte se poursuit avec plus d'acharnement que jamais. L'un veut tuer, les deux autres survivre. Mais comme précédemment, c'est Calloway qui a le dessus. Alors, Jim Tucker intervient de nouveau. D'un brusque quart de tour sur l'aile, il incline le DC10 sur le côté. L'équilibre est normalement intenable, mais dans leur rage, aucun des combattants n'est tombé. Ils continuent leur empoignade.

La position est également terriblement dangereuse pour l'avion. Le tableau de bord clignote, toutes les alarmes se mettent à retentir. À cela s'ajoute le fait que l'état du copilote se détériore rapidement. L'une de ses mains se paralyse, il a de plus en plus de mal à contrôler ses mouvements et il ne parvient pas à stabiliser l'appareil. Le DC10 se met à vibrer, il est agité de secousses de plus en plus fortes. Si cela continue, il va se disloquer.

Au prix d'un effort surhumain, Jim Tucker effectue enfin la manœuvre. Mais il a compris qu'il n'était pas en état de recommencer. Il branche alors la radio et appelle la tour de contrôle de Memphis.

— Urgence, j'appelle en urgence...

Un tel appel ne respecte pas la procédure. Il faut normalement d'abord donner l'identification de l'appareil. Le contrôleur de Memphis croit à un mauvais plaisant qui émet sur la longueur d'onde aérienne. Il ne répond pas. Le copilote insiste.

— Memphis, répondez-moi, par pitié !

Le contrôleur se décide. Il lance d'une voix peu aimable :

— OK, avion en urgence, je vous écoute.

Jim Tucker a retrouvé une partie de sa lucidité. Les formules à employer lui reviennent.

— Federal Express 705. Subissons tentative de détournement. Je suis blessé. Je suis seul aux commandes. Donnez-moi un cap pour rejoindre Memphis.

Son interlocuteur comprend alors que, non seulement il est sérieux, mais qu'il s'agit en plus d'une situation dramatique.

— Prenez le cap 095, descendez à 10 000 pieds...

— *Roger.*

— Vous pensez y arriver ?

— Je vais essayer... S'il vous plaît, continuez à me parler.

— Vous craignez de perdre connaissance ?

— Oui…

Le contrôleur branche le haut-parleur et c'est toute la tour qui entend la suite du dialogue.

— Où êtes-vous blessé ?

— À la tête.

— Il y aura une ambulance.

— Il en faut plusieurs. Tout l'équipage est blessé.

— Ce sera fait.

— Il faut aussi une force de police.

— Les pirates ne sont pas neutralisés ?

— Non. Il est seul, mais il est armé… Je commence à être paralysé.

— Tenez le coup !

*

Pendant ce temps, le combat s'est déplacé. Il n'a plus lieu dans le cockpit, mais dans la carlingue, au milieu des colis. Ralph Calloway a toujours le dessus contre les deux autres. Mais la chance tourne. Le DC10 a une secousse, due à une faiblesse du copilote, qui a lâché un instant les commandes. Surpris, Calloway laisse tomber son marteau. Le commandant Sanders s'en empare et le frappe deux fois sur le crâne. Le grand Noir est K.-O. debout. Comme dans un film d'épouvante, il s'avance d'une démarche mécanique, brandissant le fusil sous-marin et, brusquement, il tombe d'une masse. Il se redresse sur les coudes et se met à gémir.

— Arrêtez de me frapper. Je ne vous veux pas de mal !

Le commandant lance ses ordres.

— Reste allongé. Andy, prends le marteau. S'il bouge, tu lui fracasses le crâne.

Andy Peterson obéit. Le commandant appelle son copilote.

— Jim, viens nous rejoindre. Je vais prendre les commandes.

Un gémissement lui parvient en provenance du cockpit.

— Je n'y arriverai pas…

— Essaie !

Au prix d'un effort terrible, Jim Tucker parvient à quitter son siège, après avoir mis le pilote automatique. Il est dans un état effrayant. Il est presque complètement paralysé, toute sa partie gauche est inerte, même si sa jambe le soutient encore un peu.

Le commandant Sanders se met aux commandes. Il souffre de ses blessures au bras et à l'épaule, mais il est en pleine possession de ses moyens. Il prend la parole avec fermeté.

— Memphis, vous me recevez ?

Le contrôleur a une hésitation.

— C'est le Fed Express 705 ?

— Oui. Ici, le commandant de bord. La situation est sous contrôle… Enfin, j'espère.

Au même moment, un remue-ménage se fait entendre dans la carlingue. Ralph Calloway doit essayer de se dégager. David Sanders hurle à son équipage :

— Mettez-lui le harpon sous la gorge !

Un frisson parcourt le personnel de la tour de contrôle. Qu'est-il en train de se passer, là-haut dans les airs ? Le contrôleur reprend d'une voix mal assurée :

— Ça va, Express ?

— Ça ira. Donnez-moi les coordonnées d'atterrissage !

*

Il est 15 h 48. Il y a vingt-cinq minutes que Ralph Calloway a lancé son attaque et un peu plus d'une demi-heure que le DC10 a décollé. Et cela pose un problème, car les réservoirs sont pratiquement pleins. Il doit rester environ 40 tonnes de carburant, ce qui entraîne une surcharge considérable. Dans ces conditions, l'atterrissage est plus que risqué.

Alors que faire ? Vidanger en vol est une solution, mais cela va prendre du temps, plus d'une demi-heure… C'est la situation dans la carlingue qui dicte la réponse. Ralph Calloway continue à se défendre frénétiquement. Le commandant David Sanders entend des cris et des coups. Il ne peut plus attendre. Il annonce :

— Je vais atterrir malgré la surcharge. Que les secours se tiennent prêts !

— Ils sont là. Ils ont pris place en bout de piste.

*

David Sanders atterrit à 16 h 04. C'est un pilote chevronné. Du fait du poids, l'avion a les plus grandes difficultés à freiner et les pneus fondent en dégageant une épaisse fumée noire. Mais ils ne prennent pas feu et le lourd DC10 parvient à s'immobiliser.

Pompiers, police et ambulances se précipitent. Le commandant ouvre le toboggan de secours, mais les policiers ne peuvent pas monter, car il est enduit d'une substance glissante, destinée à favoriser la descente. Il n'y a pas d'autre moyen que d'évacuer les occupants de l'appareil les uns après les autres. Andy Peterson passe le premier, puis vient Jim Tucker, complètement inerte.

Pendant ce temps, David Sanders passe à Ralph Calloway les menottes que lui ont lancées les policiers et il le tient à bras-le-corps pour le mettre sur le toboggan. Enfin, il descend le dernier, comme le veut son grade de commandant.

*

Malgré le côté spectaculaire de ses blessures, notamment son oreille pendante qu'on remettra facilement en place, c'est le moins touché des trois et il se rétablira rapidement. Andy Peterson, le mécanicien, a deux fractures du crâne, mais son cerveau n'est pas atteint. Lui aussi recouvrera vite la santé.

Il n'en est malheureusement pas de même pour Jim Tucker. Son cerveau a été touché, avec une hémorragie interne et un caillot important. Il faut l'opérer d'urgence. L'intervention est une réussite, mais il gardera des séquelles à vie. Il boite, il a des pertes de mémoire. Il ne peut plus conduire une voiture, ni, bien entendu, piloter un avion.

Interrogé par les policiers, Ralph Calloway a révélé la partie finale de son plan avec une certaine fierté. Après avoir volé pendant une demi-heure dans les environs de Memphis pour effacer l'enregistrement de la boîte noire, il aurait écrasé le DC10 sur les installations de la Federal Express, qui a son siège dans la ville. Il y aurait eu des dizaines, peut-être des centaines de morts. Sa vengeance aurait été complète !

À son procès, il a plaidé la folie, ne convainquant personne... Comme il n'avait pas tué, il n'encourait pas la peine de mort, mais il a été condamné au maximum : la prison à vie sans remise de peine possible. Il est à l'heure actuelle en prison et il y finira ses jours.

Les trois membres de l'équipage ont reçu la Médaille d'or de l'héroïsme, la plus haute distinction de l'aviation civile, mais aucun d'eux n'a pu voler depuis, en raison des séquelles physiques et psychologiques que leur a laissé cette tentative de détournement.

Pour ces trois hommes, le vol Fed Express 705 a été le dernier.

22

La *Girl Jane*

Un fier chalutier, la *Girl Jane* ! Propriété d'Angus McGill, il est l'un des plus récents et des plus imposants de la flottille de pêche d'Arbroath, petit port de la côte est de l'Écosse, non loin de Dundee.

Nous sommes le 8 juillet 1954 et il est 5 heures du matin. Bruce Logan, un autre patron pêcheur, arrive à son bateau avec ses deux fils et il fait une découverte étonnante : la *Girl Jane* n'est pas là. À la place qu'elle occupe habituellement, il n'y a qu'un grand vide et les amarres pendent dans la mer. C'est étonnant, car c'est lui, Logan, le plus matinal. D'habitude McGill et son équipage partent une bonne demi-heure après lui. Le patron pêcheur hoche la tête :

— Drôlement pressé, aujourd'hui, Angus !

Et il n'y pense plus… Il est en train de s'affairer à préparer ses filets et à vérifier l'état de son moteur, lorsqu'il entend un cri :

— Nom de Dieu !

Il a sous les yeux un spectacle stupéfiant : Angus McGill vient de faire son entrée dans le port avec ses quatre hommes d'équipage et ils se sont arrêtés, les bras ballants, devant la place vide de la *Girl Jane*. Bruce Logan saute à terre.

— Qu'est-ce qu'il se passe, Angus ?

— Tu le vois bien, la *Girl Jane* n'est plus là !

— Elle a peut-être rompu ses amarres…

Les deux marins se penchent sur les cordes, mais elles sont intactes. Elles n'ont pas été arrachées, on les a défaites. Angus McGill ajoute :

— De toute manière, il fait beau. Avec un temps pareil, les amarres n'auraient pas pu céder…

Dans le port d'Arbroath, les patrons pêcheurs arrivent les uns après les autres et c'est bientôt l'effervescence. Les discussions vont bon train et de l'avis général, il s'agit d'un acte de malveillance : à marée basse, quelqu'un a retiré les amarres de la *Girl Jane* et, à marée haute, le bateau a quitté le port. Qui a fait cela et pour quelle raison ? Il sera toujours temps de se poser la question. En attendant, il n'y a pas de temps à perdre.

— On va tous s'y mettre, Angus !

La solidarité des gens de mer n'est pas un vain mot et, renonçant à une journée de pêche, tous les bateaux d'Arbroath quittent le port à la recherche de la *Girl Jane.* Les courants, les hauts-fonds et les récifs n'ont pas de secret pour leurs équipages. Toute la journée se passe à visiter les possibles endroits d'échouage, mais lorsque, au soir, la flottille regagne le port, elle n'a rien trouvé.

Un homme attend sur le quai. Il s'agit du lieutenant Malcolm Duncan, chef de la police locale ; il a été prévenu dès le début de la disparition du chalutier. Dans un premier temps, il a préféré laisser les collègues d'Angus agir, espérant avec eux qu'il ne s'agirait que d'un acte de malveillance, mais visiblement, ce n'est pas le cas… Il va au-devant d'Angus McGill. Il l'écoute résumer leurs vaines recherches et demande :

— Le chalutier n'aurait pas pu dériver plus loin au large ?

— Par gros temps, je ne dis pas. Mais il fait une mer d'huile, il n'y a pas un souffle de vent. Si nous ne l'avons pas retrouvé, c'est que quelqu'un a utilisé le moteur.

Et Angus McGill conclut, l'air tragique :

— On a volé la *Girl Jane* !

Il y a un silence pesant. Le lieutenant Duncan poursuit :

— Vous avez une idée de qui a pu faire cela ?

— Vous le savez aussi bien que moi. Ce sont les Norvégiens !

Il y a, en effet, une vieille rivalité entre les Écossais de la région et les Norvégiens, qui exploitent les mêmes zones de pêche. Cette rivalité a d'ailleurs conduit à des affrontements l'année précédente... Mais le policier n'est pas convaincu.

— Il n'y a pas besoin d'aller si loin. Il s'agit peut-être de quelqu'un qui vous en veut. Réfléchissez bien. Vous avez des ennemis ?

— Écoutez-moi, lieutenant. Un chalutier, cela ne se vole pas comme une bicyclette. Il n'y a qu'un marin qui en soit capable et pas seulement un marin, tout un équipage. Eh bien, aucun Écossais ne ferait une chose pareille !

Impressionné, le policier conclut :

— Écossais ou Norvégien, il faut retrouver la *Girl Jane.* Et, pour cela, j'emploierai les grands moyens. Aujourd'hui, il est trop tard. Les recherches commenceront demain.

*

Le 9 juillet au matin, trois avions de la RAF partent survoler les côtes, non seulement de l'Écosse, mais de toute la façade est de l'Angleterre. Les enquêteurs pensent que, s'il s'agit d'un vol, l'équipage se sera réfugié dans une crique ou un endroit isolé quelconque, le temps de maquiller le bateau et de reprendre la mer. Mais au soir, il faut se rendre à l'évidence : il n'y a pas la moindre trace de la *Girl Jane.*

C'est une conversation tendue que le lieutenant Malcolm Duncan a avec son propriétaire.

— Nous avons transmis un avis d'alerte à tous les bateaux naviguant dans la région. La nuit va tomber et si la *Girl Jane* dérive sans feux, c'est un danger mortel pour eux.

— La *Girl Jane* ne peut pas dériver aussi loin, je vous l'ai dit !

— Je sais. Mais il est possible que ceux qui l'ont volée n'allument pas leurs feux pour passer inaperçus…

Angus McGill hausse les épaules. Toutes ces considérations ne l'intéressent visiblement pas.

— Avez-vous cherché du côté de la Norvège ?

— J'en ai parlé aux autorités, mais elles n'y croient pas.

— C'est pourtant là qu'est la *Girl Jane* ! Et, à mon avis, il est déjà trop tard. Elle réapparaîtra dans quelque temps repeinte dans une autre couleur et avec un nom norvégien.

— Je suis désolé, monsieur McGill, je n'ai pas les moyens de lancer ces recherches. Demain, nous continuerons à patrouiller le long des côtes. D'autre part, une enquête est en cours sur les bandes organisées qui peuvent exister dans la région.

— Vous perdez votre temps et moi, j'ai perdu mon bateau !

*

Les choses en sont là au matin du 10 juillet 1954, alors que la *Girl Jane* a disparu depuis déjà deux jours. Angus McGill est sûr de ne jamais revoir son chalutier et le lieutenant Duncan s'apprête à reprendre les recherches le long des côtes écossaises, sans véritable conviction, il faut le dire. C'est alors qu'il va recevoir la plus inattendue des visites.

Il est à peine 8 heures du matin lorsque trois adolescents de treize ans environ se présentent au poste de police d'Arbroath. Le planton leur demande ce qu'ils veulent. Ils lui répondent qu'ils ne parleront qu'au lieutenant. L'agent se prépare à les éconduire, mais il se ravise lorsqu'ils lui disent qu'ils ont des informations très importantes à propos de la *Girl Jane.*

Les gamins se prénomment Bruce, Darren et Keith. Le lieutenant Malcolm Duncan les connaît. Ils habitent tous les trois une partie populaire d'Arbroath et ils ont déjà eu affaire à lui pour chapardage. C'est ce qui l'incite à les écouter avec attention. Ils n'ont sûrement aucune envie de se trouver devant lui et s'ils sont venus quand même, c'est que ce qu'ils ont à lui dire est grave.

— Je vous écoute...

Il y a un long silence gêné. Bruce, qui semble le plus dégourdi des trois, se décide à prendre la parole.

— Eh bien, voilà, monsieur, on croit savoir qui c'est, pour la *Girl Jane*.

— Vous avez assisté au vol ?

— Non, on le sait, parce qu'il nous l'a dit. C'est Jack Brodick.

Le lieutenant Duncan ouvre de grands yeux. Jack Brodick, il se souvient aussi. C'est un gamin du même genre que ceux qu'il a devant lui, peut-être un peu plus âgé, quatorze ans, mais pas davantage. Il a eu affaire à lui aussi pour chapardage. Mais cela n'a aucun sens !

— Vous vous moquez de moi ?

— Non. On fait tous partie d'une bande, le « Serpent rouge ». Lui, c'est le chef. On joue à accomplir des exploits. Il y a trois jours, il nous a dit : « On va voler la *Girl Jane* ! » On a refusé, vous pensez bien. C'était trop grave. Mais le lendemain, on a appris qu'elle avait disparu. Alors, on a compris que c'était lui.

— Comme s'il en était capable !

— Lui, il était sûr de l'être. Et puis, le plus grave, c'est qu'il voulait aller en Norvège. C'est loin ! C'est pour ça qu'on est inquiet.

Malcolm Duncan n'en revient pas. Voilà la Norvège qui revient à présent !

— Il a volé le bateau pour le compte des Norvégiens ?

— Pas du tout. Il voulait revoir Gerda, une Norvégienne. Elle est venue l'année dernière en vacances à Arbroath...

La fugue amoureuse d'un gamin : voilà ce qu'il y aurait derrière la disparition de la *Girl Jane* ! Le policier refuse d'y croire ; il veut garder les pieds sur terre.

— Si ce que tu dis est vrai, Jack devrait avoir disparu.

— Il a disparu, monsieur. Il a dit à ses parents qu'il allait chez sa tante à Dundee. Ça lui arrive pendant les vacances. On a été voir chez sa tante : il n'y est pas...

Cette fois, il n'y a plus rien à répliquer. Il faut agir et vite, la vie d'un adolescent est en jeu car, même s'il est débrouillard et si, par chance, le temps reste beau, Jack court les pires dangers, seul sur un chalutier de cette taille ! Le lieutenant Duncan informe la Royal Navy de ce qu'il vient d'apprendre et c'est le branle-bas de combat. La marine britannique envoie sur la zone deux de ses vedettes. Les autorités norvégiennes sont également prévenues, au cas où le chalutier se trouverait dans leurs eaux territoriales.

*

Ce sont pourtant les Anglais qui font la découverte. À cent milles seulement des côtes norvégiennes, une des deux frégates repère un chalutier qui ne répond pas aux signaux. C'est bien la *Girl Jane*, mais, élément inquiétant, le bateau a une trajectoire hésitante, comme s'il était livré à lui-même.

Le jeune Jack aurait-il eu un accident ? Serait-il blessé ou pire ? C'est très inquiet que le capitaine fait mettre un canot à l'eau. Étant donné que le temps reste au beau fixe, les marins n'ont aucune difficulté à monter à bord. Mais là, personne. Ils l'appellent :

— Jack... Jack...

Il n'y a aucune réponse. Il est introuvable. Serait-il passé par-dessus bord ? Non. Après avoir fouillé en tous sens, ils finissent par découvrir l'adolescent endormi dans un tas de cordages. Après trois jours de navigation, il avait succombé au sommeil, épuisé.

*

Ramené à Arbroath, Jack Brodick a suscité à la fois colère et admiration. Colère, parce que son escapade avait coûté très cher. Outre le coût des avions et des bateaux dans le cadre de l'enquête, les pêcheurs avaient perdu une journée d'activité pour leurs recherches et la *Girl Jane* plus encore.

Paradoxalement, c'est le patron de cette dernière qui lui en a le moins voulu. Il s'est souvenu que le gamin avait tellement insisté qu'il lui avait permis, quelques mois plus tôt, de monter à bord le temps d'une pêche. Il n'avait pas quitté la cabine de pilotage et il avait tout retenu. On peut dire ce qu'on veut, mais un tel exploit mérite un coup de chapeau !

En Angleterre, la justice pour mineurs est beaucoup plus sévère que chez nous. Malgré ses quatorze ans, Jack Brodick a été condamné à un an de prison, dont six mois fermes, qu'il a accomplis intégralement. Mais en même temps, son aventure a eu un grand retentissement dans tout le pays et lorsqu'il est sorti, plusieurs patrons pêcheurs lui ont proposé de l'engager. À défaut de trouver l'élue de son cœur, Jack avait trouvé un métier. Une jolie conclusion pour une équipée qui aurait pu très mal se terminer !

23

Le métro de New York

Lors de son élection comme maire de New York en 1993, Rudolph Giuliani a promis de faire disparaître l'insécurité. Et il a tenu parole. En employant d'énormes moyens financiers, il a réussi à chasser les délinquants de Manhattan et de Harlem. Et si certains quartiers posent encore problème, comme le Bronx, cela n'a rien à voir avec ce qui se passait auparavant. À tel point que New York est considérée aujourd'hui comme la ville la plus sûre des États-Unis.

Le contraste est plus frappant encore pour son métro. Il était naguère un véritable coupe-gorge, il est aujourd'hui un des plus sécurisés de la planète. À la différence de celui de Paris, il est ouvert 24 heures sur 24 et, même au cœur de la nuit, une femme seule peut l'emprunter sans problème. C'est dire que ce qui va suivre se passe dans un autre monde !

*

Nous sommes le samedi 17 janvier 1987. En ce jour de week-end, l'affluence est bien moindre qu'en semaine, mais les voyageurs sont loin d'être rassurés. Chacun sait que les délinquants passent de préférence à l'action le samedi et le dimanche, principalement sur la ligne 2, la plus mal fréquentée, celle qui dessert les endroits les plus déshérités.

Un homme d'une quarantaine d'années est assis seul sur sa banquette. Il ne semble, lui, pas trop préoccupé. Il est vêtu avec une certaine distinction. Il porte de petites lunettes cerclées d'or et regarde par la fenêtre le paysage hivernal, car, à cet endroit, la ligne est aérienne.

— Pardon, m'sieur !

Une voix à l'accent banlieusard vient de le tirer de sa contemplation. Il s'agit d'un grand Noir vêtu d'un survêtement fatigué et coiffé d'une casquette posée de travers. Trois individus du même acabit se tiennent derrière lui. Tous les quatre sourient, d'un sourire qui n'a rien d'agréable. Dans le reste du wagon, les voyageurs font semblant de n'avoir rien vu ni entendu. Ils se plongent dans leur lecture ou regardent le sol, soulagés que les voyous s'en prennent à quelqu'un d'autre. Mais l'apparition des quatre compères n'a pas l'air d'émouvoir l'homme bien mis, qui les dévisage sans manifester de sentiment particulier.

— Vous désirez ?

— M'sieur, on s'est dit comme ça que vous avez peut-être une cigarette.

— Mais bien sûr... Tenez, prenez tout !

L'homme met la main à sa poche et tend un paquet. Le grand Noir le prend et sort un tournevis aiguisé, l'arme traditionnelle des gangs qui sévissent dans le métro. Ses trois acolytes font le même geste en même temps que lui.

— On s'est dit aussi que vous nous refuseriez pas quelques dollars...

Le voyageur est toujours incroyablement calme.

— Mais bien entendu, les gars, ça ne se refuse pas !

La suite se passe avec une rapidité incroyable. L'homme met de nouveau la main à sa poche. Croyant qu'il va prendre son portefeuille, les quatre voyous ne se méfient pas. Au lieu de cela, il sort un revolver de gros calibre et fait feu. Quatre détonations assourdissantes emplissent le wagon et, l'instant d'après, les agresseurs baignent dans une mare de sang. Comme, au même moment, la rame s'arrête, l'homme s'enfuit à toutes jambes, sans que personne ne se lance à sa poursuite.

*

Les agressions sont si nombreuses, à cette époque, dans le métro de New York, que les médias n'en parlent jamais. Ils font seulement une exception quand il y a une victime et encore, c'est juste pour mentionner l'événement, sans s'y attarder. Cette fois-ci pourtant, c'est la sensation ! La presse écrite fait sa Une sur celui qu'elle a baptisé « le justicier du métro » et les journaux télévisés ouvrent également leur édition sur lui…

Il y a un mort, le chef de la bande, tué d'une balle en pleine tête, un blessé grave, touché à la colonne vertébrale, qui restera paralysé à vie, et deux blessés plus légers. L'identité des voyous n'a rien qui puisse surprendre : ils habitaient tous les quatre dans une rue déshéritée du Bronx, ils étaient fichés par la police et, malgré leur jeune âge, avaient déjà un casier judiciaire impressionnant.

Ce qui surprend, au contraire, c'est la réaction de celui qui aurait dû être leur victime. Bien qu'il soit au sens strict du terme un meurtrier, il est considéré comme un héros. « Il nous a donné une leçon de courage. » « Enfin, un véritable Américain ! » Ce sont les phrases qui reviennent dans la bouche ou sous la plume des journalistes. On le compare à Charles Bronson, qui a joué un rôle semblable dans le film *Un justicier dans la ville*. Il devient célèbre du jour au lendemain, non seulement à New York, mais dans tous les États-Unis.

Seulement, à la différence de Charles Bronson, il ne s'agit pas de cinéma. Il y a bel et bien eu meurtre et la police doit mener son enquête. L'existence ou non de la légitime défense ne la regarde pas, ce sera l'affaire des avocats et des juges. En attendant, le « justicier » doit être arrêté. D'autant qu'il n'avait sans doute pas d'autorisation de port d'arme. Si, aux États-Unis, les revolvers sont pratiquement en vente libre, on doit les conserver chez soi.

Bien que les témoins ayant assisté à la scène aient été nombreux, aucun d'entre eux ne se présente. Pensant que c'est par crainte des représailles, la police installe une ligne téléphonique, pour ceux qui voudraient apporter des renseignements en toute discrétion. Dès l'ouverture, le numéro est submergé d'appels, mais ce ne sont pas du tout ceux qu'attendaient les policiers. Ce ne sont que des approbations, toutes plus enthousiastes les unes que les autres, pour l'auteur du crime :

— Je suis une mère de famille et je le remercie pour mes enfants !

— En tant que pasteur, je tiens à lui dire que Dieu est avec lui !

Dans la presse, des pétitions circulent en sa faveur, une souscription est lancée pour verser sa caution s'il est arrêté et payer ensuite les frais de son procès ; des dizaines d'avocats se proposent d'assurer gratuitement sa défense.

Les policiers s'arrachent les cheveux. Tout marche à l'envers ! Ils ne craignent à présent qu'une chose : que le justicier fasse des émules, que tout le monde prenne le métro avec un revolver et dégaine pour un oui ou pour un non ; que le sous-sol de New York devienne un nouveau Far West, qu'on se fusille dans les rames et les couloirs et que chaque jour on ramasse les cadavres. À la télévision, le chef de la police new-yorkaise tente de ramener ses concitoyens à la raison et de rappeler les principes élémentaires du droit.

— Toute personne qui se substitue à la police doit être punie. Nous ne sommes pas dans un western. Régler ses comptes soi-même est un comportement animal…

Cette fois, l'appel est entendu. Quelques témoins de l'agression appellent au fameux numéro de téléphone et, cette fois, ce n'est pas pour féliciter le « justicier », mais pour donner son signalement. Leurs témoignages sont concordants et permettent d'établir un portrait-robot qui est placardé sur les murs de la ville. Mais la police n'est pas au bout de ses peines : des mains vengeresses arrachent aussitôt les affiches. Des télévisions locales vont plus loin : elles montrent le portrait, mais c'est pour l'accompagner du commentaire suivant :

— Voici notre héros. Si vous le rencontrez, allez lui serrer la main...

*

Trois mois ont passé. Nous sommes le 27 mars 1987. Dans la ville d'Albany, capitale de l'État de New York, le propriétaire d'une grosse bijouterie voit arriver un client. Il est vêtu d'un costume de bonne coupe et porte des lunettes cerclées d'or. Son visage lui dit quelque chose. Et soudain l'illumination se fait : le portrait-robot, il ressemble au portrait-robot ! Il a une exclamation :

— Excusez-moi, mais vous ne seriez pas le justicier du métro ?

L'homme est aussi calme que lors de l'agression.

— Oui, c'est moi.

— Alors, laissez-moi vous serrer la main. Vous êtes un héros !

Sans prendre la main tendue, l'homme le fixe derrière ses lunettes dorées.

— Si vous savez que c'est moi, vous savez aussi que je suis armé ?

— Oui, bien sûr.

— Et que je tire juste ?

— Oui, mais...

Le justicier du métro a un sourire.

— Eh bien, si vous ne voulez pas connaître le sort des quatre truands, donnez-moi vos bijoux !

Il y a un silence. Puis, comme un automate, le commerçant va ouvrir ses coffres et ses vitrines...

Le malheureux bijoutier porte plainte. Il donne le signalement de son voleur, qui, vérification faite, correspond trait pour trait au portrait-robot qui circule depuis des mois.

*

La nouvelle fait sensation. Ainsi donc, le justicier du métro n'était lui-même qu'un truand ! Et s'il était armé, c'était qu'il s'apprêtait à commettre un coup, vraisemblablement contre une bijouterie… Mais le plus extraordinaire, c'est que cela ne change pas le jugement de la plupart des gens. Ce malfaiteur bien habillé, et blanc de surcroît, continue à recueillir leurs faveurs.

L'actualité est volage. Le justicier du métro occupe le devant de la scène pendant quelque temps et puis, on l'oublie. Mais la police, elle, ne l'oublie pas. Elle le cherche dans tous les États-Unis et même à l'étranger, via Interpol, car, avec l'argent que lui a rapporté son vol, il a largement de quoi s'établir dans le pays de son choix.

C'est pourtant beaucoup plus près qu'elle finit par mettre la main sur lui. L'homme, qui s'appelle John Gladstone, est arrêté en Floride où il coulait des jours tranquilles sous un faux nom. Il est ramené à New York et il avoue, avec la tranquillité qu'il a toujours manifestée, ce qui s'est passé le 16 janvier.

— Effectivement, j'avais l'intention d'attaquer une bijouterie, mais ces petits voyous m'en ont empêché…

Les promesses qu'on lui avait faites n'étaient pas des paroles en l'air. Dès qu'il est inculpé, des milliers de souscripteurs se manifestent pour payer sa caution. De même, plusieurs avocats se disputent l'honneur d'assurer gratuitement sa défense et il choisit le plus réputé.

*

Il n'y a pas un mais deux procès de John Gladstone. Le premier, pour l'affaire du métro, a lieu début mars 1988, devant la cour criminelle de New York. C'est un véritable triomphe ! Il gravit les marches du palais de justice au milieu des caméras de télévision et des flashs des photographes, exactement comme une vedette de cinéma arrivant dans un festival. Une foule enthousiaste est là pour l'acclamer. Soucieux de garder une image digne et de ne pas indisposer les jurés, il ne répond toutefois aux vivats que par un discret sourire.

Mais il n'a aucun souci à se faire. Son brillant avocat arrive sans peine à démontrer la légitime défense. En face, le représentant de l'accusation fait son devoir sans la moindre conviction et, après une délibération qui ne dure pas plus d'un quart d'heure, le jury revient avec un verdict d'acquittement. Un tonnerre d'applaudissements salue cette décision et, bien qu'il tente de l'empêcher, le justicier du métro quitte la salle d'assises porté en triomphe.

*

L'atmosphère est pourtant différente lors du second procès, qui a lieu deux mois plus tard, au même endroit. Les caméras de télévision et les photographes sont toujours là, mais la foule n'est pas venue. Les défenseurs de l'ordre que sont ses partisans ne pouvaient pas l'acclamer pour avoir commis un crime de droit commun. Lui-même, d'ailleurs, sans doute sur les conseils de son avocat, n'est plus du tout souriant. Il affiche une mine sombre où se lit le remords.

Mais pour le reste, les choses se passent tout aussi bien que la première fois. Bien que le dossier soit accablant, il est condamné à la peine la plus légère qu'il pouvait espérer : cinq ans de prison avec sursis. C'est libre que John Gladstone quitte la salle d'assises. Il n'a pas passé une seule journée derrière les barreaux.

Une fois le procès terminé, on aurait pu penser qu'il choisirait de se faire oublier, mais pas du tout ! Il a fondé à New York une association d'autodéfense, qui a connu un grand succès. Il a également été interviewé à plusieurs reprises et a participé à des campagnes publicitaires pour la vente libre des armes.

Les choses ont changé quand l'insécurité a commencé à décliner grâce au nouveau maire. Avec la tranquillité retrouvée, on a progressivement cessé de s'intéresser à lui puis on l'a oublié tout à fait. Le métro de New York était devenu un moyen de transport comme les autres où les justiciers n'avaient plus leur place.

24

Le train et l'école

Annie Berkampf regarde distraitement le paysage à travers la fenêtre de son train reliant Rotterdam à Groningue, au nord des Pays-Bas. La vision de ces pavillons et de ces jardins parfaitement entretenus est un peu monotone, mais il fait si beau, ce 23 mai 1977 ! Aussi est-elle résolument optimiste. D'autant que c'est l'une des dernières journées où elle se rend à son travail de comptable dans une compagnie d'assurances. Elle est enceinte de six mois et, à partir du 1er juin, commencera son congé de maternité.

Malgré son état, Annie Berkampf aime bien prendre le train. Elle a toujours une place assise et elle aime la compagnie des gens. C'est plus gai, plus animé que d'être enfermée dans sa voiture… Il est exactement 9 heures du matin, lorsqu'un bruit strident retentit : celui du signal d'alarme que quelqu'un vient d'actionner. En même temps, un cri éclate :

— Ceci est une prise d'otages !

Tandis que le train s'immobilise en catastrophe, plusieurs individus surgissent dans la travée centrale. Ils sont armés de gros revolvers et, pour deux d'entre eux, d'une mitraillette. Le même homme qui avait crié lance un ordre :

— Prenez des journaux et recouvrez les vitres !

Annie Berkampf reste hébétée. Autour d'elle, les passagers s'exécutent comme des automates. Comme elle est toujours immobile, un des hommes la saisit violemment par le bras.

— Qu'est-ce que tu attends ? Dépêche-toi !

Elle avise un quotidien qui traîne sur la banquette d'en face et se met en devoir d'obéir… Elle a compris la situation. Les preneurs d'otages ont le teint mat et les cheveux très bruns ; ils sont de petite taille et parlent avec un léger accent. Il n'y a aucun doute possible, ce sont des Moluquois et, comme la plupart des Hollandais, Annie ressent pour eux des sentiments contradictoires, faits à la fois de peur et de compassion.

*

Le sort des Moluquois est un peu comparable à celui des harkis. Les Moluques sont un archipel à l'est de l'Indonésie, ancienne colonie hollandaise. Dans cet ensemble musulman, les Moluquois présentent la particularité d'être chrétiens et, à l'inverse des autres Indonésiens, ils ont vu d'un œil favorable l'arrivée des colonisateurs. Ils se sont mis à leur service, leur fournissant, en particulier, le gros des effectifs de la gendarmerie.

De même, ils ont combattu à leurs côtés lors de la guerre d'indépendance et, à la proclamation de la République d'Indonésie, une grande partie d'entre eux, principalement originaire des Moluques du Sud, a refusé de rester, par crainte des représailles. C'est ainsi qu'en 1951, 3 500 militaires moluquois et leurs familles, soit 13 000 personnes, ont fait le long voyage jusqu'aux Pays-Bas.

Mais le moins qu'on puisse dire, c'est que les nouveaux venus n'ont pas été accueillis avec empressement. N'ayant pas de permis de travail, ils ont été regroupés dans divers endroits, y compris dans les baraquements d'un camp de concentration de la Deuxième Guerre mondiale. Ils étaient vus comme des parias et la nationalité hollandaise leur a été refusée avec obstination.

Cela n'empêche pas la communauté moluquoise d'être dotée d'un taux de natalité élevé et, une génération plus tard, elle atteint les 40 000 membres... Il n'y a pas que son nombre qui a augmenté, il y a aussi son amertume et sa colère. Les plus jeunes et les plus déterminés créent l'Organisation de la jeunesse des Sud-Moluques, avec, en tête de son programme, l'autonomie des Moluques du Sud. Mais l'Indonésie ne veut pas en entendre parler et le gouvernement hollandais refuse catégoriquement de prêter son concours à ce projet. Les Moluquois décident alors d'employer la force.

En 1970, ils occupent la résidence de l'ambassadeur indonésien à La Haye, action qui se solde par un mort. Cinq ans plus tard, en 1975, a lieu une double opération : à Amsterdam, le consulat général de l'Indonésie est pris d'assaut et, là encore, il y a une victime ; le même jour, dans le nord des Pays-Bas, un train est arraisonné, tous les passagers et le personnel sont pris en otage. Il s'agit du premier détournement de train dans le monde et la nouvelle fait la une des journaux de tous les pays. Le détournement dure treize jours, durant lesquels trois otages perdent la vie : le conducteur, tué accidentellement, et deux passagers, abattus de sang-froid. Les militants finissent par capituler et sont condamnés à sept ans de prison.

C'est tout cela qu'Annie Berkampf a à l'esprit tandis qu'elle entreprend de recouvrir avec du papier journal les vitres de son wagon. Elle pense surtout à la précédente attaque de train et aux deux malheureux exécutés délibérément. Elle ignore que, cette fois, la situation est plus dramatique encore.

*

Exactement au même moment, à 25 kilomètres de là, dans l'école primaire de Bovensmilde, les cours viennent de commencer. Pour Jan Hoevenaers, le directeur de ce petit établissement rural, c'est la routine. Il n'y a jamais eu d'incident dans cette école qu'on peut dire familiale. Il connaît les parents de tous ses élèves, il est invité fréquemment chez les uns et les autres, pour leur donner des conseils ou simplement pour partager leur compagnie…

C'est alors qu'une dizaine de Moluquois font irruption. Jan Hoevenaers s'apprête à leur demander la raison de cette intrusion, lorsqu'il s'aperçoit qu'ils sont armés. L'un d'eux bondit sur lui et lui plaque son pistolet sur la tempe.

— Combien il y a d'élèves ici ?

— Entre cent et cent dix, cela dépend…

— Combien de classes ?

— Cinq…

— On réunit tout le monde dans la salle de gymnastique, élèves et professeurs. C'est une prise d'otages.

— Vous ne pouvez pas…

— Exécution !

Peu après, les cent cinq élèves de l'école primaire de Bovensmilde, leurs cinq instituteurs, le directeur et les trois membres du personnel administratif sont regroupés dans la salle de gymnastique. Éclate alors le même ordre que dans le train :

— Prenez des journaux et mettez-les sur les fenêtres.

Une des plus dramatiques prises d'otages qu'on ait connues vient de commencer. Elle va tenir en haleine non seulement toute la Hollande, mais le monde entier.

*

À 25 kilomètres de là, les preneurs d'otages n'ont pas occupé la totalité du train. Soit involontairement, soit intentionnellement parce qu'ils se savaient en nombre insuffisant pour contrôler tout le convoi, ils ont laissé partir le conducteur et les passagers des trois premiers wagons.

Ceux-ci ont immédiatement donné l'alerte, précisant que les agresseurs étaient des Moluquois.

Un comité de crise se réunit à La Haye. Le Premier ministre Joop den Uyl décide d'envoyer sur place deux pelotons de Royal Dutch Marines. Il s'agit d'une unité d'élite disponible 24 heures sur 24, qui peut être déployée partout dans le pays en moins de 90 minutes. C'est elle qui a déjà affronté les Moluquois lors de leurs précédentes actions et elle a manifesté un sang-froid à toute épreuve.

Sur place, les marines encerclent les wagons. Leur commandant fait son premier rapport au chef du gouvernement.

— Ils sont retranchés avec leurs otages. Pour l'instant, on ne peut rien savoir d'eux. Il y a du papier journal sur les vitres.

— Est-ce qu'ils ont fait connaître leurs revendications ?

— Pas du tout. J'ai envoyé un de mes hommes leur proposer un téléphone. Ils lui ont tiré dessus, heureusement sans l'atteindre.

— Je vous rappelle…

On vient, en effet, d'interrompre le Premier ministre pour lui annoncer une nouvelle alarmante : des parents qui accompagnaient leur enfant en retard à l'école de Bovensmilde ont découvert que l'établissement était barricadé, avec des journaux aux fenêtres et, comme ils approchaient, un coup de feu a été tiré dans leur direction.

Joop den Uyl donne les mêmes ordres que précédemment et les Royal Dutch Marines sont sur place 10 minutes plus tard. Les indications données par leur chef sont préoccupantes.

— Pas moyen de savoir quoi que ce soit. À l'intérieur la situation a l'air tendue. On entend des cris d'enfants…

*

Le comité de crise est unanime : il faut entrer le plus vite possible en contact avec les preneurs d'otages, savoir qui ils sont et ce qu'ils veulent. Il est décidé d'envoyer en direction du train un nouvel homme porteur d'un téléphone. Pour prouver qu'il ne s'agit pas d'un piège, il sera en sous-vêtements.

Cette fois, les Moluquois acceptent le téléphone qu'on leur propose et la communication est établie. Au bout du fil, une voix jeune au léger accent asiatique.

— Nous exigeons la libération des vingt et un Moluquois emprisonnés en 1975 et un Boeing pour quitter le pays. Nous voulons également une ligne téléphonique entre le train et l'école.

— Vous aurez satisfaction pour la ligne. Pour le reste, ce sera plus long... C'est vous le chef ? Qui êtes-vous ?

— Je n'ai pas à vous répondre. Appelez-moi 7-47.

7-47 est le numéro du train. Ce n'est pas cela qui peut donner une indication sur l'identité du preneur d'otages. Mais celui-ci n'en a pas fini.

— Vous devez nous donner satisfaction avant demain 14 heures. Sinon, nous tuons tout le monde, les passagers du train et les enfants.

— Ne faites pas cela !

— Demain, 14 heures, pas plus tard.

— C'est trop court...

La conversation s'arrête là. L'homme a raccroché. À côté de lui, Annie Berkampf a tout entendu. En apprenant l'ultimatum, elle a eu une pensée, une seule : son enfant. Il ne peut pas mourir ! Elle a un cri :

— Je suis enceinte !

Le Moluquois, un jeune homme bien fait de sa personne, à qui on pourrait trouver un air aimable en d'autres circonstances, l'observe. Son état est effectivement assez visible. Il ne dit rien, mais semble prendre la chose en considération. Annie Berkampf a, pour la première fois, un petit espoir.

*

La double prise d'otages a débuté il y a deux heures et le gouvernement n'en a que trente devant lui pour éviter un carnage… En ce qui concerne les revendications des terroristes, la décision a été prise depuis longtemps : c'est non. Les autorités n'ont jamais cédé aux Moluquois et le côté dramatique de la situation n'y change rien. Une de leurs exigences est, en revanche, immédiatement satisfaite : la ligne directe entre le train et l'école. Elle sera sur écoute et pourra livrer des informations peut-être capitales. D'ici là, il faut gagner du temps…

Dès les premiers échanges verbaux entre le commando du train et celui de l'école, il apparaît que c'est le premier qui commande et que le chef est le jeune homme qui se fait appeler 7-47. C'est auprès de lui qu'il faut agir. Le comité de crise confie aux psychiatres la tâche d'entamer les négociations. C'est un docteur qui prend le téléphone. Il doit évaluer l'état d'esprit de son interlocuteur et juger si ses menaces doivent être prises au sérieux.

— Êtes-vous disposé à m'écouter ?

— Si c'est pour me dire que nos camarades sont libérés et que l'avion est prêt, oui. Sinon, ce n'est pas la peine.

— On s'en occupe. En attendant, avez-vous besoin de quelque chose ? De la nourriture ? De l'eau ?

Il fait en effet très chaud, en cette fin mai et, si la température doit être à peu près supportable dans l'école, il n'en est pas de même dans le train immobilisé en rase campagne… Le jeune Moluquois est sec, cassant.

— Nous avons ce qu'il nous faut.

— Mais pour les passagers ? Ils ne vont pas rester sans manger et sans boire…

— Il faudra bien. De toute manière, si vous ne nous donnez pas satisfaction, ils n'en ont plus pour longtemps !

*

Du côté de l'école, la situation est tout aussi dramatique. Le Moluquois qui répond au téléphone et qui est visiblement le second de 7-47 se montre aussi violent que son chef. Comme le négociateur lui déclare, conformément aux instructions qu'il a reçues :

— Les enfants doivent être relâchés immédiatement, c'est un préalable à la poursuite des négociations.

Il s'entend répliquer :

— Les enfants seront exécutés demain à 14 heures, si vous ne faites pas ce qu'on vous dit. Nous avons ce qu'il faut pour ça... Je vous passe le directeur. Il va vous dire ce que je tiens à la main.

Il y a un silence et puis, la voix blanche de Jan Hoevenaers.

— Il a une grenade.

— Exact ! Nous en avons une chacun. S'il le faut, nous n'hésiterons pas à les balancer au milieu des enfants !

Et il coupe la communication... Le directeur est allé rejoindre son personnel, six femmes et deux hommes. Il leur parle à voix basse.

— S'ils lancent les grenades sur les enfants, celui ou celle qui sera le plus près devra se jeter dessus : vous êtes d'accord ?

Il n'y a pas une seconde d'hésitation : un oui unanime lui fait écho. Le personnel de l'école est prêt au sacrifice.

*

Les heures qui suivent sont parmi les plus angoissantes qu'aient vécues les Pays-Bas. Tous les habitants sont suspendus à leur poste de radio ou de télévision et, dans le monde entier, les bulletins d'informations s'ouvrent sur la prise d'otages.

Sur place, il ne se passe rien. Mais la tension n'a pas baissé, bien au contraire. Dans l'école, les Moluquois ont fait placer les enfants devant les fenêtres obstruées de journaux et ils leur font répéter :

— Nous voulons vivre ! S'il vous plaît, monsieur le Premier ministre, laissez-nous vivre !

Les malheureux parents, même s'ils sont maintenus à l'écart par les forces de police, peuvent entendre cet appel qui les bouleverse. Dans le train, la situation n'est guère meilleure. Car, des enfants, il y en a aussi, ainsi que des personnes âgées, des malades et, bien sûr, une femme enceinte. Tous souffrent de la promiscuité, de la chaleur, sans parler de la peur…

*

Au matin du 23 mai 1977, les membres du comité de crise, à La Haye, ont bien peu dormi. Après des discussions fiévreuses, ils sont parvenus à se mettre d'accord. Il a été décidé de ne pas intervenir. Ils ont fait le pari que les Moluquois n'exécuteraient pas leurs otages à 14 heures. Ce serait se condamner eux-mêmes et se rendre coupables d'un crime abominable aux yeux du monde entier. Il a toutefois été convenu que si un otage était tué, les marines interviendraient immédiatement. Il faudrait alors le faire simultanément sur les deux objectifs, ce qui entraînerait des pertes importantes parmi les personnes détenues…

14 heures : c'est l'instant crucial. La tension est à son comble, spécialement dans l'école, où Jan Hoevenaers et son personnel sont prêts à se faire déchiqueter par les grenades pour sauver leurs élèves. Mais les Moluquois n'ont pas l'air décidés à faire quoi que ce soit… Une minute, deux minutes, cinq minutes s'écoulent sans qu'il ne se passe rien. Au bout d'un quart d'heure, on peut avoir la certitude qu'ils n'exécuteront pas leurs otages. C'est un immense soulagement !

À partir de ce moment, le conflit s'installe dans la durée. Dans le train, les Moluquois acceptent qu'on leur apporte des boissons et de la nourriture, précisant qu'ils les feront consommer aux otages. En même temps, ils demandent des produits d'entretien, ce qui signifie qu'ils ont l'intention de rester longtemps.

Tandis qu'elles continuent les négociations, les autorités demandent aux marines d'établir une surveillance électronique. Dans un premier temps, des micros sont cachés dans les caisses de nourriture, mais elles sont jetées hors du train. Il faut donc procéder autrement.

Un spécialiste installe de l'équipement d'écoute ultrasensible sur le châssis des wagons. Ces appareils retransmettront toutes les conversations à bord du train. Des caméras à infrarouge sont également dissimulées dans les arbres en bordure de la voie ferrée. Elles décèlent la chaleur des corps à bord du train et les traduisent en images thermiques. Ainsi, les marines peuvent étudier les allées et venues des terroristes.

Il est impossible de faire de même dans l'école… Là, le principal problème est constitué par les enfants et, après avoir pris l'avis des spécialistes, le comité décide d'employer un moyen particulièrement habile.

Comme dans le train, les preneurs d'otages ont accepté de recevoir du ravitaillement et, quatre jours après le début du siège, ils sont obligés de relâcher un premier enfant. Une petite fille est tombée gravement malade. Elle a tellement vomi qu'elle en saigne du nez et de la gorge.

Bientôt, d'autres élèves tombent malades. Leur nombre augmente rapidement et la situation devient ingérable. L'un des Moluquois consent à parler à un médecin.

— Décrivez-moi leurs symptômes.

— Ils frissonnent, ils grelottent. Beaucoup ont mal à la tête.

— Est-ce qu'ils ont de la fièvre ?

— C'est difficile à dire, mais, effectivement, ils sont chauds.

— Alors, c'est peut-être la méningite. C'est très grave, c'est même mortel. J'ajoute que c'est très contagieux et que vous risquez de l'attraper vous-mêmes.

Les preneurs d'otages consentent à relâcher les plus atteints et, la situation ne faisant qu'empirer, tous les enfants. Ces derniers se rétablissent rapidement une fois sortis. Les parents accusent les autorités de les avoir intoxiqués. Celles-ci démentent, mais c'est pourtant l'exacte vérité et elles le reconnaîtront plus tard. La substance a été remarquablement choisie : suffisamment active pour provoquer un état impressionnant et suffisamment inoffensive pour ne laisser aucune trace. Toujours est-il qu'au bout d'une semaine, il n'y a plus dans l'école que le directeur et les huit membres du personnel. Si la situation demeure grave, elle s'est considérablement améliorée. D'autant que les enfants ont pu donner des renseignements précieux sur le nombre des preneurs d'otages, leurs habitudes, leur armement...

*

Les jours continuent à passer : on entre dans la troisième semaine du conflit. Dans l'école rien n'a changé, mais dans le train, les Moluquois ont fini par libérer Annie Berkampf et deux otages malades. Leurs déclarations complètent les informations que les militaires possèdent sur ce qui se passe à l'intérieur.

Les otages sont répartis dans deux wagons, les femmes dans l'un, les hommes dans l'autre. Les Moluquois dorment dans un compartiment séparé des passagers. Cette information est capitale. Si on attaque la nuit, à l'exception des deux ou trois qui montent la garde, il sera possible de les neutraliser tous en même temps.

Au bout de vingt jours, le Premier ministre Joop Den Uyl décide de donner l'assaut. Il déclarera plus tard :

— C'était la seule issue. Les terroristes étaient à bout de nerfs. Ils étaient capables, sur un coup de tête, de tuer leurs otages. Il fallait en finir.

Les grandes lignes sont fixées. Les deux groupes attaqueront simultanément le train et l'école. Des cadres de bois bourrés d'explosifs serviront à faire sauter les portes des wagons et les soldats pénétreront dans l'école à l'aide de blindés...

*

Le 11 juin 1977, à 4 h 48, les Royal Dutch Marines passent à l'action simultanément sur les deux objectifs.

Ils avancent vers l'école derrière des chars, qui défoncent les murs sans difficulté. Les renseignements fournis par les enfants et la surveillance extérieure ont permis d'attaquer à l'endroit voulu. La surprise des Moluquois est totale. Ils lèvent les bras en criant :

— Ne tirez pas, nous nous rendons !

Il n'y aura effectivement aucun coup de feu tiré. La prise d'otages s'est terminée sans effusion de sang...

*

Il n'en sera pas de même pour le train où la situation est beaucoup plus délicate. Mais les autorités vont mettre tous les atouts de leur côté en recourant à un plan inédit... Des avions de chasse piquent vers les rails, pour se redresser à seulement 30 mètres du sol, ce qui provoque un vacarme épouvantable. Le but est de mettre les preneurs d'otages dans un état de choc et d'inciter les passagers à se plaquer au sol, ce qui devrait leur permettre d'échapper à la fusillade.

En même temps qu'a lieu le passage du dernier chasseur, des mitrailleuses criblent de balles perforantes le premier wagon, celui où les Moluquois passent la nuit. Six d'entre eux sont tués sur le coup, les trois autres sont blessés. Puis, les marines font feu sur les deux autres wagons, ceux des passagers, afin d'empêcher les autres preneurs d'otages de s'enfuir. Ils tirent en hauteur, afin d'éviter de toucher les passagers, qu'ils supposent allongés sur le plancher. Et, enfin, ils passent à l'assaut.

Les marines sont répartis en trois groupes, chacun chargé d'un wagon. Comme prévu, ils font sauter les portes avec des cadres de bois remplis d'explosifs. Ils ne rencontrent qu'un seul Moluquois indemne, les autres sont morts ou blessés. Il est très jeune et terrorisé ; il se rend sans résistance. Les assaillants font malheureusement deux tristes découvertes parmi les voyageurs : un homme et une femme ont été tués sur le coup. Sans doute s'étaient-ils levés au moment de la fusillade.

Le commando a pris le contrôle du train en seulement dix minutes. Il n'a aucun blessé dans ses rangs et il a délivré 167 passagers. Si beaucoup sont dans un état physique et psychologique pitoyable, aucun ne gardera de cette aventure autre chose que des mauvais souvenirs.

*

Sur le plan militaire, c'est une remarquable réussite, qui est célébrée comme telle dans tout le pays. Mais quelques jours plus tard, à la surprise générale, pas moins de six mille Moluquois arrivent de tout le pays pour assister aux obsèques des terroristes abattus, dans une impressionnante manifestation de solidarité et de désespoir.

L'épilogue de cette double prise d'otages a, en tout cas, mis fin aux actions moluquoises. Cette lointaine ethnie asiatique n'a jamais plus fait parler d'elle. Il faut espérer qu'aujourd'hui elle a enfin trouvé sa place dans la société et que sont oubliées les douloureuses séquelles de la colonisation.

25

Le naufrage fantôme

À bord de sa barque de pêche, Salvo Lupo quitte le port de Portopalo. Il est 7 heures du matin, ce 3 janvier 1997 et il fait déjà doux. Il faut dire que la petite localité de Portopalo est située à l'extrémité sud de la Sicile. Il y fait toujours une température agréable, même en hiver. La cité elle-même est ravissante. Elle attire pas mal de touristes en été, mais la pêche reste sa principale activité.

Malgré la clémence du temps et la beauté du site, qui prend des couleurs magnifiques dans les premières lueurs de l'aube, Salvo Lupo est songeur. À vingt-six ans, c'est un beau garçon, dans toute la force de son âge. Il est marié depuis peu et père d'une charmante fillette. Mais l'attitude de ses collègues pêcheurs le préoccupe.

Depuis quelques jours, ils ne sont plus les mêmes. Ils affichent une mine fermée, ils se parlent à voix basse et le même mot revient dans tous leurs propos : « thon ».

— J'ai encore pêché un thon !

— Et moi deux, cela n'arrête pas !

Il y a plusieurs choses que Salvo Lupo ne comprend pas : d'abord ils ont l'air contrariés, alors qu'il s'agit d'une belle pièce, qui est toujours appréciée des pêcheurs, ensuite il n'a vu aucun thon dans leurs bateaux, enfin il n'en a pas trouvé lui-même. Ce dernier point peut facilement s'expliquer. Il n'est pas riche, c'est lui qui a l'embarcation la plus petite, alors que les autres ont des chalutiers qui leur permettent de jeter leurs filets plus profondément.

Salvo Lupo finit par arriver sur le lieu où il a laissé ses propres filets la veille et il se met en devoir de les retirer. Il a cessé de penser à cette histoire de thons. Il est tout à son travail, d'autant que l'effort qu'il doit fournir lui indique que la pêche est bonne.

Effectivement, morues, poulpes, raies, merlans et langoustes s'accumulent dans sa barque quand, soudain, la tension des mailles indique l'arrivée d'une grosse pièce. Le jeune homme tire plus fort et s'arrête pétrifié !

C'est le corps d'un homme qui vient d'apparaître. Il a à peu près son âge, les cheveux très noirs, le teint basané. Il ne doit pas s'être noyé depuis très longtemps, car son visage n'est pas défiguré… Salvo a soudain une illumination : c'était cela, les thons ! Que s'est-il passé au large de Portopalo et combien y en a-t-il donc pour que ses collègues ne cessent d'en ramener ?

Salvo Lupo se laisse tomber dans sa barque tandis que le mort flotte entre deux eaux, emprisonné par le filet… Que va-t-il faire ? Le remonter à bord et aller trouver la police ? Ce serait normalement son devoir, mais une enquête va être ouverte et la pêche sera interdite pour les recherches pendant des jours, peut-être des semaines. Or, c'est la seule ressource qui lui permet de faire vivre sa famille.

Il a beau réfléchir, il ne voit qu'une solution : se taire. Et il comprend que c'est ce qui s'est passé avec ses collègues. Ils ont décidé de se taire pour les mêmes raisons et ils ont inventé ce langage codé pour ne pas se trahir…

Salvo Lupo retourne à son filet et va retirer des mailles le corps du jeune homme, qui flotte quelque temps avant de s'enfoncer dans les profondeurs. Oui, il gardera le silence. Après tout, en Sicile, le silence, on en a l'habitude !

*

Exactement au même moment, dans un tout autre endroit de la Méditerranée, une scène étrange est en train de se dérouler. Une trentaine d'individus font irruption dans un commissariat de Nauplie, au sud de la Grèce. Ils ont les cheveux noirs et le teint basané. Ils se disent Sri-lankais, Indiens et Pakistanais et ils racontent, dans un mauvais anglais, une incroyable histoire.

Ils sont des immigrés clandestins, qui étaient convoyés par des passeurs. Ils ont fait naufrage la nuit de Noël, au large de la Sicile et il y a eu des centaines de morts. Ils sont les seuls rescapés. Ils ont été emmenés jusqu'ici par leurs convoyeurs et enfermés dans une maison. Après bien des efforts, ils ont réussi à s'en échapper…

Le commissaire n'en croit pas un traître mot.

— S'il y avait eu un naufrage de cette importance, vous pensez bien que cela se saurait. On aurait retrouvé des corps.

Les clandestins jurent sur ce qu'ils ont de plus sacré, mais c'est peine perdue. Ils sont conduits dans un centre pour sans-papiers en attendant qu'on statue sur leur sort. De son côté, la loi l'y contraignant, le commissaire ouvre un dossier et, ne sachant trop comment l'appeler, lui donne pour titre : « Naufrage fantôme ».

Par acquit de conscience, il demande aux autorités italiennes si elles sont au courant de quelque chose, mais comme il s'y attendait, il reçoit une réponse négative… Le dossier est clos. Il dort quelque temps dans un placard du commissariat de Nauplie, se couvrant peu à peu de poussière. Et puis un jour un fonctionnaire le jette à la corbeille. Voilà, c'est fini, on ne parlera plus jamais du naufrage fantôme.

*

Quatre années ont passé. Nous sommes au printemps 2001. Salvo Lupo a maintenant trente ans et trois enfants, mais, pour le reste, sa vie n'a pas changé. Il part toujours le matin à 7 heures pour poser et retirer ses filets, à bord de sa petite barque.

Il n'a pas oublié la terrible campagne de pêche du début de l'année 1997, d'autant que le mort n'a pas été unique, il y en a eu d'autres. Ce sont de très mauvais souvenirs, qui lui causent un remords tenace et qui reviennent souvent dans ses cauchemars. Mais il essaie de chasser tout cela. C'est trop tard maintenant. Les morts sont morts, les vivants doivent vivre et, pour lui, vivre, c'est continuer à pêcher.

La pêche est bonne, ce matin-là. Comme lors de ce fatidique 3 janvier, les poissons s'accumulent au fond de sa barque quand, soudain, un morceau d'étoffe bleue fait son apparition. Salvo regarde de plus près. C'est un morceau de jean, le haut d'une jambe, avec la poche revolver. Il le prend en main et un petit objet rectangulaire en tombe.

Il le ramasse au milieu des poissons. C'est une carte d'identité plastifiée. En haut, figure le nom du pays : « Sri Lanka », en bas le nom du propriétaire : « Anpalagan Ganeshuz » et, entre les deux, une photo en noir et blanc. C'est celle d'un jeune homme, presque un adolescent, maigre, avec un regard fiévreux.

Salvo Lupo sent tout tourner autour de lui. Ce spectre sorti des profondeurs de la mer le fixe avec intensité, dans un reproche muet et accablant. Il détourne la tête, tant ce regard lui est insupportable. Il semble lui dire : « Tu n'as pas le droit de te taire ! Pour moi, pour tous mes compagnons, tu dois parler. Le monde entier doit savoir. »

Salvo Lupo pourrait rejeter ce rectangle de plastique dans les flots, comme il a fait avec les « thons » qui ont échoué dans ses filets, mais cette fois, il ne peut pas. Sa conscience est la plus forte. Il parlera, quelles qu'en soient les conséquences.

*

Le lendemain, il est à Palerme dans les bureaux locaux de *La Repubblica*, le grand quotidien national. Sa femme a tout fait pour empêcher cette démarche, qui ne pouvait qu'apporter le malheur à toute la famille. Elle lui a rappelé ses trois enfants et le quatrième qui allait naître, car elle est enceinte. Rien n'y a fait, Salvo Lupo a pris sa décision ou, plutôt, il n'a pas le choix...

Il est accueilli par un journaliste, Giovanni Maria Bello, qui manifeste un certain intérêt quand il lui parle d'un naufrage au large de Portopalo, la nuit de Noël 1996. Des bruits avaient couru à l'époque. La rédaction du journal avait même engagé une enquête mais elle n'avait pas abouti car elle s'était heurtée au silence général. On avait conclu, à *La Reppubblica* comme ailleurs, qu'il s'agissait d'un naufrage fantôme... Salvo Lupo sort la carte d'identité. Giovanni Maria Bello s'en empare fébrilement.

— C'est extraordinaire ! C'est la preuve matérielle que c'était vrai. D'après vous, il y a eu beaucoup de victimes ?

— Énormément...

Et Salvo Lupo lui raconte, sans pouvoir cacher son malaise, l'histoire des « thons ». L'intérêt du journaliste s'accroît encore.

— Alors, à Portopalo, ils sont tous au courant ?

— Tous, le maire, le curé, tout le monde ! Mais ce n'est pas la peine de les interroger, ils nieront.

— Rassurez-vous, je n'en ai pas l'intention...

Le journaliste lui montre la carte d'identité.

— Il faut prendre l'enquête par l'autre bout, aller au Sri Lanka pour interroger la famille de ce jeune homme et aussi chercher des survivants, s'il y en a.

— C'est beaucoup de travail...

— Mais c'est une affaire considérable. Je suis sûr que ma direction décidera d'employer les grands moyens. Il faut que la vérité soit connue !

*

La Repubblica emploie effectivement les grands moyens. Giovanni Maria Bello a carte blanche et il découvre une réalité incroyable. En Italie, dans les milieux d'émigrés sri-lankais, il apprend que beaucoup sont sans nouvelles de membres de leur famille qui devaient les rejoindre fin 1996 et qui n'ont jamais donné signe de vie.

Sur place, au Sri Lanka, il retrouve la famille d'Anpalagan Ganeshuz, plus précisément l'oncle maternel de ce dernier. Il est vivement ému en voyant la carte d'identité de son neveu.

— Il avait dix-sept ans. Le pire, c'est qu'il n'est pas parti seul. Il y avait aussi son frère aîné Arulalagan. Ils voulaient aller en Angleterre pour continuer leurs études.

Il marque un temps et poursuit :

— Je ne le dirai pas à ma sœur. Elle est sûre que ses fils sont en vie. Elle a consulté une voyante qui lui a dit qu'ils étaient en Angleterre…

L'oncle des frères Ganeshuz cite plusieurs noms qui permettent à Giovanni Maria Bello de progresser dans son enquête. Il apprend ainsi qu'il y a eu des survivants et parvient à rencontrer deux d'entre eux. Malgré les années écoulées, ils n'ont rien oublié.

Le premier clandestin est pakistanais, il s'appelle Shabab. Il raconte :

« Pour le voyage, j'ai dû payer 7 000 dollars et je devais en verser autant à l'arrivée en Italie. Nous sommes partis de Karachi en camion. De là, nous sommes allés à Damas, puis à Lattaquié. C'est là que nous avons pris le premier bateau : il s'appelait *Alex I.* Cela n'a pas été le seul sur lequel nous avons voyagé. À un moment, nous sommes montés sur un autre, qui s'appelait *Ena*, et, finalement, sur un troisième, le *Johan.* Ces passages avaient toujours lieu la nuit et en haute mer… »

Balachandran Vegnpawaran, le second témoin retrouvé par le journaliste de *La Repubblica*, appartient à l'ethnie tamoule du Sri Lanka. Au début, il a suivi un itinéraire différent. « J'avais vingt ans. Comme tant d'autres Tamouls, je voulais quitter le pays à cause de la guerre civile. Quinze jours avant Noël, j'ai réussi à trouver une place dans un avion pour Le Caire. Là, j'ai payé la somme négociée, soit 7 000 dollars et autant en Italie. On m'a amené avec d'autres sur un bateau qui était amarré dans un grand port. Il s'appelait le *Ceylon*. Nous avons navigué pendant des heures. Puis nous avons croisé un autre navire, sur lequel nous avons été transférés. C'était le *Johan*. Il y avait des centaines de personnes à son bord, tous des Asiatiques. Nous avons navigué pendant quelques jours. La mer était agitée mais le *Johan* avançait bien... »

À partir de là, le récit des deux hommes est exactement le même et il est terrible !

La tempête fait rage, en cette nuit de Noël 1996... Dans le canal de Sicile, entre Malte et l'Italie, deux navires se sont donné rendez-vous, malgré la mer démontée. Le *Johan*, battant pavillon hondurien, est bourré de candidats à l'émigration venus d'Inde, du Pakistan et du Sri Lanka. Il est trop gros pour s'approcher des côtes siciliennes par ce temps et il a décidé de décharger sa cargaison humaine sur un vieux ferry maltais, dont on ne connaît que le sigle, F-147. Ce dernier débarquera ensuite les émigrés sur une plage de Sicile...

Les deux bateaux se rencontrent aux premières heures du 26 décembre, à une vingtaine de milles au large de Portopalo. Les passagers du *Johan* reçoivent l'ordre de monter sur le pont pour le transbordement. Ils sont plus de trois cents, des hommes jeunes pour la plupart, mais il y a aussi quelques femmes et quelques enfants.

En découvrant les conditions météorologiques, ils sont terrorisés. Le vent souffle par rafales, les embruns jaillissent de toutes parts, les vagues soulèvent les navires comme des bouchons. La plupart refusent d'obéir, mais ils sont poussés brutalement par les marins, qui sont, de plus, armés.

Ils s'entassent tant bien que mal sur le ferry, mais celui-ci est trop petit pour accueillir une telle quantité de passagers. Il s'enfonce dangereusement et, dans cette mer agitée, embarque des paquets d'écume. Dans ses cales, où sont parqués les émigrants, tout le monde a les pieds dans l'eau.

C'est alors que, pour une raison restée inexpliquée, le drame se produit. Le *Johan* fait une fausse manœuvre et éperonne le ferry qui coule en quelques minutes. On assiste à des scènes d'horreur. Beaucoup se jettent à l'eau et tentent de revenir sur le *Johan.* D'autres, ceux qui ne savent pas nager, restent à bord, espérant que le bateau continuera à flotter. Mais il s'enfonce très rapidement, entraînant ses passagers avec lui.

À bord du *Johan*, les quelques immigrés qui n'ont pas encore embarqué lancent des cordes à leurs camarades qui nagent autour du bateau. Si on les avait laissé faire, ils auraient sans doute pu sauver beaucoup de monde, mais le capitaine en décide autrement. Il donne l'ordre de quitter les lieux, abandonnant les naufragés à une mort certaine. Il prend la direction de la Grèce. En passant devant Nauplie, il y débarque ceux des migrants qui se trouvent à son bord, soit 29 personnes. Ce seront les seuls rescapés.

Les autres sont morts. Il est difficile d'établir leur nombre avec certitude, mais divers recoupements permettent de penser qu'il y a eu 283 victimes. C'est le plus grand naufrage en Méditerranée, depuis la Seconde Guerre mondiale.

*

Tel est le récit dramatique que publie dans ses colonnes *La Repubblica.* Mais il n'entraîne pas la réaction escomptée. Certes, beaucoup sont émus, bouleversés même, pourtant le scepticisme l'emporte. La plupart des gens n'arrivent pas à croire qu'un événement de cette importance ait pu rester ignoré pendant près de cinq ans. N'est-ce pas, au contraire, le journal, qui, pour se faire de la publicité, a publié des informations sensationnelles en vérifiant insuffisamment ses sources ? Quant aux autorités, elles ne bougent pas. D'après l'article, le naufrage, s'il a bien existé, s'est produit en dehors des eaux territoriales. L'Italie n'a donc pas à s'en occuper.

Bien entendu, les réactions sont encore plus négatives en Sicile, notamment à Portopalo, que *La Repubblica* a qualifié de « village de la honte ». L'amiral Ferraro, commandant de la capitainerie du port, déclare péremptoirement :

— Je ne crois pas plus à cette histoire de naufrage fantôme qu'au serpent de mer !...

Dans ces conditions, *La Repubblica* décide d'aller plus loin. Malgré les frais que cela entraîne, elle va retrouver l'épave du ferry ! La zone à explorer est relativement bien délimitée, compte tenu des témoignages et des courants dominants à Portopalo : les opérations devraient aller vite.

Le journal loue les services d'un ROV (*Remotely Operated Vehicle*), ce qui peut se traduire par « véhicule téléguidé ». Ce petit engin doté d'un projecteur, d'une caméra et pouvant descendre jusqu'à 3 000 mètres, est utilisé pour repérer les épaves mais aussi pour réparer les câbles sous-marins et les fondations des plates-formes pétrolières.

Il ne lui faut pas plus de deux jours pour découvrir le bon endroit, à 19 milles de Portopalo. L'épave du ferry, une embarcation de bois, est là, à 108 mètres de profondeur. Son flanc est déchiré à la suite du contact avec le *Johan* et sa proue est brisée, sans doute en heurtant le fond marin.

À la lueur de son phare, le robot fait sortir des ténèbres un spectacle insoutenable : des chaussures, énormément de chaussures, des vêtements dans lesquels s'agitent des os, parfois une valise, un sac de femme. Certains squelettes sont entiers et semblent regarder le ROV de leurs orbites vides où nagent des petits poissons. C'est un immense cimetière où des dizaines et des dizaines de malheureux gisent sans sépulture.

Ces images, les Italiens les découvrent le lendemain à la télévision et, cette fois, c'est la stupeur et l'indignation. Oui, le naufrage fantôme existait bel et bien, ce n'était pas une invention de journalistes en mal de sensationnel, c'était le terrible résultat de la barbarie des hommes !

*

L'opinion exige des actes. Le *Johan* avait un armateur et un capitaine. Ces gens-là sont des criminels, ils doivent être retrouvés et punis ! Mais malgré la gravité des faits, la justice traîne les pieds. Ce n'est qu'en 2003, sept ans après les faits, qu'une procédure est lancée.

Les responsables sont vite connus. Le capitaine et armateur du *Johan* est libanais, il s'appelle Youssouf El Hallal et il vit paisiblement en France, Paris ayant refusé de l'extrader. L'organisateur du trafic est un Maltais d'origine pakistanaise, Turab Ahmed Sheik, qui se fait appeler « Mister Tony ». Après sept mois de détention préventive en Italie, il a été libéré pour vice de forme et s'est réfugié à Malte. Là, il donne des interviews, dans lesquelles il se vante d'être le plus grand convoyeur de clandestins du monde, ce qui est sans doute la vérité. Il aurait fait traverser 25 000 émigrants depuis 1988 et gagné 8 millions de dollars dans ce trafic.

Un premier procès se tient à Syracuse, en novembre 2003, en l'absence des accusés. On y entend les témoignages bouleversants des deux rescapés qu'avait retrouvés le journaliste de *La Repubblica* : Shabab le Pakistanais et Balachandran Vegnpawaran le Tamoul. Malgré cela, les débats se concluent par un double acquittement.

Va-t-on en rester là ? Non, car ces deux dépositions permettent au procureur de Palerme de requalifier les faits. D'homicide involontaire, ils passent à homicide volontaire, ce qui relance toute la machine judiciaire, avec toutefois la même lenteur que précédemment.

En 2005 a lieu un second procès à l'issue duquel Youssouf El Hallal et Turab Ahmed Sheik, à l'étranger l'un et l'autre, sont condamnés à trente ans de prison par contumace. Ils font appel et c'est le 9 avril 2008 que la Cour de cassation confirme le verdict. Un jugement qui n'a qu'une portée symbolique, car les deux hommes sont toujours en fuite.

*

Aujourd'hui, il est question de renflouer l'épave du ferry afin de donner une sépulture aux malheureuses victimes, mais le projet n'a pas encore abouti, faute de moyens.

En attendant, à Portopalo, la vie continue. Rien n'a changé, ou, plutôt, presque rien. Salvo Lupo a dû quitter la ville. Il était maudit par tous ses concitoyens pour avoir brisé l'*omerta* et la vie n'était plus tenable pour lui. Il s'est installé sur le continent où il vivote, avec sa femme et ses quatre enfants.

Ensuite, le maire néo-fasciste de la ville a décidé de construire un monument à la mémoire des naufragés. Mais attention, pas ceux du 26 décembre 1996, ces miséreux aux noms imprononçables venus envahir le pays, non, ceux du *Sebastiano Veniero*, un sous-marin qui a disparu dans la région, au cours des années 1920, de braves marins italiens, morts du temps de Mussolini !

26

Papa bravo

Il fait un temps splendide, ce 16 juin 2000, sur les côtes de Floride. À bord d'un petit avion Piper monomoteur de six places blanc et rouge, la famille Dorset rentre des Bahamas. Normalement, elle aurait dû prendre un avion de ligne régulier mais Steve, le papa, a décidé d'offrir cette fantaisie à sa femme Peggy et à ses deux fils Christopher, onze ans, et Allan, deux ans et demi.

Ce voyage privé se passe dans la bonne humeur. Tout le monde a sympathisé avec le pilote, Bruce Jensen, trente-six ans, dont la gaieté est communicative. La traversée depuis les Bahamas s'est faite sans encombre et la Floride est déjà en vue. Le pilote s'adresse à Steve Dorset, qui est assis à côté de lui, Peggy et les enfants étant sur les sièges arrière.

— Pour vous faire plaisir, je vais faire un petit détour par les marais. Avec un peu de chance on verra un envol de flamants roses.

La voix du petit Allan retentit dans son dos.

— Et on verra des crocodiles aussi, monsieur ?

— Bien sûr. C'est promis !

Bruce Jensen a alors un sursaut et se tourne vers la vitre sur sa gauche. Steve Dorset l'interroge, un peu intrigué.

— Qu'est-ce qui se passe ? Vous avez vu quelque chose ?

Le pilote ne répond pas. Il répète sa question : toujours le même silence. Steve lui pose alors la main sur l'épaule de Bruce. Ce dernier bascule en avant, le buste retenu par la ceinture de sécurité. Il a les yeux révulsés, la bouche entrouverte. Derrière, Peggy interroge avec inquiétude :

— Il a un malaise ?

Steve Dorset se retourne vers elle. Il est blême. Il lui répond à mi-voix, pour que les enfants n'entendent pas :

— Je crois… Je crois qu'il est mort.

Le pilote, la tête toujours penchée en avant, a sur lui le casque radio et le micro. Steve Dorset s'en empare. Dans ses oreilles lui parvient un grésillement et des voix lointaines. Tout en s'efforçant de garder son calme, il lance :

— Allô, vous m'entendez ?

— Ici la tour de contrôle de Tampa. Je vous reçois. Quelle est votre immatriculation ?

— Je n'en sais rien. Je suis le passager. Le pilote a eu une crise cardiaque. Je crois qu'il est mort. Qu'est-ce que je dois faire ?

— Gardez votre calme. J'ai absolument besoin de savoir votre immatriculation. C'est indispensable pour connaître votre position.

— Mais je ne sais pas !

— Vous avez dû entendre le pilote la donner. Essayez de vous souvenir.

— Oui, cela me revient : Tango Papa Bravo… 932 Tango Papa Bravo…

— OK. Tout le monde ici s'occupe de vous. Vous avez un problème dans l'immédiat ?

— L'avion penche un peu sur la gauche.

— Essayez de rétablir l'équilibre. Vous avez des notions de pilotage ?

— Aucune.

— Prenez le manche et bougez-le très doucement vers la droite. Surtout pas de geste brusque.

Steve Dorset s'empare de la commande qui est située entre le pilote et lui et, aussi lentement qu'il peut, millimètre par millimètre, il parvient à remettre l'avion à l'horizontale.

— C'est bon. Qu'est-ce que je dois faire maintenant ?

— Gardez le cap. Vous êtes dans la bonne direction. S'il y a un écart dans un sens ou dans l'autre, corrigez doucement...

*

Derrière Steve, la situation aussi est préoccupante. Il n'y a pas de problème avec le petit Allan. En voyant son père prendre le manche à balai il a battu des mains en s'écriant :

— Chic, c'est papa qui conduit !

Mais il n'en est pas de même pour Christopher. Lui a parfaitement compris qu'il se passait quelque chose de grave. Il interroge sa mère avec angoisse.

— Qu'est-ce qui lui est arrivé, au monsieur ?

Malgré sa propre peur, Peggy s'emploie à le rassurer, consciente que, s'il paniquait, les choses seraient encore plus compliquées.

— Il est fatigué. Il se repose.

— Mais papa, il sait piloter ?

— Oui. Il a appris quand il était plus jeune.

— Il ne me l'avait pas dit.

— Il ne te l'a pas dit, mais c'est un très bon pilote.

— Alors, il va nous ramener à la maison.

— Oui, mon chéri...

— Et il va nous montrer les crocodiles ?

C'est le petit Allan, qui vient d'intervenir. Il s'adresse à son père :

— Tu vas nous montrer les crocodiles, hein papa ?

Steve Dorset n'a pas le temps de répondre. Une voix retentit dans son casque. Elle est différente de celle du contrôleur de Tampa.

— Papa Bravo, vous me recevez ?

— Papa Bravo, je vous reçois. Qui êtes-vous ?

— Dan McCullock, pilote instructeur. Je suis derrière vous à quelques miles. Je vois parfaitement votre Piper. Je me rapproche. Votre cap est bon. Vous voyez un problème particulier sur le tableau de bord ?

— Il y a une lumière rouge qui clignote à côté du compteur d'essence. C'est ennuyeux ?

— Oui et non. Cela signifie que votre réservoir est vide. Mais il y a un bouton à côté du voyant. Vous allez appuyer dessus et vous passerez sur le second réservoir.

Steve Dorset obéit. La lumière rouge s'éteint.

— Et maintenant, qu'est-ce que je fais ?

En même temps qu'il prononce ces paroles, il voit un avion exactement semblable au sien surgir au-dessus de lui et se positionner quelques dizaines de mètres en avant.

— Vous allez me suivre et faire exactement tout ce que je vous dirai.

— Je n'y arriverai jamais !

— Mais si. Le tout est de garder votre sang-froid. Je vais vous apprendre les rudiments. Vous voyez le boîtier devant vous ? Il y a une petite manette. En la poussant à gauche, l'avion va à gauche, en la poussant à droite, à droite. Exercez-vous.

Le visage en sueur, les mains moites, Steve Dorset s'exécute.

— Bien… Maintenant, le manche à balai. Si vous le poussez en avant, vous piquez, si vous le tirez, vous montez. Vous allez faire des montagnes russes.

Encore une fois, Steve Dorset suit les instructions de son guide. L'opération dure de longues minutes jusqu'à ce que la voix de Dan McCullock retentisse de nouveau dans le casque.

— C'est parfait ! À présent : la vitesse. La manette des gaz est devant vous. Pour les réduire vous la poussez, pour les augmenter, vous la tirez…

La leçon de pilotage en plein ciel se poursuit pendant un quart d'heure environ. Au bout de ce temps, l'instructeur annonce :

— Maintenant, vous allez vous poser. C'est le plus délicat, mais cela se passera bien.

— Déjà ? Mais je ne suis pas prêt !

— Nous sommes arrivés. Je commence à descendre. Suivez-moi...

*

Effectivement, les deux Piper sont au-dessus de l'aéroport de Winter Haven, leur destination. Au sol, c'est le branle-bas de combat. Tous les avions qui auraient dû atterrir ont été détournés vers d'autres destinations. Les pistes sont vides, à part les voitures de pompiers et les ambulances, dont le moteur est en marche et qui sont prêtes à intervenir.

Dans le ciel, les deux appareils descendent rapidement. Dan McCullock donne à son élève ses dernières leçons.

— Pour l'atterrissage, tout est dans l'équilibre. Il faut arriver sur la piste à l'horizontale. Si vous êtes le nez en l'air, vous allez tomber par l'arrière. Si vous plongez trop, vous allez vous écraser.

Les deux appareils sont maintenant tout près du sol. L'approche est parfaite. Ils sont au milieu de la piste principale. L'avion de tête adresse ses dernières instructions à l'autre Piper.

— Je remets les gaz et je dégage. Vous, maintenez l'appareil dans l'axe de la ligne blanche et continuez à descendre. Dès que vos roues touchent la piste, vous coupez le contact... Bonne chance !

*

Le premier Piper s'envole et disparaît. Dans la tour de contrôle et dans les bâtiments de l'aéroport, tous les témoins regardent avec angoisse l'autre petit avion rouge et blanc se rapprocher du sol… Il vacille. Il se cabre. Il touche le sol une première fois, rebondit et reprend de la hauteur. L'angoisse est à son comble, car s'il capote, c'est l'incendie immédiat, peut-être l'explosion !

Mais non, il retombe sans trop de mal sur la piste, la prend de travers et part dans l'herbe. Les véhicules de pompiers et les ambulances se précipitent. L'appareil est violemment secoué, fait un demi-tour sur lui-même et s'immobilise…

Peu après, tandis qu'un médecin accourt vers Bruce Jensen, le pilote, pour constater que, hélas, il n'y a plus rien à faire, les pompiers s'occupent de la famille Dorset. De ce côté, tout va bien. Steve Dorset n'a pas une égratignure. Il descend de l'appareil tout seul, les jambes un peu flageolantes quand même. Il est rejoint par Peggy, indemne elle aussi, et leurs deux enfants. Le petit Allan, alors que les secouristes l'entourent et lui demandent si tout va bien, déclare d'un air boudeur :

— On n'a pas vu les crocodiles !

Quant à Christopher, c'est lui qui a le mot de la fin. Il se précipite vers son père et lui dit avec admiration, reprenant l'immatriculation de leur avion :

— Papa, bravo !

27

L'ANGE AUX AILES BRISÉES

— Go !

Obéissant au cri du moniteur, Ulrike Balsen se jette par la porte ouverte de l'avion, qui vole à 3 000 mètres au-dessus de l'aéroport de tourisme de Münster en Allemagne. Elle est aussitôt suivie par un autre parachutiste, une caméra à la main. Ulrike Balsen, vingt-sept ans, s'entraîne aux figures aériennes. Elle est très douée et elle songe à faire de la compétition. Aussi, depuis quelque temps, elle se fait filmer afin d'améliorer ses évolutions.

Et, ce 6 juin 1999, elle n'a jamais été aussi en forme. Devant l'objectif, elle enchaîne les pirouettes. Malgré l'effort, son visage reste gracieux et souriant. Si Ulrike Balsen a toujours été particulièrement jolie, elle ne l'a jamais été autant qu'en cet instant. On ne dirait plus une femme, mais une de ces divinités ailées qui peuplent les légendes germaniques.

Mais contrairement à elles, Ulrike ne peut voler que le bref temps de sa chute libre. À 1 800 mètres, il lui faudra ouvrir son parachute. À regret, elle consulte l'altimètre qu'elle a au poignet, puis elle tire sur le cordon déclenchant l'ouverture. Son camarade a le temps de filmer ce geste juste avant de faire le même et il pousse un cri. Alors que lui-même a ressenti une forte secousse et descend à présent lentement, soutenu par la toile au-dessus de lui, le parachute d'Ulrike Balsen ne s'est pas ouvert !

Il la voit descendre comme une pierre. La jeune femme ne s'affole pourtant pas. Elle actionne son parachute ventral, qui fonctionne normalement comme une roue de secours. Mais cette fois encore, rien ne se produit. À la vitesse de 200 kilomètres/heure, elle poursuit sa chute vertigineuse vers le terrain d'atterrissage. Plus rien ne peut la sauver. Son camarade ferme les yeux…

*

C'est l'effervescence sur le terrain d'aviation de Münster. Ulrike Balsen ne s'est pas écrasée sur la piste, mais un peu plus loin dans l'herbe. Elle est étendue sur le ventre, les bras en croix, la tête sur le côté. Du sang coule de sa bouche. Elle a été tuée sur le coup.

Les pompiers et l'équipe médicale d'urgence ne peuvent que constater le décès. Le directeur de l'aéro-club est là, entouré des autres membres qui étaient présents ce jour-là, dont le parachutiste cameraman, qui a avec lui les dernières images d'Ulrike. Comme les pompiers veulent retirer le parachute fixé sur son dos, le directeur s'interpose.

— Je veux l'enlever moi-même. Il y aura sûrement une enquête. C'est la première fois qu'une telle chose se produit…

*

Il y a effectivement une enquête. La mort d'Ulrike Balsen est vraisemblablement un accident, mais la police de Münster est quand même saisie de l'affaire. Le parachute est confié à un spécialiste qui fait une découverte stupéfiante ! Il s'agit en fait d'un meurtre, il n'y a pas le moindre doute possible : la toile a été pliée de manière à ne pas s'ouvrir. Ce n'est pas tout ! Le câble d'acier destiné à déclencher le parachute ventral a été sectionné avec une pince. Et il y a pire encore. Sur ce matériel dernier modèle, il existe une capsule explosive servant à déclencher le parachute de secours au cas où il ne s'ouvrirait pas. Or, la capsule a été désamorcée.

Les policiers retournent donc interroger le directeur de l'aéro-club dans un tout autre état d'esprit.

— On a voulu tuer Ulrike Balsen et c'est vraisemblablement quelqu'un de chez vous qu'il faut soupçonner.

Mais ils ont la surprise de voir le directeur secouer la tête d'un air sombre.

— Ce n'était pas forcément elle qui était visée.

— Comment cela ?

— Le même parachute servait à un autre de nos membres, Jürgen Woller.

— Vous voulez dire Woller, le député ?

— Oui. Il est inscrit chez nous. Il ne vient que rarement, mais il avait justement téléphoné pour me dire qu'il allait passer. Il s'est décommandé au dernier moment…

*

Cela change tout ! La personnalité de Jürgen Woller modifie, en effet, les données du problème. C'est un homme politique dont les médias ont énormément parlé. Cet ancien ministre de l'Économie de 1991 à 1993 est à présent député de Rhénanie-Westphalie… Sa carrière a été pour le moins agitée. Alors qu'il était ministre, on l'a accusé de favoriser l'attribution de marchés publics à une entreprise proche de son épouse. Cela lui aurait attiré beaucoup d'ennemis.

Mais ce n'est pas le plus important. Il a manifesté activement son soutien à des organisations palestiniennes, s'attirant l'hostilité déclarée de mouvements juifs et de l'État d'Israël lui-même. De là à supposer que les services secrets de ce pays soient pour quelque chose dans l'événement, il n'y a qu'un pas.

Tout est bouleversé. Ce qui ne semblait au départ qu'un tragique accident devient une affaire nationale. Les journalistes font le siège de l'aéro-club de Münster, d'autres vont interroger Jürgen Woller.

— Est-ce que vous avez reçu des menaces de mort récemment ?

— J'en reçois souvent et je n'y attache pas d'importance.

— D'après vous, qui est-ce ? Les Israéliens ?

— Je n'en sais rien. Il faut laisser l'enquête se poursuivre. Ce n'est pas moi qui ai été tué, c'est cette pauvre jeune femme. C'était peut-être elle qui était visée...

*

Mais, bien entendu, personne ne croit à une telle éventualité et surtout pas la police. La malheureuse Ulrike Balsen est morte à la place de Woller. Les enquêteurs, qui appartiennent à l'élite des services de Münster, explorent tous la piste du député. Quand est-il venu pour la dernière fois ? Qui avait-il l'habitude de rencontrer à l'aéro-club ? Est-ce que des personnes étrangères ont été aperçues dans les environs ?

Comme il ne faut rien négliger, un policier est malgré tout chargé de faire quelques recherches sur Ulrike Balsen. C'est un jeune inspecteur, Fritz Mölder, qui s'acquitte de sa tâche avec beaucoup de sérieux. Il s'emploie à reconstituer les faits et gestes de la jeune femme avant le saut fatal et il recueille un témoignage qui peut s'avérer capital. Il s'agit d'un mécanicien, un certain Franz Staub, travaillant depuis toujours à l'aéro-club.

— Écoutez, je peux me tromper, mais il me semble qu'Ulrike Balsen n'est pas passée au magasin pour prendre son parachute. Elle l'avait emporté chez elle. Elle voulait toujours le plier elle-même.

— On a le droit d'emporter son parachute chez soi ?

— Normalement non. Mais pour certaines personnes de confiance comme Ulrike, c'était permis.

Cette information interpelle l'inspecteur.

— D'après vous, elle aurait pu se suicider ? Elle était dépressive ?

— Pas du tout. Il n'y avait pas plus heureuse de vivre qu'elle !

— Lorsqu'elle est arrivée, elle était seule ?

— Non, elle n'avait pas de voiture. Elle se faisait conduire. Ce jour-là, c'était Nounours, comme la plupart du temps.

— Qui est « Nounours » ?

— Un membre de l'aéro-club, Franz Kaufman. On l'appelle Nounours parce qu'il est à la fois gentil et un peu balourd. Tout le monde l'aime bien.

— Et Ulrike Balsen aussi l'aimait bien ?

— Plus ou moins. En fait, les sentiments étaient plutôt de son côté à lui. Un jour, elle m'a dit : « Nounours est collant, mais je le supporte parce que j'ai besoin d'un chauffeur. »

L'inspecteur Mölder ne perd pas de temps. Une heure plus tard, il est au domicile de Franz Kaufman, dit Nounours. C'est un homme d'une trentaine d'années au visage mou et au regard fuyant. Il n'a pas l'air du tout à son aise. L'inspecteur en profite pour passer à l'attaque.

— Les plus graves soupçons pèsent contre vous, monsieur Kaufman !

Ce dernier perd encore un peu plus contenance.

— J'ai accompagné Ulrike Balsen dans ma voiture. Mais je ne vois pas…

— Ulrike Balsen et le parachute qu'elle avait avec elle et que vous avez fort bien pu saboter.

— Quand cela ?

— Par exemple, quand elle est venue chez vous, ici même…

L'inspecteur a dit cela un peu au hasard, mais il se rend tout de suite compte qu'il a fait mouche. Son interlocuteur a pâli. Il cherche ses mots et finit par dire :

— C'est vrai, elle est venue. Comment le savez-vous ?

— Ne vous occupez pas de ça ! Il y a longtemps que vous l'aimiez ?

Franz Kaufman hésite encore un instant et puis, il renonce à se battre davantage. Il avoue tout.

— J'ai été fou d'elle dès la première fois où je l'ai vue, mais je n'avais jamais osé lui dire. Ce jour-là, dans la voiture, j'ai eu enfin le courage. Elle m'a ri au nez et elle m'a dit que, puisque c'était comme cela, elle préférait ne plus me voir. Elle se trouverait un autre chauffeur. Elle n'aurait pas dû ! Je ne l'ai pas supporté.

— Pourquoi est-elle venue chez vous alors ?

— Je lui ai dit que je lui offrais le verre de l'adieu. Elle n'a pas osé refuser. Elle est venue avec son parachute. Elle ne voulait pas le laisser dans la voiture.

— Et vous avez eu le temps de le saboter ?

— Elle l'avait laissé dans l'entrée. Il suffit de peu de chose pour modifier un pliage, couper le câble et désamorcer la cartouche.

*

Ainsi s'est terminée l'affaire Ulrike Balsen, ange aux ailes brisées, foudroyé en plein ciel, qui avait un instant attiré l'attention de l'Allemagne et mobilisé ses médias. Mais la politique n'était pas en cause, tout cela n'était qu'une pauvre histoire d'amour.

28

La petite fille dans le ravin

Une Ford verte roule à vitesse régulière sur l'autoroute 60, qui traverse le désert de Californie. Au volant Norma Raider, une belle femme brune de trente ans ; à l'arrière sa fille, la petite Ruby, cinq ans. Nous sommes le 5 avril 2000 et, comme tous les mois depuis son divorce, Norma Mailer conduit Ruby chez son père, à Moreno Valley, à une centaine de kilomètres à l'ouest d'Indio où elle habite elle-même. Dimanche après-midi, elle fera le trajet en sens inverse pour venir la récupérer.

C'est un déplacement fastidieux dans un paysage désolé qui a des allures de décor de western et Ruby, comme à son habitude, boude sur la banquette arrière. Elle n'aime pas aller chez son père et elle n'aime pas non plus traverser le désert de Californie. On lui a dit qu'y vivaient des scorpions et des serpents à sonnettes et elle a peur... Pour la dixième fois peut-être depuis le départ, elle lance d'une voix bougonne :

— Rentrons chez nous, maman !

Et pour la dixième fois, Norma Raider lui demande de se taire, mais elle doit bien avouer qu'elle non plus n'aime pas ce voyage. C'est interminable ! L'autoroute est très peu fréquentée. Elle n'a sous les yeux qu'un long ruban gris passant au milieu de collines rocailleuses plantées de maigres arbustes...

C'est peut-être cette monotonie qui produit chez elle un relâchement. Toujours est-il qu'elle perd brusquement le contrôle du véhicule, qui franchit le terre-plein central, traverse les trois voies en sens inverse et passe par-dessus la glissière de sécurité. Comble de malchance, il y a à cet endroit une pente abrupte ; la Ford verte ricoche à plusieurs reprises et s'immobilise cent mètres plus bas. Par une malchance supplémentaire, les lieux sont couverts d'épais buissons épineux et, de l'autoroute, le véhicule est totalement invisible. On ne voit que le désert de Californie, peuplé de scorpions et de serpents à sonnette.

*

Tout n'est peut-être pourtant pas perdu, car l'accident a eu un témoin. Une conductrice suivait la Ford verte à environ deux cents mètres. Elle a vu la terrible embardée et elle s'arrête sur les lieux du drame… Que faire ? Elle constate à quel point les abords de l'autoroute sont escarpés. Elle ne pourrait pas descendre dans le ravin pour porter secours aux accidentés. Comme elle a un portable, elle compose le 911, le numéro des services d'urgence… Au bout du fil, la standardiste de la police routière.

— Je suis sur l'autoroute 60, aux environs de Gilman, en direction de Moreno Valley. Une voiture vient de tomber dans le ravin.

— Donc direction nord…

— Oui, mais elle a traversé la route et elle est tombée de l'autre côté, direction sud.

— Quel genre de voiture ?

— Une Ford verte.

— Essayez de dire à quel kilomètre. Il n'y a pas une borne d'appel d'urgence à proximité ?

— Non, je n'en ai pas vu. C'est aux environs de Gilman. J'ai passé l'embranchement il y a une dizaine de minutes. C'est tout ce que je peux dire.

— OK. Merci de votre appel. J'envoie du secours…

*

Au même moment, dans le ravin, cent mètres plus bas, une scène dramatique est en train de se dérouler. Norma Raider et sa fille sont encore en vie. Bien qu'elles aient porté toutes les deux leur ceinture de sécurité, elles ont été éjectées l'une et l'autre. La petite fille n'a miraculeusement presque rien, à part une grosse ecchymose au genou. Mais Norma est tombée lourdement sur le dos. Elle ne peut plus bouger et elle sent que c'est très grave, elle est en train de mourir.

Ruby arrive près d'elle en boitillant.

— J'ai mal, maman !

Toujours sans pouvoir bouger, Norma constate que sa fille est indemne. Ses forces l'abandonnent rapidement : elle doit faire vite.

— Arrête de pleurer. Tu ne dois pas pleurer. Tu me le promets ?

L'enfant renifle bruyamment.

— Oui, maman.

— Tu vas retourner dans la voiture. Dans le coffre, il y a un sac, avec une bouteille d'eau et des petits gâteaux. Tu te souviens ?

— Oui, maman.

— Tu vas le prendre avec toi mais tu ne mangeras et tu ne boiras pas tout d'un coup. Tu as compris ?

— Oui, maman ! Et après, qu'est-ce que je fais ?

— Après, tu attendras et on viendra te chercher.

— Qui cela ? Papa ?

— Oui c'est cela, papa.

— Et toi, tu ne viens pas ?

— Non. Je suis fatiguée. Je vais dormir un peu. Je viendrai te rejoindre plus tard. Va à la voiture.

Mais l'enfant ne bouge pas, elle hésite et finit par dire :

— J'ai peur des serpents et des scorpions.

— Il n'y en a pas dans la voiture. Va vite !

— Mais toi, maman, si tu restes ici, ils vont te piquer !

— Non. Ils ne me feront rien. Je te le promets…

Cette fois, Ruby semble convaincue. Elle part rejoindre la voiture, qui s'est arrêtée un peu plus haut sous un buisson épineux. Le coffre s'est ouvert sous le choc, mais le sac contenant les provisions n'a pas été éjecté. L'enfant s'en saisit et rentre prestement dans la voiture, car elle a hâte d'être dans cet endroit où il n'y a pas de scorpions ni de serpents. Elle a envie de pleurer, mais elle se souvient de la promesse qu'elle a faite à sa mère et elle se retient. Elle grignote deux gâteaux secs et boit une seule gorgée d'eau, bien qu'elle ait très soif. Elle pense : « Dépêche-toi, papa ! » et elle s'endort, brisée par la fatigue et les émotions.

*

Au même moment, une voiture de police remonte l'autoroute. Au volant, l'agent Barnes, à ses côtés le sergent Miller. Un accident leur a été signalé par une conductrice mais ils ne savent pas exactement où il a eu lieu et roulent donc lentement pour ne rien rater… L'agent Miller aperçoit devant lui des traces de freinage. Il arrête le véhicule et les deux hommes en sortent.

— C'est peut-être ici…

— Oui, mais regarde la barrière de sécurité, elle n'a rien. Si une voiture était tombée, elle l'aurait défoncée.

Le sergent Miller et l'agent Barnes s'approchent… La glissière est un peu cabossée mais, pour faire partie de la patrouille de l'autoroute, ils ont constaté que c'était souvent le cas… Ce qu'ils ne savent pas, c'est que la Ford verte, dans son embardée, a rebondi sur la chaussée et a sauté par-dessus, ne faisant que l'endommager légèrement. Par acquit de conscience, ils se penchent au-dessus du ravin. Il n'y a, à perte de vue, que la grisaille des pierres et l'étendue verte des buissons épineux. Le sergent Miller hausse les épaules :

— Allez viens, on rentre !

— Qu'est-ce qu'on dit dans notre rapport ?

— Que c'est un plaisantin. Ce n'est pas la première fois que cela arrive…

Les pompiers, que la standardiste a également prévenus, arrivent à leur tour. Le sergent Miller vient vers eux.

— Ce n'est pas la peine de rester, les gars. Fausse alerte.

Les pompiers n'insistent pas. Ils repartent sans descendre de leur voiture. Et les heures, les jours passent…

*

La disparition de Norma Raider et de sa fille Ruby a été pourtant signalée par le père de l'enfant. Ne voyant pas arriver son ex-femme et sa fille, il porte plainte pour non-présentation d'enfant, s'imaginant que Norma n'a pas voulu lui amener Ruby. La plainte est enregistrée, mais elle est considérée comme un banal incident consécutif à un divorce et aucune recherche sérieuse n'est entreprise.

De son côté, la petite Ruby n'est pas trop inquiète. Elle est toujours dans la carcasse de la Ford verte, obéissant scrupuleusement aux consignes de sa mère, mangeant un par un les gâteaux secs et buvant l'eau gorgée par gorgée. Elle attend toujours que son papa vienne la chercher et que sa maman vienne la rejoindre. Seulement ni l'un ni l'autre ne se manifestent. Sa seule consolation est de savoir que dans la voiture, elle ne craint ni les scorpions ni les serpents.

*

13 avril 2000. Cela fait huit jours que l'accident a eu lieu. Une camionnette d'entretien parcourt les voies de l'autoroute 60. Elle s'arrête devant une glissière de sécurité cabossée. Deux hommes en descendent. Le premier l'inspecte et constate :

— Il va falloir la changer.

Le second acquiesce… Machinalement, il jette un coup d'œil vers le bas et un objet brillant lui renvoie un éclat de soleil.

— Bon sang ! Il y a quelque chose. J'y vais !

Il descend à toute vitesse, au risque de se rompre le cou… Après quelques minutes qui lui paraissent une éternité, son collègue le voit remonter avec ce qu'il prend d'abord pour un paquet, mais qui s'avère être une petite fille. Elle est vivante, mais elle est visiblement très déshydratée. Il déclare à son collègue :

— Il y a une femme en bas, sans doute la mère. Elle est morte depuis longtemps.

Les deux hommes appellent les secours puis donnent à boire l'enfant en lui glissant de l'eau goutte à goutte entre les lèvres. Elle est sauvée. Mais elle a entendu ce qu'ils ont dit.

— Maman est morte ?

Les deux hommes hésitent, cherchent leurs mots et finissent par dire que oui. Alors Ruby éclate en sanglots. Tant que sa maman était en vie elle a tenu sa promesse. Maintenant, rien ne l'empêche plus de pleurer.

29

Le pirate qui pleurait

Carmela, vingt-deux ans, sourit à bord de l'Airbus A330, qui fait la liaison entre Davao, au sud des Philippines, et Manille. Elle est institutrice à Davao, c'est la fin de l'année scolaire et ce 25 juin 2000, elle va rejoindre ses parents et ses amis qui habitent la capitale.

C'est alors qu'elle a le regard attiré par le curieux manège de son voisin, un homme d'une trentaine d'années, à la peau très mate et aux cheveux très bruns. Il vient de se saisir du gros sac qui était déposé à ses pieds et entreprend de l'ouvrir dans la plus grande agitation, tout en marmonnant des phrases incompréhensibles.

L'instant d'après, il sort du sac une cagoule noire, dont les trous ont été grossièrement taillés. Il pointe un revolver sur Carmela pour l'empêcher de crier. Pétrifiée, elle le voit prendre une grenade et mettre la cagoule, puis, à la stupéfaction de Carmela, il se met à pleurer !

C'est le début d'un des plus incroyables détournements d'avion jamais connus…

*

Son gros sac et sa grenade dans une main, son pistolet dans l'autre et pleurant toujours, l'homme s'est levé. Cette fois, tout le monde l'a vu et des cris éclatent un peu partout dans l'appareil. Mais le pirate crie plus fort que tout le monde.

— Faites ce que je vous dis ou vous allez tous mourir. Baissez-vous, la tête sur les genoux !

Tous les passagers obéissent, bien sûr, mais à leur frayeur se mêle de la stupeur, car, en même temps qu'il hurlait, l'homme était secoué de gros sanglots... Une hôtesse est allée prévenir le commandant de bord. Elle lui a dit en particulier que le pirate est armé d'une grenade et cela, c'est terrible. Si elle éclate, la carlingue sera déchiquetée et l'avion se désintégrera. Laissant les commandes au copilote, le commandant se rend sur place. Il a conscience que la vie des 290 passagers et hommes d'équipage repose sur ses épaules.

— Qu'est-ce que vous voulez ? Il y a sûrement moyen de s'arranger ?

Le pirate, qui ne l'avait pas vu venir, a un sursaut. Un steward en profite pour se jeter sur lui. Il s'ensuit une bagarre, au cours de laquelle un coup de feu part. Le steward recule brusquement. Si la cloison de l'avion est percée, l'air va s'échapper et tout le monde risque de mourir d'asphyxie. Mais rien de tel ne se produit, le dialogue peut reprendre... Le commandant questionne de nouveau :

— Que voulez-vous ?

Lors de l'affrontement avec le steward, le pirate avait retrouvé toute sa combativité, mais le calme revenu, à la grande surprise du commandant, il se met de nouveau à éclater en sanglots... Il s'agit de toute évidence d'un déséquilibré, ce qui n'est pas rassurant du tout.

— Qu'est-ce qui ne va pas ?

— Je ne suis pas un terroriste, je ne suis pas un islamiste. Je ne suis qu'un pauvre paysan des environs de Davao. Mon nom est Ernesto Mendez.

— Qu'est-ce qu'on peut faire pour vous ?

— Vous ne voulez pas savoir ce qui m'est arrivé ?

— Si, bien sûr...

— Eh bien, il y a trois ans, mon père est mort. Il a été assassiné par des gros propriétaires, qui voulaient s'emparer de nos terres. J'ai dû arrêter mes études pour reprendre l'exploitation familiale.

Ernesto Mendez sanglote de plus belle, la grenade et le pistolet toujours en main. Le commandant de bord a conscience que, bien que totalement surréaliste, la situation n'en est pas moins extrêmement dangereuse. Les réactions de son interlocuteur sont totalement imprévisibles, il doit conserver toute sa vigilance et lui parler pour faire baisser la tension.

— Paysan, c'est un bon métier...

— Pas chez nous, tout le monde est pauvre. J'ai vite été ruiné et j'ai dû tout vendre pour un prix de misère !

— C'est terrible, en effet.

— Mais ce n'est pas le pire ! Ma femme n'a pas supporté cette situation et elle m'a quitté en emmenant les enfants. J'ai été devant la justice, mais le juge lui a donné raison !

Brusquement, l'attitude du pirate change. L'évocation de son infortune conjugale le rend fou furieux. Il se met à vociférer, brandissant ses armes :

— Mais cela ne se passera pas comme cela ! Je veux de l'argent, beaucoup d'argent !

Il pointe son revolver vers une hôtesse.

— Toi, prends un sac et viens m'aider !

L'hôtesse passe alors entre les rangs, un sac plastique à la main, pour collecter les porte-monnaie et les objets de valeur des passagers. Ernesto Mendez la suit de près avec son revolver et sa grenade, et cette vision encourage la générosité. L'hôtesse remet le butin au pirate, qui enfouit le tout dans son grand sac et s'adresse au commandant.

— Maintenant, demi-tour !

— Vous voulez revenir à Davao ?

— Non. Je vais chez moi, cent kilomètres avant.

Le pirate est repris d'une nouvelle crise de sanglots. Le commandant tente de le raisonner.

— C'est impossible, il n'y a pas d'aéroport avant Davao.

— Pas besoin d'aéroport, je vais sauter !

— Vous avez un parachute ?

— Oui et je l'ai fait moi-même. Regardez...

Le pirate extrait un incroyable équipement de son sac. Il s'agit d'une grande toile faite de draps et de morceaux de tissus de toutes les couleurs attachés ensemble, le tout accroché à des cordes. Le commandant regarde avec ahurissement ce parachute de fortune.

— Vous ne comptez pas sauter avec cela ?

— Si. Faites demi-tour. Quand vous serez à cent kilomètres de Davao, descendez à 1 800 mètres et volez en cercle, je sauterai à ce moment-là.

Le commandant retourne dans le cockpit pour donner ses instructions au copilote. Tandis que l'avion amorce son demi-tour, il revient vers le pirate. Les hôtesses et les stewards sont groupés autour de lui. L'équipage ne peut s'empêcher d'éprouver de la compassion pour cet homme. Certes c'est un dangereux déséquilibré, avec sa grenade et son revolver, il met en péril la vie de près de 300 personnes, mais c'est aussi un malheureux. Avec son assemblage de bouts de cordes et de toile, il va à une mort certaine. Il faut faire quelque chose pour lui. Le commandant s'adresse au personnel de cabine :

— Il y a des sangles dans la réserve de l'avion. Allez les chercher !

Aidé par les stewards et les hôtesses, il essaie de mettre de l'ordre dans tout ce fatras, de renforcer les points faibles, de faire de meilleures fixations. Pendant ce temps, Ernesto Mendez pleure doucement, tout en les remerciant.

— C'est très gentil, ce que vous faites ! Je vous suis infiniment reconnaissant.

Les réparations durent une bonne heure. Jusqu'à ce que le copilote annonce dans le haut-parleur.

— Nous sommes arrivés sur place. Je commence la descente à 1 800 mètres.

Tandis que l'avion pique du nez, le commandant et son personnel aident le pirate à se harnacher. Celui-ci a un doute, au dernier moment.

— Vous pensez que cela va tenir ?

— On a fait tout ce qu'on a pu, je vous le jure. Quand la porte s'ouvrira, sautez !

Pendant ce temps, une hôtesse s'est emparée du micro et s'adresse aux passagers.

— Attachez vos ceintures le plus serré possible. Accrochez-vous au siège devant vous. Il va y avoir un violent appel d'air.

L'Airbus est arrivé à 1 800 mètres. Une fois la cabine dépressurisée, deux stewards actionnent la porte en s'accrochant de leur mieux à la paroi et c'est effectivement un véritable cataclysme qui se produit dans l'avion. L'air s'engouffre avec une violence inouïe, faisant voler tout ce qui n'est pas fixé… Le commandant crie au pirate :

— On est tous avec vous. Bonne chance !

Ernesto Mendez hésite encore un instant, puis lance son revolver et sa grenade à l'extérieur et, serrant contre lui le sac aux dollars, se jette dans le vide. Le personnel s'empresse de refermer la porte. Puis tout comme les passagers, il se précipite aux hublots pour voir ce qui se passe… Le pirate tombe quelque temps en chute libre, puis disparaît dans la couche nuageuse très dense. Son parachute s'est-il ouvert au-dessous ? Le plus extraordinaire est que, dans l'avion, tout le monde le souhaite sincèrement.

*

1 800 mètres plus bas, les paysans sont intrigués depuis quelque temps par le bruit de cet avion, qu'ils ne voient pas à cause des nuages, mais qui semble voler anormalement bas. Tous ont levé les yeux et, soudain, ils voient

surgir un point noir surmonté d'une grande tache multicolore. Il n'y a pas de doute : c'est un homme dont le parachute ne s'est pas ouvert. Celui-ci tombe comme une pierre et s'écrase dans un champ.

Les paysans se précipitent au point d'impact, s'attendant à découvrir une bouillie sanglante, mais pas du tout. Il a beaucoup plu, ces derniers temps, Ernesto Mendez est tombé sur le dos et s'est enfoncé dans la terre meuble. Il y a entièrement disparu, à l'exception de ses mains et de ses pieds.

Tout le monde s'affaire à le dégager avec des pelles et des pioches et le corps d'Ernesto apparaît. Il est mort, bien sûr, mais le plus extraordinaire, c'est qu'après une chute de 1 800 mètres, il est apparemment intact. Il a l'air simplement endormi. À ses côtés, enfoui lui aussi dans la terre, le sac qu'il serrait contre lui quand il a sauté.

Les paysans n'ont pas besoin d'alerter les autorités. Celles-ci ont été prévenues par l'équipage et une camionnette de police ne tarde pas à arriver sur les lieux. Elle ne peut que constater le décès, qui met un point final à ce détournement hors du commun.

*

Par la suite, une enquête a eu lieu et elle n'a fait que confirmer toute l'histoire racontée par le pirate de l'air. Son père avait bien été tué par de riches propriétaires qui voulaient racheter ses terres. Il avait bien arrêté ses études pour rependre l'exploitation et il avait fait faillite, à la suite de quoi sa femme l'avait quitté. Dans son village, chacun savait que ses malheurs l'avaient rendu fou et son geste n'a surpris personne.

Les enquêteurs n'ont eu qu'une surprise : dans le sac qui aurait dû être rempli de dollars, il n'y avait pas un seul centime. Mais était-ce vraiment si étonnant ? Les paysans qui ont découvert le corps pouvaient-ils résister à la tentation ? Ils étaient si pauvres !

Sur ce point non plus, Ernesto Mendez n'avait pas menti.

30

La route de la soie

En cette année 2000, la province de Fujian n'est pas la plus pauvre de Chine, loin de là, mais c'est celle où les candidats à l'émigration sont les plus nombreux. Sans doute parce qu'elle est située en face de Taïwan et que les programmes de télévision diffusés depuis l'île montrent sans cesse la vie aux États-Unis et dans les pays occidentaux. Partout, ce sont les mêmes conversations qui reviennent :

— Mon cousin est plongeur dans un restaurant de San Francisco. Il gagne en un jour ce que je gagne en un mois !

Alors, ils sont nombreux à tenter l'aventure, malgré les frais énormes et les risques tout aussi importants qu'elle représente. Ceux qui choisissent les États-Unis partent à fond de cale dans des cargos. Ceux qui préfèrent l'Europe traversent le continent d'est en ouest en train et en camion. On appelle cela « la route de la soie » parce qu'elle reprend l'antique itinéraire des caravaniers et parce que ceux qui partent espèrent revenir fortune faite, c'est-à-dire selon l'expression chinoise traditionnelle : « vêtus de tuniques de soie ».

À Fuzhou, la capitale de la province de Fujian, de discrètes affichettes sont visibles un peu partout dans les rues : « Recherchons laboureurs d'outre-mer ». C'est de cette manière que les passeurs clandestins, les « têtes de serpents », recrutent leur clientèle. Pour un voyage dans des conditions inhumaines, ils demandent une fortune : 200 000 yuans, soit 25 000 euros…

Cette somme, Xi Ling l'a payée ou plutôt il a demandé à sa mère de la payer pour lui. Il n'en pouvait plus de travailler pour un salaire de misère comme jardinier municipal. Sa mère a commencé par refuser.

— C'est si dangereux ! Il y en a tant qui meurent ou qui disparaissent.

Mais Xi Ling a insisté. Il voulait rejoindre son oncle, qui travaille dans un atelier clandestin à Londres. Il avait vingt ans, il était plein de force et d'optimisme. Il voulait lui aussi rentrer au pays « vêtu d'une tunique de soie ».

Alors Mme Ling s'est résignée. Elle est allée déterrer les pièces anciennes que son mari et elle avaient cachées au moment de l'arrivée au pouvoir de Mao et elle est allée trouver M. Cheng, la plus importante « tête de serpent » de la ville.

M. Cheng habite une bâtisse à l'occidentale, ridicule et prétentieuse, construite en verre et en béton. Il a jeté un regard dédaigneux sur les pièces anciennes, qui représentaient une valeur bien supérieure à 200 000 yuans et a déclaré qu'il acceptait pour lui être agréable.

*

C'est ainsi que le 19 février 2000, Xi Ling prend le train pour Pékin, 1 500 kilomètres plus au nord. C'est là-bas que les émigrants clandestins ont rendez-vous. C'est là-bas que commence la « route de la soie ». Il est plein d'espoir. Comment en serait-il autrement à vingt ans ? Quand il reverra Fuzhou et sa mère, il sera riche !

Xi Ling retrouve ses compagnons de route à la gare de Pékin. Ils sont cinquante en tout, dont quatre femmes, des jeunes comme lui, originaires pour la plupart de la province de Fujian.

Avec la complicité de plusieurs employés payés par la tête de serpent, Xi Ling et les autres embarquent clandestinement à bord du Transsibérien, dissimulés dans les wagons de marchandises. Peu après, le convoi s'ébranle. Cette fois, c'est parti !

La traversée de la frontière avec la Russie n'est pas un problème. Les douaniers sont achetés. Les difficultés dans ce domaine ne commenceront vraiment qu'à l'entrée dans la Communauté européenne.

L'épreuve qui attend Xi Ling et les siens est d'un autre ordre : ils vont devoir traverser toute la Sibérie et on est en février ! Le wagon de marchandises n'est pas chauffé, le train file plein nord et, au bout de quelques heures, le froid commence à se faire sentir.

Heureusement, Xi Ling, comme les autres, porte plusieurs épaisseurs de vêtements : cinq en tout, enfilées les unes par-dessus les autres. C'est la seule manière d'avoir du linge de rechange et cela permet aussi de cacher des objets personnels et des vivres, car les têtes de serpent interdisent tout bagage…

La traversée de la Sibérie et de la Russie jusqu'à Moscou dure sept jours. Xi Ling sympathise avec une des candidates à l'émigration. Elle s'appelle Jade, elle est de Fuzhou comme lui et elle a également vingt ans.

— Tu vas à Londres, toi aussi ?

— Oui, ma sœur est cuisinière dans un restaurant ; elle m'a demandé de la rejoindre.

— Je viendrai te voir.

— Si c'est permis. Il paraît qu'on ne peut pas sortir ni recevoir des gens.

— Nous y arriverons, je te le promets…

*

À partir de Moscou, le trajet se poursuit en camion. Si le froid est moins redoutable, les conditions de voyage sont toutefois plus pénibles que dans le train. Les cinquante occupants sont entassés au fond du véhicule derrière la cargaison qui les écrase et les étouffe Mais c'est la seule solution pour passer les frontières car, à présent, les contrôles douaniers sont de plus en plus rigoureux.

*

Avril 2000… Après avoir emprunté une dizaine de camions différents, après s'être arrêté des jours entiers ici et là sans savoir pourquoi, dans des baraques ou même en pleine nature, Xi Ling et ses compagnons arrivent à Amsterdam. On les entasse à six dans des chambres minuscules. Xi Ling est séparé de Jade. Ils n'ont pas le droit de sortir. Ils sont à peine nourris : les deux boulettes de riz qu'on leur donne chaque jour sont loin d'être suffisantes, la faim les tenaille. Tout ce qui leur est permis, c'est de donner un seul coup de téléphone chacun, qu'on leur fait payer très cher. Xi Ling appelle sa mère.

— Tout va bien maman, je suis en Hollande. La prochaine étape c'est l'Angleterre. Dès que je suis là-bas, je t'appelle de nouveau.

— Quand penses-tu y être ?

— Je ne sais pas. Il faut être patient.

*

17 juin 2000… Un Chinois, que Xi Ling n'avait jamais vu jusque-là, fait irruption dans la chambre.

— Habillez-vous en vitesse ! Vous partez tout de suite.

Après cette interminable attente, les émigrants ne se font pas prier. Pour la première fois depuis deux mois, ils quittent leur hôtel. Devant l'immeuble, est garé un grand camion blanc, immatriculé aux Pays-Bas. Le chauffeur, néerlandais lui aussi, leur crie dans sa langue des choses qu'ils ne comprennent pas.

Mais ils n'ont pas besoin de comprendre pour savoir ce qu'ils ont à faire. Le camion est chargé de tomates et un étroit passage a été ménagé dans la cargaison. Xi Ling et les autres se faufilent jusqu'au fond du véhicule. Là, Xi Ling a la joie de retrouver Jade, qu'il n'a pas vue depuis deux mois. Ils s'installent l'un près de l'autre, dans l'étroit espace qui est réservé aux cinquante passagers. Il y a si peu de place qu'ils ne peuvent se tenir que debout. Mais ce n'est pas grave, cela ne durera pas longtemps et ils en ont vu d'autres !

Le chauffeur remet les cageots de tomates en place et le véhicule démarre… Il roule pendant des heures. Les cinquante Chinois sont dans le noir absolu. Xi Ling et Jade se parlent pour se donner du courage. De temps en temps, il y a un arrêt plus ou moins long et à ce moment-là, tous se taisent. C'est peut-être un contrôle douanier ; ils ne doivent pas se faire repérer !

Comment évaluer le temps dans des conditions pareilles ? Tout ce que Xi Ling peut dire, c'est que c'est très long. Une demi-journée s'écoule ainsi, peut-être plus, jusqu'à ce qu'un arrêt beaucoup plus long se produise. Que se passe-t-il ? L'inquiétude gagne tout le monde. Elle s'ajoute à l'épuisement, car ils sont debout depuis des heures et des heures… C'est alors qu'une curieuse sensation s'empare d'eux. Ils mettent un instant avant de réaliser de quoi il s'agit et puis, ils comprennent : c'est le roulis ! Ils sont dans le ferry qui les conduit en Angleterre. Ils ont gagné !

Des exclamations de joie retentissent, à mi-voix, bien sûr, pour ne pas se faire découvrir. Les cinquante émigrants se congratulent lorsque soudain l'un d'eux remarque :

— On étouffe !

Xi Ling a la même impression. Il est vrai que, depuis quelques minutes, il a un peu de mal à respirer. Il se refuse d'abord à y croire, mais il doit se rendre à l'évidence : en arrivant dans le ferry, par inadvertance ou pour toute autre raison, le chauffeur a fermé l'aération. Ils vont mourir asphyxiés !

Les autres aussi ont compris. Cette fois, plus question de discrétion, ils se mettent à hurler. Ils frappent contre les parois. Pour faire plus de bruit encore, ils retirent leurs chaussures et tambourinent de toutes leurs forces. Mais ils sont dans la cale du navire, qui est déserte.

Xi Ling a crié au début avec les autres, mais il s'est arrêté. Il ne doit pas s'épuiser. Il doit garder ses forces. Il a pris Jade dans ses bras et il lui parle doucement.

— Courage ! La traversée n'est pas longue. Il faut tenir jusque-là. Respire lentement.

Les minutes passent, interminables... Xi Ling suffoque, il a des vertiges. Il finit par perdre toute notion du temps. Il se rend compte qu'il est en train de mourir.

*

Le silence s'est fait depuis longtemps dans le réduit du camion. Après les cris, il y a eu les gémissements, puis des halètements, puis plus rien. C'est alors que Xi Ling se rend compte qu'il respire mieux. Le chauffeur a-t-il enfin ouvert l'aération ? Il ne tarde pas à découvrir que non. S'il a plus d'air, c'est que les autres ne respirent plus. Ils sont tous morts. Et il se rend compte que Jade, qu'il tient toujours serrée dans ses bras, est morte elle aussi. Lorsqu'il la lâche, elle glisse à terre, comme une poupée de chiffon.

*

Les douaniers du port de Douvres sont équipés d'un système de rayons X permettant de voir à l'intérieur des camions. Et celui qui inspecte le véhicule néerlandais pousse un cri.

— Bon sang, mais qu'est-ce que c'est que ça ?

Aidé par ses collègues, il se précipite et fait valser les cageots de tomates. Les hommes font alors face à l'horreur absolue : une pile de corps, un charnier ! Seul Xi Ling s'avance vers eux en titubant. Un autre survivant apparaît lui aussi. Les quarante-huit autres clandestins sont morts !

*

Soigné à l'hôpital de Canterbury dans le Kent, Xi Ling s'est rapidement rétabli. La tragédie qu'il avait vécue ne lui a valu aucun passe-droit. Dès qu'il a été sur pied, il a été expulsé vers son pays, même si, cette fois, c'était en avion.. À Fuzhou, sa mère l'attendait. Elle lui a appris qu'après le drame, une émeute avait eu lieu contre les têtes de serpent. On avait pillé et incendié la maison de M. Cheng. Et puis, tout était redevenu comme avant. Les candidats à l'émigration recommençaient à se bousculer, M. Cheng faisait reconstruire sa maison. La vie continuait… Xi Ling n'a rien répliqué. Elle continuait pour lui aussi et il n'y avait que cela qui comptait.

31

UNE JOURNÉE, PAS PLUS

Lisa et Ettore Biaggio habitent un gros bourg près de Milan où ils tenaient une boutique d'électroménager. Il y a quelques mois, après plus de trente ans d'activité, ils ont vendu leur fonds de commerce et, pour inaugurer leur retraite, ils se sont offert un voyage à Rio. Mais ce 31 mai 2009, le séjour touche à sa fin. Ce départ ne signifie pourtant pas la fin de leurs vacances. Les Biaggio ne rentrent pas directement en Italie ; avant, ils vont réaliser un de leurs vieux rêves : visiter Paris. Ils y passeront une semaine avant de revenir chez eux.

C'est dire la bonne humeur qui règne dans le couple. Tout s'est magnifiquement passé à Rio, ils sont détendus, bronzés et, avant de quitter la ville, Lisa a voulu faire quelques achats. Elle s'attarde dans les boutiques du quartier chic, ne sachant que choisir, car tout est si joli, ici ! Ettore finit par s'impatienter.

— N'oublie pas que nous avons un avion à prendre.

— Nous avons le temps, il est à 22 heures.

— Quand même, on ne sait jamais…

Mme Biaggio finit par faire son choix et ils sautent dans un taxi. Ils repassent par leur hôtel pour prendre leurs bagages et repartent, direction l'aéroport. Ils sont dans les temps, mais c'est sans compter sur l'embouteillage énorme dans lequel ils se retrouvent bloqués. Ils restent immobilisés une demi-heure et, quand ils démarrent enfin, sous un concert de klaxons excédés, c'est pour se traîner à une vitesse d'escargot… Le chauffeur ne sait que répondre à leurs questions angoissées.

— Vous pensez qu'on arrivera à temps ?

— Normalement, oui. Ce n'est plus très loin.

— Mais qu'est-ce qui se passe ?

— Je ne sais pas. À cette heure-là, ça roule. C'est la première fois…

*

On apprendra plus tard qu'il s'agissait d'une manifestation de commerçants en colère, qui, sans réunir grand monde, avait paralysé une partie de la ville. Mais qu'importe pour les Biaggio. Quand ils arrivent à l'aéroport, il est presque 22 heures…

Quelques minutes plus tôt, au comptoir du vol AF 447, à destination de Paris, l'hôtesse a annoncé :

— Dernier appel pour M. et Mme Biaggio. Merci de vous présenter au guichet n° 3, avant annulation de votre billet.

Comme personne n'arrivait, elle a reposé son micro, fermé son guichet et est allée rejoindre les 228 passagers qui avaient déjà pris place à l'intérieur de l'Airbus Rio-Paris.

Le couple arrive en courant et découvre qu'il n'y a plus personne. Tout essoufflés, ils appellent un employé. Il finit par en arriver un.

— L'avion n'est pas encore parti. Il n'y a pas moyen de monter quand même ?

— Si vous n'aviez pas de bagages, ce serait peut-être possible, mais pour les bagages, l'enregistrement est terminé depuis longtemps.

— Qu'est-ce qu'on peut faire ?

— Pour ce vol-ci, rien. Prenez-en un autre.

L'employé s'en va et ils restent seuls… Ettore Biaggio désigne les paquets dont sa femme est encombrée.

— Qu'est-ce que tu avais besoin de faire ces achats au dernier moment ?

— Il fallait bien qu'on rapporte quelque chose à la famille.

— Tu aurais dû le faire hier !

— Ce n'est pas à cause de cela que nous sommes en retard, c'est parce que le taxi a été pris dans les embouteillages.

— C'est parce que tu as fait des courses…

Au bout d'un moment, ils se rendent compte que tout cela est inutile. Ce qui est fait est fait, mieux vaut chercher un autre avion, comme l'a dit l'employé… M. et Mme Biaggio se rendent au comptoir des billets. En direction de Paris, on ne peut leur proposer qu'un vol le lendemain matin. Mais ils refusent : passer une nuit de plus à Rio les obligerait à chercher un nouvel hôtel, c'est trop de complications, il faut quelque chose dans la soirée même, tant pis si ce n'est pas à Paris.

— Dans ce cas, j'ai un avion pour Munich.

Ettore et Lisa Biaggio se concertent un instant, mais ils sont d'accord. Une fois à Munich, ils décideront de ce qu'ils feront. Soit ils iront à Paris, soit ils visiteront la ville bavaroise, qui, paraît-il, est intéressante.

*

Aéroport de Munich, lundi 1er juin, 8 heures du matin. Après un vol sans histoire, les Biaggio récupèrent leurs bagages et se dirigent vers la sortie pour prendre un taxi. Ettore abandonne un instant sa femme.

— Attends-moi, je vais chercher le journal.

Lisa le voit s'éloigner et elle assiste à une scène incroyable : à peine a-t-il le journal en main qu'il vacille sur ses jambes, après quoi il est pris d'une sorte de sanglot, suivi d'une série de hoquets ressemblant à des rires. Un agent qui passe par-là vient à sa rencontre.

— Ça va, monsieur ?

— Oui, ça va. Je vous remercie.

Lisa arrive à son tour. Elle est stupéfaite. Elle ne reconnaît pas son mari. Il est blême, décomposé.

— Qu'est-ce qui t'arrive ?

Ettore Biaggio est incapable de répondre, il lui tend seulement le journal. En première page, Lisa découvre la photographie d'un avion et un gros titre : « LA TRAGÉDIE DU RIO-PARIS ». Elle blêmit à son tour.

— C'était le nôtre ?

— Oui. Le vol Air France 447.

— Il y a des survivants ?

— On ne sait pas encore, mais il est tombé en plein Atlantique. Alors…

Ils se laissent aller sur le banc le plus proche, submergés par l'émotion. Ils restent un moment silencieux, puis Ettore éclate d'un rire nerveux et prend sa femme dans ses bras.

— Merci, chérie, merci !

Lisa est encore sous le choc. Elle ne comprend pas.

— Merci pour quoi ?

— Les courses au dernier moment. Si tu ne les avais pas faites, nous n'aurions pas été en retard. Tu nous as sauvés !

Lisa Biaggio acquiesce d'un signe de tête. Son mari a raison, mais elle est incapable de se réjouir. Tout cela est trop soudain, trop violent… Elle finit par déclarer :

— Il faut rentrer.

— On ne reste pas à Munich ?

— Tu as le cœur à continuer tes vacances, toi ? Tous ces pauvres gens qui sont morts et nous qui sommes vivants : je ne penserais qu'à cela !

— Tu as raison. Rentrons tout de suite. Il doit y avoir un vol Munich-Milan.

Mais sa femme pousse un véritable cri d'horreur :

— Ah non, pas d'avion, j'aurais trop peur ! Je ne prendrai jamais plus l'avion de ma vie !

— On rentre comment, alors ?

— Louons une voiture…

Son mari se laisse convaincre. Lui aussi, il faut bien le dire, n'a guère envie de remonter dans un avion et les voici en route pour l'Italie.

*

Tandis que la voiture prend la direction des Alpes, ils ne cessent de ressasser ce qui vient de se passer. Ils ont la sensation d'être des miraculés. Mais ils ont eu tort : prendre le volant était très imprudent. Ettore avait mal dormi durant le vol, il y avait aussi le décalage horaire, auquel s'ajoutait le stress résultant de la catastrophe…

On ne saura jamais ce qui s'est passé, mais au passage des Alpes, la voiture a raté un virage et fait une chute d'une dizaine de mètres. Ettore Biaggio, gravement blessé, a pu être sauvé, mais Lisa est morte peu après son admission à l'hôpital.

On était le 2 juin 2009. Il était 2 heures du matin. D'après les informations qu'on a pu avoir, le vol AF 447 s'était abîmé dans l'océan la veille, exactement à la même heure. Le destin avait accordé à Lisa Biaggio une journée de vie supplémentaire. Pas plus.

32

LES HOMMES AUX TROMBLONS

Notre récit s'ouvre par une page d'Histoire. En 1833, le roi d'Espagne Ferdinand VII meurt, après avoir désigné pour lui succéder sa fille Isabelle. La chose n'est pas du goût du neveu du défunt souverain qui, en tant que premier descendant mâle, considère que la couronne lui revient de droit. Il se proclame donc roi, sous le nom de Charles V.

Il s'ensuit une longue guerre civile entre ses partisans, les carlistes, et ceux de la reine Isabelle. L'armée carliste finit par être vaincue en 1839. Charles doit s'exiler et ses partisans déposent les armes, à l'exception d'un petit nombre qui, sous prétexte de politique, se livrent au banditisme pur et simple. Ils se sont groupés au nord de la Catalogne et reçoivent le nom de « trabucayres », provenant de *trabuco*, « tromblon » en espagnol, leur arme favorite...

En 1845, les hommes aux tromblons sévissent encore dans la région frontalière des Pyrénées-Orientales, détroussant les voyageurs malgré les gendarmes qui leur donnent inlassablement la chasse.

L'une des bandes les plus actives est celle du redoutable Sagals, un colosse barbu au front ceint d'un foulard rouge, décoré de deux épées entrecroisées. Ses hommes, au nombre d'une quinzaine, sont pour la plupart d'anciens contrebandiers, comme ses deux lieutenants Pujades et Domingo Farbach, qui connaissent les montagnes de la région comme leur poche. Mais il y a aussi Tocabens, le lettré du groupe, qui rédige les demandes de rançon et qui a la particularité de n'avoir qu'une oreille, l'autre ayant été emportée par une balle. Sans oublier Xicolate, surnommé « le sanguinaire » par ses compagnons eux-mêmes ; c'est lui qui est chargé des basses besognes comme éliminer les traîtres ou achever les blessés adverses.

*

Les voyageurs qui s'apprêtent à prendre la diligence reliant Figueras à Barcelone, ce 27 février 1845, sont parfaitement au courant de ce qui se passe sur ces routes. Mais ils n'ont pas le choix, ils effectuent ces déplacements pour des motifs professionnels ou pour des raisons personnelles impératives.

Il y a là tout un échantillonnage de la bourgeoisie espagnole. Deux officiers : le lieutenant Olivares, du 4e régiment de Barcelone, qui part rejoindre son corps, et le lieutenant Suarez, du 20e régiment d'infanterie de Guadalajara. Ce dernier est en compagnie de sa femme. Autour d'eux ont pris place des agriculteurs aisés et des marchands, dont un négociant parisien, Jean-Baptiste Duchamp, le seul qui ne soit pas espagnol dans la voiture.

La diligence est déjà presque pleine lorsque Mme Massot monte à bord avec son fils Juan qu'elle accompagne à Barcelone où il va achever ses études. Le jeune homme, âgé de dix-sept ans, est mince, élégant. Sur le gilet brodé de son costume, une chaîne d'or dessine un long feston. Une épingle avec une tête en diamant est fixée à sa cravate et il porte à la main droite une chevalière en or. Son nez fin, ses yeux gris, sa chevelure blonde lui donnent beaucoup de grâce.

Le postillon fait claquer son fouet et la voiture démarre, dans un grincement de roues et un entrechoquement de bagages. Elle doit atteindre sa destination, Barcelone, le lendemain matin. À la différence d'autres diligences, celle-ci ne s'arrête dans aucun relais. C'est un grand avantage pour les voyageurs pressés, même si cela oblige à rouler de nuit, ce qui n'est pas sans danger

À quelques kilomètres de là, elle s'arrête pourtant de nouveau. Un homme lui a fait signe au bord du chemin. Le cocher veut bien le prendre et il monte en hâte. Il se nomme Joseph Roger, il est banquier à Figueras. Il aperçoit les Massot qu'il connaît bien et va s'asseoir à côté d'eux. Mme Massot lui demande la raison de son voyage. Il hoche la tête tristement.

— Je vais voir mon père à Barcelone. Il est gravement malade.

Mme Massot explique alors pourquoi elle est là avec son fils et elle conclut, pensant aux trabucayres, mais n'osant prononcer leur nom :

— J'ai hâte d'être à demain…

À Gérone, l'étape suivante, on change les chevaux. À nouveau, un voyageur se présente : don Balber, un habitant de la ville, banquier également, âgé de soixante-dix ans. Il est vêtu d'un gros manteau de laine à col de velours qui lui monte jusqu'aux joues. Il prend place contre une fenêtre et s'endort presque aussitôt. Le soir tombe. La diligence entame la seconde partie de son voyage, la plus périlleuse, celle qui se déroule la nuit…

Elle a dépassé la localité de Tordera, aux deux tiers de son parcours, lorsque, vers dix heures du soir, elle entre dans une forêt épaisse. Si les passagers ne s'en aperçoivent pas, étant tous endormis ou somnolents, le postillon, lui, n'est pas trop rassuré. Il sait que l'expression « se faire voler comme dans un bois » n'est pas un vain mot et il lance son fouet sur la croupe des chevaux pour accélérer l'allure.

Mais il ne va pas loin. Au bout de quelques minutes, il aperçoit des torches et un cri retentit dans la nuit :

— *Halto !*

Il se retrouve encerclé par une quinzaine d'hommes. À la lumière des lanternes, il peut reconnaître le canon court et évasé des tromblons. Des mains agiles tranchent les lanières de cuir retenant l'attelage. Un grand barbu avec un foulard rouge sur le front donne des ordres. Le postillon a reconnu le signe distinctif de Sagals, le plus redouté des chefs trabucayres.

Les voyageurs ont été tirés de leur sommeil par cet arrêt imprévu. Lorsqu'ils découvrent qu'ils sont en pleine forêt, ils comprennent tout de suite ce qui est en train de se passer. Les portières sont brutalement ouvertes et un ordre est lancé d'une voix sans réplique :

— Descendez !

En découvrant les officiers de l'armée espagnole, Sagals et ses hommes entrent en fureur. Les deux lieutenants sont bousculés, frappés, on leur arrache leur sabre, leurs épaulettes, on leur enlève leur shako et on les piétine. L'un et l'autre croient leur dernière heure arrivée et les autres passagers sont terrorisés. Mais le chef trabucayre met fin à ces violences et s'adresse aux voyageurs, leur désignant une clairière au bord de la route.

— Mettez-vous en cercle. Jetez tous vos objets de valeur au milieu et donnez vos passeports à celui qui vous les demandera.

Tous s'exécutent d'autant plus docilement que les trabucayres ont pris place derrière eux et leur enfoncent leur tromblon dans le dos. Une fois que les bijoux, les pièces d'or et les portefeuilles ont été lancés au centre du cercle, Tocabens, le lettré, prend leurs passeports, en déchiffre le contenu et fait son rapport à son chef. Il s'agit de déterminer quels sont les plus riches parmi les voyageurs. Ceux-là seront pris comme otages et pourront rapporter une importante rançon.

Sagals jette son dévolu sur Joseph Roger et don Balber parce qu'ils sont banquiers et choisit en plus Juan Massot, en raison des bijoux qu'il portait. Les trois hommes sont immédiatement arrachés du groupe et ligotés.

Voyant cela, Mme Massot se jette aux pieds des bandits et supplie qu'on lui rende son fils, ce qui provoque la colère de Sagals. Il lève son tromblon en direction de Juan et lance à la femme :

— Rentre dans la voiture ou je l'abats devant toi !

Elle se tait, terrorisée, et, dans un silence de mort, les trabucayres partent avec leurs richesses et leurs prisonniers.

*

Ils prennent immédiatement le chemin du maquis. Pour cela, il suffit de s'écarter de la route et de monter vers l'arrière-pays, très escarpé. Les lieux sont peu peuplés et desservis par des sentiers où seuls les habitants de la région savent se diriger, surtout la nuit.

Au bout d'environ une heure de marche à la lumière des lanternes, on libère les prisonniers de leurs cordes, on change leurs chaussures contre des espadrilles et on repart. Au petit jour a lieu le partage du butin. Il se passe sans problème, une excellente entente ayant toujours régné dans la bande. Les bagues sont les bijoux les plus nombreux. Il y en a assez pour que tous en prennent une, qu'ils arborent fièrement au doigt.

Ce partage a rendu les malfaiteurs euphoriques. Ils rient, ils boivent et font partager à leurs prisonniers leur bonne humeur et leurs libations. Ils arrivent ainsi à leur premier repaire : une ferme en ruines près d'Arbúcies, au milieu d'un paysage magnifique, dominant la vallée qui va jusqu'à la mer.

C'est là que les choses sérieuses commencent. Salvas fixe les rançons : 60 000 francs pour Juan Massot qui semble le plus riche, 40 000 francs pour don Balber le banquier de Gérone, et 30 000 pour Joseph Roger, celui de Figueras. Ensuite, Tocabens sort les plumes d'oie, l'encre et le papier et dicte à chacun les formules à écrire. Même si, pour l'instant, tout se déroule dans la bonne humeur, il fait tenir aux otages les propos les plus alarmants : « Je suis aux mains d'êtres sans pitié, qui menacent à tout instant de m'assassiner », « Ne faites point de bêtises, sinon, vous pourriez ne plus jamais m'embrasser… »

Les messages sont remis, contre une récompense de 40 francs, à un paysan qui devra les porter à leurs destinataires. Un lieu de rendez-vous est fixé pour qu'il reprenne la réponse.

Mais le zèle des autorités fait échouer l'opération. Dans la soirée du 3 mars, le groupe est attaqué par des soldats qu'une bergère a alertés, trouvant les allées et venues suspectes. Il s'ensuit un violent affrontement. Les fusils claquent, les tromblons répliquent. Un trabucayre et deux soldats sont tués. Les militaires finissent par se retirer, laissant le terrain à leurs adversaires, mais ceux-ci craignent une nouvelle attaque.

Sagals décide le départ immédiat vers un autre repaire, près de Viladrau, dans la sierra de Montseny. Mais il neige, le temps s'est considérablement rafraîchi et les chemins pour s'y rendre sont beaucoup plus escarpés. Deux des prisonniers, Juan Massot et Joseph Roger, arrivent à suivre le train, mais il n'en est pas de même pour don Balber. L'homme, âgé de soixante-dix ans, a déjà été beaucoup éprouvé, tant physiquement que moralement, par les épreuves qu'il a subies et cette marche épuisante dans le froid glacial est trop dure pour lui.

Il a le plus grand mal à avancer, il trébuche à chaque instant, il semble presque à l'agonie. Il finit par s'écrouler dans la neige et reste sans bouger, les yeux clos. Est-il mort, est-il encore vivant ? Sagals ne cherche pas à se poser la question. Il donne l'ordre de lui prendre son chaud manteau de laine au col de velours, et de continuer la marche.

Cet événement a pour effet de faire s'écrouler le moral de Juan Massot. Jusque-là, le jeune homme avait vécu la situation avec une certaine insouciance, pour ne pas dire une certaine inconscience, brusquement, il découvre que leur vie à tous est menacée, à commencer par la sienne. Les conditions climatiques qu'il avait plus ou moins supportées jusque-là lui deviennent intolérables. Son costume et son gilet sont élégants, mais ils ne sont guère faits pour protéger du froid. Il se met à grelotter et à tousser. Salvas décide alors de lui donner le manteau de don Balber, sans qu'on sache s'il s'agit d'un geste d'humanité ou s'il veut préserver la vie d'un otage qui peut rapporter gros…

*

La petite troupe parvient dans son repaire de Viladrau et, là, les semaines passent sans rien apporter de nouveau. Sous la dictée de Tocabens, les deux prisonniers envoient pourtant des lettres de plus en plus dramatiques. Juan Massot écrit à sa mère : « Ils veulent m'arracher les oreilles, pour te les envoyer si tu ne fais pas ce qu'ils demandent. » Et Joseph Roger écrit, quant à lui, à son frère : « Ils vont me tuer et tu seras responsable de ma mort. »

Mais les ravisseurs ne reçoivent aucune réponse. En fait, ce sont les gendarmes et les militaires qui interceptent la correspondance et qui empêchent les familles de la recevoir. Ils ne veulent pas de rançon. Ils ont décidé d'employer la manière forte. Ils vont localiser les trabucayres, leur donner l'assaut et délivrer les prisonniers.

Un peu plus d'un mois après l'attaque de la diligence, le 2 avril, ils parviennent à retrouver leur trace. De nouveau, on assiste à une bataille rangée entre les soldats et les hommes de Sagals. Un trabucayre perd la vie, un autre est blessé, tandis que trois soldats sont tués et, comme la première fois, les assaillants battent en retraite sous un feu nourri, sans cesser, pourtant, de tirer.

Joseph Roger tente de profiter de la confusion pour s'enfuir. Malheureusement, il est touché à la nuque par une balle perdue et s'écroule, tué net… Ayant été encore une fois débusqués, les trabucayres décident de repartir. Ils vont aller plus loin, plus haut, dans un refuge plus inaccessible : une grotte aux environs de Bassegoda, au cœur des Pyrénées, près de la frontière française.

Ils y arrivent au bout d'une nouvelle marche épuisante. C'est un long et étroit corridor facile à défendre. Dans ce décor sinistre, Juan Massot, désormais l'unique prisonnier, se retrouve plus seul et plus désemparé que jamais. Ses ravisseurs lui font écrire des lettres dramatiques, qu'ils vont remettre à des contacts qu'ils ont dans la vallée, mais ils ne reçoivent aucune réponse.

Dans la grotte où la bande vit entassée à douze, plus le prisonnier, les conditions de vie sont difficiles. On chasse uniquement au collet, les coups de fusil pouvant donner l'alerte. On ne fait du feu que pendant la journée pour cuire les viandes, la nuit, il n'en est pas question. Il faut donc endurer le froid, qui reste vif à cette altitude, même au printemps.

Le jeune homme n'est plus que l'ombre de lui-même. Il a de la fièvre, ses forces déclinent. Il passe son temps à se lamenter. Il demande à ses geôliers :

— Pourquoi est-ce que ma mère n'envoie pas l'argent ? Pourquoi est-ce qu'elle me laisse mourir ?

Ces derniers sont incapables de lui répondre. Ils n'en savent rien et ils sont presque aussi contrariés que lui. Jusqu'à présent, tout s'était passé sans problème. Ils avaient toujours perçu les rançons. Ils commencent à deviner que les autorités ont durci leur action et qu'elles ont engagé contre eux une lutte à mort…

*

Ils en ont la confirmation le 1er mai 1845. Ce jour-là, un de leurs complices qui habite la vallée vient les trouver précipitamment. Sagals l'accueille à l'entrée de la grotte. L'homme est tout essoufflé.

— Les soldats arrivent !

— Nous nous défendrons. Nous avons de quoi les accueillir.

— Oh non ! Ils sont beaucoup trop nombreux, plus d'une centaine. Il faut fuir, pendant qu'il en est encore temps !

Sagals a compris. Il a la faculté de prendre ses décisions rapidement. Il réunit ses hommes. Il les informe de ce qu'il vient d'apprendre et conclut :

— Nous allons passer la frontière, en abandonnant nos armes ici. Nous nous ferons passer pour d'honnêtes paysans.

Une voix s'élève du groupe.

— Où est-ce qu'on ira ?

— À Corsavy. On va y rester le temps de se faire oublier et on reviendra.

Personne ne fait de commentaire, mais une seconde voix s'élève parmi les trabucayres.

— Et le prisonnier ?

Sagals y a pensé et, pour lui aussi, il a pris sa décision.

— On ne peut pas l'emmener, il nous retarderait. On ne peut pas le laisser ici non plus : ça fait deux mois qu'il est avec nous, il sait beaucoup trop de choses. Il faut l'éliminer.

Et il ajoute :

— Xicolate, tu t'en chargeras. Fais vite, mais laisse-le faire sa prière.

Xicolate, dit « le sanguinaire », ne fait aucune objection. On peut penser, au contraire, qu'il aurait été vexé de ne pas avoir été choisi. Il sait qu'il n'est pas question de se servir de son tromblon. Il affûte quelques instants son couteau catalan, une arme d'acier bleu, à la pointe acérée et à la lame tranchante. Puis il disparaît dans la grotte...

Il trouve le jeune homme prostré dans un coin. Il le secoue par l'épaule.

— Récite-le *Je vous salue Marie.* C'est l'heure...

Juan Massot regarde, terrorisé, le couteau dans les mains du trabucayre. Il se jette à ses genoux, implorant qu'il le laisse en vie. Mais il se rend vite compte qu'il n'obtiendra pas de pitié. Alors, il renonce et récite sa prière, d'une voix si faible qu'elle est presque inaudible. Lorsqu'il a fini, Xicolate lui plonge son poignard dans la gorge. Il y a un flot de sang, dont il est éclaboussé et la victime glisse doucement sur le sol.

« Le sanguinaire » ne s'en tient pourtant pas là. Il s'approche du mort et, de deux coups précis, lui coupe les oreilles. Ensuite, il les met dans un panier et va retrouver son chef à l'extérieur de la grotte. Il lui montre ses trophées.

— Je me suis dit qu'on pourrait les envoyer à sa mère et dire qu'il est toujours vivant. Ça la déciderait !

Sagals ne fait pas de commentaire et donne le signal du départ.

*

Marchant sans s'arrêter, ils arrivent le lendemain, à trois heures du matin, au lieu-dit Le Mas de l'Aloy, près de Corsavy, dans le massif du Canigou. Sagals, qui connaît parfaitement les lieux, les conduit à une ferme en ruines à l'écart de tout.

Ils y restent trois jours, couchant dans une grange à foin et sortant pour se ravitailler en se faisant aussi discrets que possible. Cela ne les empêche pas de se faire remarquer par un berger, qui prévient les gendarmes... Du côté français aussi, on traque les trabucayres. On les croyait en Espagne, mais puisqu'ils sont de ce côté de la frontière, ce seront les troupes françaises qui vont les arrêter.

Le 5 mai, les gendarmes et les douaniers d'Arles-sur-Tech cernent les lieux. La porte de la grange est ouverte et un officier fait les sommations d'usage. Les trabucayres n'étant plus armés n'ont le choix qu'entre la reddition ou la fuite. Quatre d'entre eux choisissent cette dernière solution. L'officier commande le feu. L'un d'eux tombe et les autres sont rapidement rattrapés. Ensuite, le reste de la bande est arrêté.

L'homme blessé, un certain Bosch, se sentant mourir, demande à se confesser. On fait venir le curé de Corsavy, qui s'acquitte de son ministère et qui, une fois la confession terminée, dit aux gendarmes :

— Gardez-les bien, ce sont des scélérats !

Sagals et sa bande sont conduits à la prison de Céret. Bosch étant mort peu après, ils ne sont plus que onze… Quelques jours plus tard, un jeune berger fouillant dans la grange du Mas de l'Aloy pour voir si les trabucayres n'y auraient pas oublié un de leurs bijoux découvre dans le foin un panier contenant deux oreilles coupées. Les gendarmes n'ont aucune difficulté à les identifier comme celles de Juan Massot, dont on a retrouvé le corps mutilé dans la grotte de Bassegoda. Ce macabre trophée sera la principale pièce à conviction de l'affaire et pèsera lourdement en défaveur des accusés.

*

Pendant l'instruction, ceux-ci se distinguent par leur mutisme et leur refus total de coopérer. Lorsqu'on leur montre les oreilles coupées et qu'on leur demande ce que c'est, ils répondent tous :

— Des champignons.

Leur procès s'ouvre en septembre 1845, à Perpignan. Tous les onze ont été transférés de Céret à la prison Sainte-Claire, au centre de la ville… Les débats n'ont pas lieu dans le palais de justice lui-même : la foule est si importante que la salle des Assises est trop petite. On a donc transformé en salle d'audience l'ancienne église du couvent Saint-Dominique.

Les trabucayres s'y présentent vêtus de velours et coiffés du bonnet rouge traditionnel des Catalans. Tous les passagers de la diligence sont dans l'assistance, ainsi que les familles des victimes en grand deuil, à la notable exception de Mme Juan Massot, qui ne s'est pas senti la force d'affronter cette épreuve.

Un nombre considérable de témoins défile à la barre et les débats durent des mois. À l'issue de ceux-ci, Sagals, ses deux lieutenants Pujades et Domingo Farbach, et le tueur de la bande Xicolate sont condamnés à mort. Trois autres, dont Tocabens, se voient infliger les travaux forcés à perpétuité, le reste bénéficiant de peines plus légères.

*

Sagals et ses trois compagnons ont été guillotinés sur la place principale de Perpignan, en juin 1846. Leur exécution a marqué la fin des trabucayres. Les tromblons avaient fini de faire trembler la région.

33

UN PIONNIER DU CRIME

Prendre l'avion n'est pas courant en 1949, du moins en Europe où la chose est réservée à un petit nombre de nantis. Car en Amérique, ce mode de transport est beaucoup plus répandu, surtout dans un pays comme le Canada où l'immensité des distances le rend pratiquement indispensable.

Ainsi Rita Guay, une brune de trente-deux ans qui a pris place dans ce DC-3 de la compagnie Québec Airways emportant dix-neuf passagers et quatre membres d'équipage, est loin d'être une privilégiée. Albert, son mari, est bijoutier, certes, mais un bijoutier de seconde zone qui vivote de la vente de montres et de bijoux fantaisie. C'est d'ailleurs pour les affaires de son mari que Rita Guay a accepté de partir, ce 9 septembre 1949. Elle doit livrer des bijoux à Baie-Comeau, à l'embouchure du Saint-Laurent, à 500 kilomètres de la ville de Québec où ils habitent.

L'avion survole un paysage magnifique, qui commence à prendre les couleurs de l'automne, mais Rita Guay n'y prête aucune attention. Elle ne décolère pas. Jamais elle n'aurait dû accepter de rendre ce service à Albert, jamais plus elle ne fera quoi que ce soit pour lui !

Qu'il ne soit pas un modèle de fidélité, elle l'a toujours su. C'est un beau garçon et un beau parleur, qui ne peut s'empêcher d'avoir des aventures à droite et à gauche, mais ce qui se passe depuis quelque temps est différent. Il s'est amouraché de Marie-Ange, une gamine de dix-sept ans qui pourrait presque être sa fille. Elle a tout découvert et elle sait que c'est sérieux.

D'ailleurs, elle le lui a dit avant de prendre l'avion et il s'en est suivi une violente discussion. Ils arrivent finalement avec dix minutes de retard au départ de l'avion qui, heureusement, les a attendus.

Pauvre Rita ! Elle ne se doute pas de l'importance de ces dix minutes au cours desquelles elle a vidé son cœur à son mari. Elles vont se révéler capitales, non pas pour changer son sort, car, hélas, son destin est déjà scellé. Mais ces dix minutes vont lui permettre d'être vengée.

*

Il est 10 h 45. Le DC-3 survole la montagne du Sault-au-Cochon, près du cap Tourmente, à 65 kilomètres à l'est de Québec. Adrien Leverger, qui est en train de pêcher dans une anse du Saint-Laurent, lève la tête et il sent tout son être se figer. Brutalement, l'avion se désintègre. Il y a un violent bruit d'explosion, une boule de feu et des débris qui partent dans toutes les directions, avant de retomber au sol… Adrien Leverger replie en hâte son matériel de pêche et saute dans sa voiture, en direction du premier téléphone qu'il rencontrera.

Peu après, il appelle la police d'une station-service. Il raconte ce qu'il a vu, encore sous le coup de l'émotion.

— C'est une explosion, c'est sûr ! Cela s'est passé en l'air, il n'a rien heurté.

— D'après vous, où est-il tombé ?

— Sur les pentes du Sault-au-Cochon. C'est difficile d'être plus précis.

— Vous pensez qu'il peut y avoir des survivants ?

— S'il y a une chose dont je suis certain, c'est qu'ils sont tous morts !…

*

Les secours ne tardent pas. Deux heures plus tard seulement, ils sont sur les lieux. Il y a là non seulement des policiers et des pompiers, mais un expert de la Québec Airways, Jules Perreault. La météo était excellente, le DC-3 était tout neuf et il avait été vérifié juste avant le vol. La compagnie veut donc savoir ce qui a pu causer un tel drame.

Les débris de l'appareil sont éparpillés sur plusieurs centaines de mètres, mais une partie de la carlingue est restée presque intacte. C'est un spectacle affreux qui attend les sauveteurs. La plupart des corps sont là et il n'y a, bien sûr, rien à faire pour eux. On peut voir, entre autres, un nourrisson et une femme brune d'une trentaine d'années, dont la mort a laissé le visage intact.

Tandis que policiers et pompiers s'activent à rechercher les dépouilles, Jules Perreault, accompagné d'un autre expert faisant partie de la police, cherche les causes de l'accident. Il n'y a pas de boîte noire à l'époque, il faut se débrouiller avec les indices restant au sol. Il est malheureusement impossible d'inspecter le poste de pilotage, il a disparu, il s'est volatilisé en plein ciel.

La soute à bagages, en revanche, a été préservée. Le spécialiste de la police a la surprise de voir Jules Perreault se mettre à quatre pattes et renifler un peu partout. Il se redresse avec un sourire satisfait.

— C'est bien ce que je pensais : cela sent la dynamite !

Son collègue a du mal à y croire. Lui-même n'a rien senti du tout. Mais Perreault est sûr de lui.

— Les explosifs, c'est ma spécialité. Je reconnaîtrais l'odeur de la dynamite entre mille. Il faut procéder à des analyses scientifiques, mais je peux déjà vous annoncer que ce n'est pas une défaillance technique, c'est un attentat !

Le policier en reste bouche bée, il ne peut que répéter, incrédule :

— Un attentat ?...

Il faut préciser que c'est une première. Jamais, depuis que l'aviation existe, une pareille chose ne s'est produite. Ce 9 septembre 1949, c'est une nouvelle page de l'histoire criminelle qui vient de s'ouvrir.

*

Le lendemain, les analyses menées par trois experts chimistes confirment le diagnostic : c'est bien une explosion qui est la cause de l'accident et c'est bien de la dynamite : un colis piégé avait été déposé parmi les bagages. Reste à savoir par qui et qui était visé.

Concernant cette dernière interrogation, la police québécoise, en l'occurrence le capitaine Vincent Labrune et son assistant le lieutenant Piron, chargés de l'enquête, pensent avoir la réponse. Plusieurs passagers ont tout de suite attiré leur attention. Avaient pris place dans le DC-3 le président de la Kennecott Copper, une multinationale qui domine le marché du cuivre, le vice-président de la Quebec North Shore Paper Limited et plusieurs cadres de la Quebec Iron and Titanium, propriétaire de plusieurs mines au Canada. L'affaire, qui était déjà une première sur le plan criminel, prend une dimension nouvelle en raison de la personnalité des victimes. Le capitaine Labrune résume ses soucis à son subordonné.

— Il se pourrait bien que ce soit politique. Le gouvernement américain a fait savoir qu'il suivait l'enquête de très près. La CIA a même demandé à y être associée.

— Les victimes avaient des activités autres qu'industrielles ?

— Il faut croire. En tout cas, c'est clair que les Américains soupçonnent les Russes…

*

En ce mois de septembre 1949, la Guerre froide a pris une soudaine ampleur. La tension est extrême entre l'Est et l'Ouest et, quelques semaines plus tard, on apprendra la première explosion nucléaire soviétique… Le lieutenant Piron a compris la situation : ils marchent sur des œufs. Pour changer de sujet, il fait part à son chef des résultats de ses propres recherches. Il était chargé des autres passagers, ceux qui n'avaient pas des responsabilités importantes, et de l'équipage. Il n'a rien trouvé de remarquable, à une exception près.

— Il y en a une qui a eu de la chance dans son malheur : une certaine Rita Guay. Elle a pris une assurance vie de 10 000 dollars en même temps que son billet !

Le capitaine Labrune émet un sifflement : 10 000 dollars, c'est une somme considérable. Soudain, il devient pensif.

— Il faudrait quand même vérifier de ce côté.

— Vous ne pensez tout de même pas ?… Elle n'aurait pas tué vingt-deux personnes pour toucher la prime d'assurances ?

— Ce serait effectivement monstrueux, mais il faut quand même aller voir…

Prendre une assurance vie et placer une bombe dans un avion, puis monter à bord de cet appareil, cela ne s'est encore jamais fait… Le lieutenant Piron s'occupe immédiatement de la vérification et revient, tout excité, trouver son chef.

— C'est plus étonnant encore que ce qu'on pensait : ce n'est pas elle qui a souscrit l'assurance, c'est son mari, Albert Guay.

— Alors, il est urgent de se renseigner sur ce mari. Je pense que nous allons pouvoir abandonner la piste des Russes et j'avoue que je n'en suis pas fâché !

*

En un temps record, la police accumule les preuves et parvient à reconstituer toute l'histoire… Albert Guay, né en 1917, se fait passer pour un bijoutier horloger mais il n'est, en réalité, qu'un colporteur de montres et de bijoux fantaisie. Il s'entend mal avec sa femme Rita, il l'a trompée à de nombreuses reprises, jusqu'à ce qu'il ait une liaison sérieuse avec une serveuse de restaurant de dix-sept ans, Marie-Ange Robitaille.

Ils se rencontrent régulièrement dans une chambre de bonne de Québec. Mais depuis un moment, Marie-Ange ne cesse de harceler son amant, menaçant de le quitter s'ils ne se marient pas. Or, au Québec, en 1949, si le divorce existe, il est très difficile à obtenir. L'adultère est le seul motif possible, mais Rita est d'une fidélité absolue. En outre, les frais de procédure sont énormes. Guay décide donc de se débarrasser de sa femme. Il demande d'abord à une de ses connaissances de l'aider à l'empoisonner, mais, devant son refus, il est obligé d'imaginer un autre moyen. C'est alors que lui vient l'idée d'envoyer sa femme en avion et d'y faire exploser une bombe.

Seulement, comment s'y est-il pris ? Car les témoignages sont formels : Rita Guay n'avait pas de bagage avec elle et son mari n'en a apporté aucun à l'avion. Il s'est contenté d'accompagner sa femme, avec laquelle il a eu une dispute, dont plusieurs personnes ont été témoins.

Albert Guay est arrêté… Il reconnaît les difficultés dans son ménage, sa liaison avec Marie-Ange Robitaille, il reconnaît même avoir, dans un moment de faiblesse, demandé à un ami d'empoisonner sa femme, mais selon lui, tout est resté au stade du projet. Il n'a rien fait et surtout pas mis une bombe dans l'avion…

*

Les policiers québécois poursuivent leur enquête et ne tardent pas à être récompensés de leurs efforts : un chauffeur de taxi leur apprend qu'il est allé conduire à l'aéroport une dame corpulente, qui allait y livrer une petite caisse de bois. Il ne faut pas longtemps pour découvrir qu'une seule personne répond à ce signalement dans l'entourage d'Albert Guay, Marguerite Pitre, une amie, qui lui louait la chambre de bonne où il avait pour habitude de retrouver Marie-Ange.

La dame est arrêtée, elle avoue qu'elle est allée porter à l'avion une statuette devant être livrée à Baie-Comeau et qu'il s'agissait d'une commission de la part d'Albert Guay. Celui-ci lui avait donné rendez-vous le matin du 9 afin de lui remettre le colis, ainsi que de l'argent pour payer le taxi et l'affranchissement de la livraison. En retour, il acceptait d'annuler la dette de 600 dollars qu'elle avait vis-à-vis de lui.

Interrogée sur la bombe, Marguerite Pitre affirme ne rien savoir à ce sujet. L'affaire l'a vivement affectée et elle tente de se suicider en prison. Elle en réchappe et les enquêteurs, qui passent systématiquement en revue son entourage, progressent encore. Ils découvrent que son frère, Généreux Ruest, est spécialiste en mécanismes d'horlogerie. Ce dernier, arrêté à son tour, finit par avouer. Albert Guay lui avait porté de la dynamite afin qu'il lui fabrique une bombe à retardement et il a accepté. Mais il jure ne pas savoir que c'était pour faire sauter un avion, sinon, il aurait évidemment refusé.

Cette fois, tout est terminé. Le lieutenant Labrune, son adjoint et tous les enquêteurs peuvent être satisfaits : ils n'avaient pas affaire à un redoutable terroriste venu de l'autre côté du rideau de fer, il ne s'agissait que d'un banal crime passionnel. Enfin, banal, pas tant que cela ! Albert Guay, véritable pionnier du crime, a eu recours à un moyen aussi inédit que monstrueux pour éliminer sa victime : la destruction d'un avion avec tous ses passagers. Il reste à espérer qu'il ne donnera pas des idées à d'autres et que l'explosion du DC-3 de la Québec Airways restera unique en son genre. Malheureusement, c'est peu probable.

La police en a terminé et, en refermant le dossier, elle a une pensée émue pour la malheureuse Rita Guay. Si elle n'avait pas décidé d'avoir une explication avec son mari, si l'avion était parti à l'heure, l'explosion aurait eu lieu dans la partie de son trajet où il survole l'océan. Et là, il est certain qu'on n'aurait trouvé aucun indice. On aurait conclu à une défaillance technique. Le crime aurait été parfait. D'ailleurs, Guay l'avait certainement prévu ainsi. Sans le savoir, Rita a permis que soit rendue la justice.

*

Le procès d'Albert Guay s'ouvre devant la cour d'assises de Québec, le 23 février 1950. Marie-Ange Robitaille, considérée comme étrangère au complot, n'a pas été poursuivie. Suite à l'affaire, elle a demandé et obtenu de changer d'identité.

Des débris du DC-3, exposés comme pièces à conviction, encombrent la salle d'audience et lui donnent une allure particulièrement tragique. C'est comme si les vingt-trois victimes de ce crime sans précédent étaient présentes dans la pièce et pointaient du doigt le meurtrier. Cela n'empêche pas Albert Guay de se défendre avec énergie. Il proclame hautement son innocence :

— Je ne suis pour rien dans toute cette affaire ! Ce sont Ruest et sa sœur qui ont substitué une bombe à mon colis.

Mais comme le président lui demande pour quelle raison ils auraient fait une chose pareille, il ne trouve rien à répondre…

D'autres témoignages sont, au contraire, accablants, comme celui du quincaillier à qui il a acheté quatre bâtons de dynamite et qui le reconnaît formellement. Comme celui de Lucien Carreau, l'ami à qui il avait demandé de tuer sa femme. Il lui avait offert 500 dollars, pour qu'il trinque avec elle après avoir mis du poison dans son vin. L'homme est visiblement rongé par le remords.

— J'ai refusé, monsieur le président, mais ce n'était pas assez. J'aurais dû le dénoncer, cela aurait peut-être permis à vingt-trois innocents d'être encore en vie.

Dans ces conditions, la cause est entendue. Le jury ne met qu'un quart d'heure pour reconnaître Albert Guay coupable. Selon la loi canadienne, il est condamné à être pendu.

Généreux Ruest est jugé en novembre de la même année. Il admet avoir fabriqué la bombe, mais nie avoir été au courant des véritables intentions de Guay.

— Il m'avait fait croire qu'il voulait défricher un terrain à Baie-Comeau. C'était pour cela, la dynamite.

Mais quand on lui demande pour quelle raison il avait besoin de la placer dans une statuette, il ne trouve rien de plausible à répondre et lui aussi est condamné à la pendaison après une brève délibération.

*

En mars 1951, c'est au tour du troisième personnage, Marguerite Pitre, de paraître devant les juges. Si pour les deux premiers accusés, la culpabilité ne semblait guère faire de doute, il n'en est pas de même avec elle. Elle apparaît comme peu intelligente, naïve, influençable. De plus, elle a eu une vie difficile, qu'elle a passée à élever les quatorze enfants qu'elle a eus de deux mariages. Elle n'a guère le profil d'une meurtrière et elle aurait très bien pu être manipulée dans cette affaire.

Cela n'empêche pas le procureur de la Couronne de faire preuve vis-à-vis d'elle d'un acharnement surprenant. Il la présente comme un personnage amoral et manipulateur. C'est tout juste s'il n'en fait pas la principale organisatrice du crime. Face à lui, l'accusée ne fait guère le poids. Elle se trouble, elle cherche ses mots et les jurés n'hésitent pas à la condamner à la pendaison.

*

Tous les trois seront exécutés, Albert Guay le premier, à la prison de Montréal, en janvier 1951. Il ne manifeste aucun remords et déclare, au pied de l'échafaud :

— Au moins, je meurs célèbre !

Ses deux coaccusés auraient pu bénéficier de la grâce. Généreux Ruest, atteint d'une tuberculose osseuse au dernier degré, était quasi-mourant : cela ne l'a pas sauvé de la corde. Marguerite Pitre, dont la culpabilité était loin d'être établie, n'a pas eu droit à l'indulgence non plus. Elle a été la dernière femme pendue au Canada.

34

TRAIN D'ENFER

Ils sont trois attablés dans le café de la gare de Bordeaux, ce 14 novembre 1983, trois futurs légionnaires, du moins ils l'espèrent. Ils se rendent au centre de recrutement d'Aubagne, afin de passer les tests d'incorporation. Ils vont prendre le Bordeaux-Vintimille de 22 h 27 et ils changeront à Marseille.

Les trois garçons ont aux alentours de vingt-cinq ans. Celui qui parle le plus s'appelle José Molina. C'est un Espagnol. Il a quitté son pays parce qu'il avait des ennuis avec la police, à la suite d'une affaire de complicité de terrorisme, sur laquelle il ne veut pas s'étendre. José Molina tient des discours enflammés, que les deux autres écoutent en silence. Ses opinions sont assez confuses : il a été élevé chez les jésuites, mais il a une faucille et un marteau tatoués sur l'avant-bras.

François Favier, le second des jeunes gens, le regarde avec une admiration non dissimulée. C'est un véritable hercule, aux cheveux blonds bouclés, à la mâchoire carrée et aux biceps impressionnants. Lui, la parole, ce n'est pas son truc et chaque fois que quelqu'un sait s'exprimer, il est impressionné. Quant à ses convictions, elles sont beaucoup plus simples : il veut entrer dans la Légion parce qu'elle incarne tout ce qui fait son idéal, la virilité, la force, la bagarre.

Pierre Petit, le troisième de la bande, n'est pas du tout dans le même état d'esprit. Les proclamations de l'Espagnol ne l'intéressent pas, il les écoute à peine. Il est dans ses pensées et, comme toujours, ses pensées tournent autour de Sylvie. Il a tout essayé pour la faire changer d'avis, mais elle n'a rien voulu savoir. Elle l'a laissé seul, avec son chagrin. Alors, il a décidé de s'engager dans la Légion. Il n'y a que là qu'il pourra oublier, si c'est possible.

En fait, il y a un quatrième homme avec les jeunes gens : le caporal-chef Morel, chargé de les accompagner et de prévenir d'éventuels débordements. Lui, s'il se tait, c'est qu'il n'est pas là pour parler. Les bleus peuvent dire ce qu'ils veulent, ce n'est pas son affaire. Du moment qu'ils n'embêtent pas les filles, c'est tout ce qu'il demande...

Si les opinions de José Molina sont un peu confuses, il y a au moins une chose qui est claire : il n'aime pas les Arabes. Il tape du poing sur la table, manquant renverser sa quatrième bière.

— Les Arabes, c'est bien simple, on devrait tous les crever !

Favier fait écho bruyamment et Petit, abandonnant pour une fois sa rêverie douloureuse, approuve d'un signe de tête.

*

Ahmed Amrouche a pris place dans la voiture 113 du Bordeaux-Vintimille. Il est seul dans son compartiment et, le casque de son baladeur sur la tête, il récapitule la journée qu'il vient de vivre.

Ahmed Amrouche est là en touriste. Il habite Oran avec ses parents, il est étudiant en Lettres et entretient depuis plusieurs mois une correspondance avec Florence, une étudiante bordelaise. Il a terminé ses vacances en allant lui rendre visite.

Tout s'est bien passé. Elle lui a fait visiter la ville, qu'il ne connaissait pas. Le fait qu'elle lui ait dit qu'elle était fiancée ne l'a pas contrarié un seul instant. Leurs relations ne se situent pas sur ce plan. À présent, il est l'heure de rentrer. Il va prendre le train jusqu'à Marseille, puis le bateau vers l'Algérie…

Les trois futurs légionnaires et leur accompagnateur montent à ce moment dans la voiture 113 et s'installent dans un autre compartiment du wagon. Ils font un sacré vacarme, avec leurs bouteilles à la main ! Mais Ahmed, avec ses écouteurs sur les oreilles, ne les entend pas.

*

Il n'est pas loin de minuit… Le Bordeaux-Toulouse fend l'obscurité à cent kilomètres/heure. Dans le compartiment des futurs légionnaires, l'alcool a mis fin à toute conversation intelligible. Le caporal-chef, de son côté, s'est endormi contre la fenêtre.

José Molina, qui était parti dans une nouvelle tirade confuse, constate que personne ne l'écoute, se lève et s'en va. Il déambule un moment dans le wagon presque vide et se prépare à rejoindre les autres, lorsqu'il découvre un homme seul, assoupi dans son compartiment. Mais non, il ne se trompe pas, c'est un Arabe ! Il court chercher les autres :

— Eh, les gars, un bougnoul !

— Où ça ?

— Dans le compartiment à côté. Venez ! Celui-là, il ne faut pas le rater !

Favier et Petit se lèvent d'une démarche titubante et suivent l'Espagnol dans le couloir. Effectivement, trois compartiments plus loin, il y a bien un Arabe. Il est là, seul, endormi ; il a encore ses écouteurs sur les oreilles. Favier se précipite, le costaud qu'il est tient à prouver à ce beau parleur de Molina que, pour les actes, lui, il est là !

Il bondit sur l'homme, lui arrache ses écouteurs, l'empoigne et le propulse hors du compartiment. Ahmed Amrouche est à la fois abasourdi et terrorisé.

— Qu'est-ce qu'il y a ? Qu'est-ce que vous me voulez ?

Pour toute réponse, il reçoit une gifle formidable qui l'envoie à l'autre bout du couloir. Puis les trois aspirants légionnaires lui tombent dessus à bras raccourcis. Les coups pleuvent. Le visage de l'Algérien est en sang…

— Qu'est-ce qu'il se passe ici ?

La voix qui vient de se faire entendre est celle de Vincent Perez, un des contrôleurs du Bordeaux-Vintimille, qui fait sa tournée d'inspection des wagons. Comme personne ne lui répond, il s'adresse à Ahmed Amrouche.

— Ne restez pas là. Suivez-moi…

Les trois futurs légionnaires n'osent pas protester. S'en prendre à un contrôleur, c'est beaucoup trop grave, cela risquerait de compromettre leur enrôlement. Vincent Perez emmène Amrouche avec lui et se retourne vers ses agresseurs.

— Rentrez dans votre compartiment. Je ne veux pas d'histoire. C'est compris ?

Il conduit le jeune homme dans le wagon d'à côté et ferme la porte communiquant avec la voiture 113. Molina, Favier et Petit, revenus à leurs places, ressassent un moment leur dépit, puis, pour oublier tout cela, ils se remettent à boire… C'est à ce moment que passe un autre contrôleur. Pierre Petit se lève.

— Laissez-moi faire, les gars !

Petit s'adresse au contrôleur. C'est un garçon de bonne famille. Il a des manières tout à fait convenables. Il n'a pas l'allure inquiétante d'un Molina, ni le physique de brute de Favier. Il explique à l'employé que son collègue a fermé la porte de communication par erreur et qu'ils ne peuvent donc pas retourner dans leur compartiment, qui se situe dans l'autre voiture.

Pourquoi le contrôleur se méfierait-il ? Il n'est pas au courant de ce qui vient de se passer. Il ouvre la porte. Les trois complices attendent qu'il ait disparu pour partir à la recherche de l'Algérien et ils le découvrent tout de suite.

Ce dernier pousse un cri d'horreur quand il les voit faire irruption dans son compartiment. Il en est extrait avec la même violence que la première fois et le cauchemar recommence, avec plus de brutalité encore. Favier brandit un couteau, Petit lui défonce la tête contre la porte des toilettes. Molina frappe de toutes ses forces. Les trois hommes se passent leur victime comme un ballon de rugby. Le sang coule, ils en ont plein les mains. Ahmed Amrouche appelle au secours, malheureusement on l'entend à peine dans le vacarme du train et il ne passe personne.

C'est alors que José Molina ouvre la portière. L'air froid en provenance de l'extérieur envahit le couloir. Amrouche crie de tout son être :

— Non !

Mais Molina, Favier et Petit l'agrippent tous en même temps et l'entraînent en direction de l'ouverture. Le jeune homme s'accroche à ce qu'il trouve avec l'énergie du désespoir. Il appelle à l'aide, il supplie, mais il n'y a pas plus de voyageurs dans les environs que de pitié chez ses bourreaux. Il se retrouve bientôt sur le marchepied. Il ne peut rien contre le coup que lui assène Molina sur la poitrine. Il est propulsé en dehors du train, qui roule dans la nuit à cent kilomètres/heure. Une caténaire lui fracasse le crâne.

À l'arrêt de Toulouse, le contrôleur Perez, ne voyant pas le jeune Algérien dans le compartiment où il l'avait laissé et découvrant des traces de sang, donne l'alerte. Les trois hommes sont arrêtés. Au cours de l'instruction qui suit, ils reconnaissent les faits et sont inculpés d'assassinat.

*

Leur procès s'ouvre le 22 janvier 1986, un peu plus de deux ans après les faits, au palais de justice de Montauban.

L'atmosphère est pesante. Les télévisions, les journaux et les radios sont présents. Le MRAP et l'Amicale des Algériens en Europe ont organisé des manifestations. Chez les commentateurs, c'est la même question qui revient : s'agit-il du procès de trois brutes monstrueuses ou des haines que charrie notre société ? Pour la plupart d'entre eux, la réponse est : les deux à la fois.

La salle d'audience est comble. Les regards se portent surtout vers les parents de la victime, venus d'Oran et assis au premier rang. La mère a la tête recouverte d'un châle blanc, elle pleure doucement ; le père porte un bonnet bleu. Un peu de crainte se mêle à son chagrin. Avant de venir, il a demandé aux autorités : « Dites-moi, dans la rue, pour aller au procès, on ne risque pas d'être frappé ? » Ils n'étaient jamais venus en France et ne parlent pas français.

Dans le box, les accusés n'ont pas tous le même comportement. François Favier essaie de se faire oublier ; il se fait aussi petit que possible, ce qui ne lui est pas facile avec la carrure imposante qui est la sienne. Pierre Petit évite de regarder la salle, il est renfermé sur lui-même, le regard sombre. À l'opposé, José Molina se tient bien droit et semble décidé à affronter le procès. Depuis son arrestation, son attitude a changé. Il semble avoir pris conscience de ses actes et a répété à plusieurs reprises :

— Ce que j'ai fait est dégueulasse. Je mérite le maximum !

Et c'est des accusés qu'il est d'abord question dans les débats. Les psychiatres sont appelés à se prononcer sur leur état mental. Il y a effectivement des éléments propres à jeter le trouble : José Molina est un esprit tourmenté, qui agit par impulsions, François Favier possède une intelligence très limitée, juste au-dessus de la débilité, et Pierre Petit est un dépressif chronique. Mais les conclusions des experts sont unanimes et formelles : ils sont tous les trois responsables de leurs actes.

On en vient aux faits. Le principal témoin est le contrôleur Vincent Perez, que le président tient à féliciter :

— Votre comportement, lui dit-il, est bien le seul comportement humain que la victime ait trouvé dans le train ce soir-là !

Pour le reste, on entend le récit du lynchage, qui est connu de tous et que ses auteurs n'ont jamais nié…

Le lendemain, on s'intéresse à la victime. Florence, la jeune femme avec laquelle il correspondait et qu'il a retrouvée à Bordeaux, vient dire quel être doux et sensible il était. Il adorait la France et il disait qu'on n'y trouvait pas autant de racisme qu'on veut bien le dire. Elle conclut tout de même :

— J'avais peur pour lui. Je lui ai dit de ne pas s'attarder et de monter tout de suite dans le bateau…

L'émotion est générale lorsque M. Amrouche vient à la barre. Il est très digne. Peu auparavant, sa femme et lui ont dit aux journalistes : « Nous avons du chagrin, pas de haine. » Il déclare au président :

— J'ai élevé mon fils comme on fait pousser un arbre. Maintenant, il est déraciné…

À l'issue des débats, José Molina est condamné, comme il l'avait souhaité, à la prison à perpétuité, de même que François Favier. Pierre Petit, dont le rôle semble avoir été plus effacé, se voit infliger quatorze ans de réclusion. Par la suite, Favier fera appel et verra sa peine réduite à vingt ans.

Entre-temps, le grand écran s'est emparé de cette affaire de racisme, exemplaire dans son horreur. C'est en 1985 qu'est sorti le film de Roger Hanin, qui lui est consacré et qui a pour titre *Train d'enfer*.

35

La portière droite

— Mesdames et messieurs, nous sommes heureux de vous souhaiter la bienvenue à bord de ce Convair de la compagnie Atlantic Airlines. Notre altitude de vol sera de 18 000 pieds et nous atteindrons notre prochaine escale, Hartford, dans soixante-dix minutes…

Jacqueline de Frémont raccroche le téléphone qui permet de faire des annonces aux passagers. Elle est française, mais habite depuis un an aux États-Unis où elle a trouvé ce travail d'hôtesse de l'air sur Atlantic Airlines, une petite compagnie qui assure les vols intérieurs. Pour elle, c'est l'occasion de voir du pays et d'apprendre l'anglais. Ce qu'elle fera plus tard, elle ne le sait pas encore. Elle verra bien ! Elle n'a que vingt-deux ans.

Jennifer Wilson, sa collègue, s'approche d'elle. Elle sourit :

— Tu sais que mon fiancé m'attend à Hartford ?

— Tu en as de la chance !

— Et toi, tu n'as personne ?

— Pas pour l'instant…

Les deux jeunes femmes discutent encore quelques instants avant d'aller s'occuper des 40 passagers présents dans l'avion ce 15 juin 1999… Le vol 117 de l'Atlantic Airlines reliant Minneapolis à Hartford dans l'État du Connecticut se poursuit pour le moment sans problème… Jennifer

Wilson est fiancée et Jacqueline de Frémont ne l'est pas : en apparence, c'est un détail sans importance. Et, pourtant, c'est cela qui va décider de tout. Cela s'appelle le destin.

*

Une heure environ s'est écoulée. L'atterrissage ne va plus tarder. Jacqueline de Frémont discute avec un passager, qui a remarqué son accent.

— Vous venez de Paris, mademoiselle ?

— Pas tout à fait, de la région parisienne.

— Et ici, où habitez-vous ?

— À Minneapolis...

La jeune hôtesse s'interrompt soudain. Un sifflement très désagréable vient de se faire entendre à l'avant de l'appareil.

— Excusez-moi : je vais voir ce que c'est. Ce doit être un court-circuit dans le haut-parleur.

Jacqueline de Frémont se rend dans cette direction et elle est aussitôt frappée par une impression de fraîcheur... Elle s'approche encore : il n'y a aucun doute, le Convair est donc en train de se vider lentement de son atmosphère ! Il n'y a pas de temps à perdre. Elle entre dans la cabine de pilotage et s'adresse au commandant :

— Il y a une légère fuite à la porte de droite. Les passagers ne sont pas incommodés.

Le commandant réagit immédiatement.

— Prenez des coussins pour essayer de l'arrêter. Faites aussi une annonce. Il ne faut pas qu'on s'inquiète...

Jacqueline de Frémont retrouve sa collègue. Elle aussi a repéré l'incident et toutes deux s'emparent de coussins pour boucher les interstices. Heureusement un rideau les cache à la vue des passagers et elles peuvent agir discrètement... L'opération est d'ailleurs une pleine réussite : la fuite d'air diminue considérablement, on n'entend plus aucun bruit. Jacqueline de Frémont reprend le téléphone intérieur.

— Mesdames et messieurs, le sifflement que vous avez pu entendre était dû à un court-circuit dans le système des haut-parleurs. L'incident est maintenant réparé.

Elle raccroche puis entre dans le cockpit. Le pilote a branché la radio.

— J'appelle la tour de contrôle d'Hartford... J'appelle la tour de contrôle d'Hartford.

— Ici Hartford, je vous reçois.

— Ici vol 117 d'Atlantic Airlines. Je demande la priorité à l'atterrissage. Ma porte tribord siffle.

— Est-ce qu'un voyant s'est allumé au tableau de bord ?

— Non, mais je ne veux prendre aucun risque. Je demande un atterrissage prioritaire.

Du côté de la tour de contrôle il y a un moment de silence puis la voix de l'opérateur reprend :

— O.K. Atlantic Airlines 117, vous avez la priorité. Atterrissage dans cinq minutes environ.

Le commandant se tourne vers l'hôtesse :

— Allez faire l'annonce et surtout vérifiez que tout le monde a bien attaché sa ceinture...

Jacqueline de Frémont retourne dans la cabine et s'empare de nouveau du téléphone intérieur.

— Mesdames et messieurs, nous allons atterrir dans quelques instants à l'aéroport d'Hartford, nous vous prions de bien vouloir redresser le dossier de votre siège et de boucler votre ceinture de sécurité.

Aucune réaction d'inquiétude ne suit cette annonce. Au contraire, plusieurs passagers sont visiblement satisfaits que le vol soit en avance... Jacqueline de Frémont se tourne vers sa collègue. Elle lui sourit.

— Le commandant a demandé l'atterrissage en priorité, tu vas retrouver plus tôt ton fiancé.

Jennifer Wilson sourit, elle aussi.

— J'ai juste le temps d'aller me faire une beauté dans les toilettes. Veux-tu y aller avant moi ?

— Non, vas-y. C'est toi qui es fiancée, pas moi…

Jennifer Wilson disparaît. On entend le cliquètement du verrou qui se referme et, l'instant d'après, c'est l'enfer ! Une explosion aussi assourdissante qu'un coup de canon ravage l'appareil. Un appel d'air d'une violence inouïe parcourt toute la carlingue, soulevant les plateaux-repas et tous les objets qui s'y trouvent. Heureusement, les passagers étaient attachés et pas un seul n'a bougé.

Il n'en est pas de même, malheureusement, de Jacqueline de Frémont, qui semble s'être volatilisée. Elle a disparu par la porte droite qui n'est plus à présent qu'un trou béant. Immédiatement, le pilote a réagi : il met l'appareil en descente rapide, afin de gagner le plus vite possible une altitude où l'air est plus dense et moins froid. Car la température dans l'avion est tombée brutalement d'une douce chaleur à moins 20 degrés.

Au même moment le copilote quitte le cockpit et découvre une situation dramatique. L'explosion a été si violente qu'elle a arraché la porte des toilettes et la malheureuse Jennifer Wilson s'est retrouvée plaquée au sol. Elle se raccroche comme elle peut mais elle est attirée par un appel d'air vertigineux.

Se tenant lui-même à la cabine de pilotage, le copilote lui tend la main mais il est trop loin pour qu'elle puisse la saisir et il se rend bien compte que s'il ne se retient plus, il sera aussitôt aspiré comme un fétu de paille… Il tente alors une manœuvre acrobatique. Il s'allonge et, se tenant toujours, lance ses jambes en direction de la jeune femme. Cette fois, Jennifer Wilson parvient à l'attraper par les chevilles. En s'arc-boutant, il parvient à la tirer dans la cabine de pilotage et à refermer la porte derrière eux. Jennifer Wilson éclate en sanglots. Elle est sauvée !

À la radio, le commandant de bord lance un appel dramatique.

— Ici Atlantic Airlines 117. Porte arrachée par décompression.

Le copilote s'empare du micro.

— Une hôtesse a été éjectée de l'appareil.

À terre, c'est le branle-bas de combat. On indique au commandant une piste désaffectée pour atterrir dans l'urgence sans gêner le reste du trafic. Des ambulances et des voitures de pompiers se rendent sur les lieux, sirènes hurlantes. En même temps, les techniciens de la tour de contrôle effectuent des calculs tenant compte du moment de l'explosion, de l'altitude et de la force du vent pour évaluer le point de chute du corps.

Lorsque le Convair se pose, les sauveteurs comprennent que l'on est passé tout près d'une véritable catastrophe : le fuselage est complètement ravagé et l'explosion a été si violente qu'un plateau-repas s'est fiché dans la queue de l'appareil…

Tandis qu'on fait descendre les passagers terrorisés, le commandant demande à monter à bord de l'hélicoptère qui va partir à la recherche de la malheureuse Jacqueline et, malgré le choc qu'elle a subi, Jennifer Wilson demande à venir aussi.

La recherche n'est pas longue. Une demi-heure plus tard, l'appareil se pose sur une prairie en bordure d'un petit bois. La jeune Française est allongée sur le dos. Malgré l'effroyable chute, son corps semble intact. Mais c'est pourtant là que s'est achevé le dernier vol de Jacqueline de Frémont.

36

Le train des neiges

Il fait un temps de chien, ce 23 février 1952, de chien de traîneau, s'entend, car nous sommes au cœur de la Sierra Nevada, un des endroits les plus inhospitaliers qui soient, surtout l'hiver. À Donner Pass, 2 175 mètres, le col le plus élevé de la chaîne, le blizzard souffle parfois, comme c'est le cas aujourd'hui, à plus de 100 kilomètres/heure.

Mais pour les 226 hommes et femmes qui empruntent en ce moment le passage, il n'y a aucun souci à se faire : ils sont à bord du *City of San Francisco*, le train le plus rapide des États-Unis. Le plus luxueux également : il est formé de huit voitures pullman et de deux wagons-restaurants, filant à plus de 100 kilomètres/heure, au milieu des bourrasques. Si dehors, c'est l'enfer glacé, à l'intérieur, les passagers discutent et plaisantent dans une douce chaleur, inconscients du drame qui est sur le point de se jouer.

*

En cet instant Greg Atkins, le chef du train, le docteur Walter, cardiologue qui se rend à un congrès à San Francisco, Miss Pembroke, une vieille demoiselle qui voyage seule, et enfin Jeremy et Eva Russel, un couple d'une trentaine d'années, en route pour la convention républicaine de San Francisco, sont réunis autour d'une table.

Mais pour l'instant, la discussion ne tourne pas autour de la politique. Greg Atkins, le chef du train, a réclamé le silence et chacun s'est tu pour l'écouter.

— Savez-vous pourquoi Donner Pass s'appelle ainsi ?

Tout le monde avoue son ignorance.

— Eh bien, c'est une affreuse et même une abominable histoire… Tout remonte à un peu plus de cent ans, exactement à l'hiver 1846. C'était la grande époque de l'immigration vers l'Ouest. Le *City of San Francisco* n'existait pas alors et les conditions de voyage étaient bien différentes.

Le chef du train boit une gorgée de vin, satisfait de voir tous les regards fixés sur lui.

— C'était exactement à la même période de l'année, fin février. Un convoi de 142 émigrants a commis la folie de s'aventurer dans le col, malgré la tempête qui s'annonçait. Ils ont été surpris par le blizzard qui devait souffler à peu près comme aujourd'hui. Normalement, ils auraient dû mourir rapidement de froid et d'épuisement. Mais, par malchance, ils ont trouvé une grotte et ils ont pu s'y réfugier.

Miss Pembroke, la vieille demoiselle, intervient d'une voix inquiète :

— Comment cela « par malchance » ? Il y avait des ours ?

— Cela aurait mieux valu pour eux. Non, dans la grotte, il n'y avait rien et c'est cela qui était terrible. La tempête les a bloqués pendant des semaines. Ils avaient de quoi boire, avec la neige, mais pas de quoi manger et ils se sont entre-dévorés pour survivre. Quand un autre convoi d'émigrants est venu, avec le dégel, il n'y avait plus qu'un rescapé au milieu des cadavres. L'homme était devenu fou. Il ne savait plus que répéter son nom : Donner. Et, depuis, c'est ainsi qu'on appelle le col…

Autour de la table, passe un frisson. Chacun regarde par la fenêtre, craignant de voir apparaître la grotte fatidique et le spectre de Donner, mais rien de tel ne se produit. D'ailleurs, derrière les vitres du train, on ne voit absolument rien. On n'entend rien non plus. Le vent a cessé, sans doute parce qu'à cet endroit la montagne fait écran, mais la neige a redoublé et il règne un silence extraordinaire. On ne perçoit plus le bruit de la locomotive ni même celui des roues... Eva Russel a une exclamation de surprise :

— On dirait que nous sommes entrés dans du coton.

C'est à ce moment que le train ralentit doucement, très doucement, puis s'immobilise. Chacun pense le voir bientôt redémarrer, mais l'attente se prolonge. Greg Atkins se lève.

— Il faut que j'aille voir ce qui se passe.

En son absence, la conversation reprend sans inquiétude particulière. Les Russel se mettent à parler politique, ce qui provoque une vive animation... Au bout d'un quart d'heure, le chef du train revient.

— Nous sommes bloqués par une congère. Il n'y a plus moyen d'avancer.

Aux tables d'à côté, on a entendu. La même question éclate un peu partout :

— Quand allons-nous repartir ?

— Je ne sais pas. Cela peut prendre un certain temps. En ne nous voyant pas arriver, la gare de Sacramento va envoyer une équipe pour nous dégager.

— Avec cette tempête, elle ne pourra jamais arriver.

— Mais si. Et, de toute manière, nous avons de quoi tenir : il y a les réserves des wagons-restaurants.

— Et le chauffage ?

— Il y a le fuel des machines.

C'est alors qu'une autre voix se fait entendre, une voix d'homme aiguë et désagréable.

— Combien sommes-nous ici ?

— 246.

— Donner et les siens étaient 142 et ils sont tous morts, sauf lui. Nous aussi nous allons mourir. Repentez-vous de vos péchés et priez, mes frères. Nous sommes dans la main de Dieu !

Et l'homme quitte le wagon-restaurant sur ces mots. Greg Atkins sait de qui il s'agit : c'est un prédicateur qui fait une tournée à travers les États-Unis. Il aurait voulu que l'histoire de Donner Pass reste ignorée de ceux qui ne la connaissaient pas. Maintenant, c'est trop tard et cela ne va certainement pas arranger le moral des passagers. Mais que faire, sinon attendre ?

*

C'est donc l'attente qui commence. Tout se passe relativement bien jusqu'à la nuit, mais c'est à partir de ce moment que débutent les difficultés. Le docteur Walter, qui a découvert qu'il était le seul médecin dans le train et qui s'est mis à la disposition des passagers, est sollicité à plusieurs reprises. Il n'y a rien de grave, simplement des problèmes dus à l'angoisse. Pour le reste, les conditions sont tout à fait satisfaisantes, le chauffage fonctionne parfaitement et le confort est excellent dans ce convoi de luxe.

De toutes les personnes qui l'ont appelé, c'est Miss Pembroke, la vieille demoiselle, qui l'inquiète le plus. Il l'a trouvée très agitée, à la suite d'un cauchemar qu'elle avait fait.

— C'est affreux, docteur ! J'ai vu Donner, qui mangeait une jambe de bébé. Il m'a tendu une cuisse et il m'a dit : « Goûtez comme c'est bon. »

Le docteur Walter lui a donné des tranquillisants qu'il avait dans sa sacoche, mais la demoiselle a des problèmes cardiaques et il s'est promis de la surveiller de près.

*

24 février 1952. C'est la deuxième journée qui commence à Donner Pass pour le *City of San Francisco* et les conditions changent brutalement. La réserve de fuel dont disposait la locomotive est épuisée. Cela signifie que même si les conditions climatiques s'améliorent, le train ne

pourra pas repartir. Les passagers sont maintenant tributaires des secours venus de l'extérieur. Pour s'en sortir, il leur faudra obligatoirement quitter le train avec les sauveteurs. Or, la tempête a encore redoublé. Toutes les vitres sont totalement recouvertes de neige, comme si elles étaient fermées par un rideau. Le *City of San Francisco* prend des allures de grand cercueil blanc.

Mais l'arrêt du fuel a des conséquences plus immédiates. Brutalement, il n'y a plus de lumière ni de chauffage. La température douillette se transforme très vite en froid polaire et les passagers n'ont d'autre choix que d'enfiler les uns par-dessus les autres plusieurs vêtements tirés de leurs valises. Il faut ajouter à cela que le prédicateur parcourt les couloirs, en racontant l'histoire du Donner Pass, ajoutant à la fin de ses discours :

— Priez mes frères, nous allons tous mourir !

Greg Atkins, dont l'autorité n'est contestée par personne dans le train, finit par le faire enfermer dans son compartiment… Pour la nourriture, il n'y a heureusement pas de problème : avec les réserves des deux wagons-restaurants, il y a de quoi tenir pour un moment, même s'il va falloir se rationner. Bien entendu, il s'agira de repas froids, car les cuisinières fonctionnent à l'électricité.

Mais les repas pris en commun au wagon-restaurant n'apportent pas seulement aux passagers de quoi se nourrir, ils leur procurent aussi un incontestable réconfort moral. Le fait de se retrouver ensemble crée une solidarité et change les idées. Curieusement Jeremy et Eva Russel, les congressistes républicains, y sont pour beaucoup. Ils ont décidé de profiter de ce repos forcé pour faire de la propagande et tout le monde se met à discuter avec eux.

— Il faut voter Eisenhower, c'est le meilleur pour l'Amérique !

— Pas du tout, ce sont les démocrates qu'il nous faut !

Les deux grands partis se sont recréés à l'intérieur du *City of San Francisco*, et tant que l'on parle politique, on ne pense pas à la situation présente, on oublie la tempête, le froid et les fantômes du Donner Pass.

La nuit qui suit est terrible. La température a encore baissé et les passagers doivent se serrer les uns contre les autres pour ne pas mourir de froid. Le docteur Walter doit même obliger Miss Pembroke qui, par pudeur, voulait rester à l'écart, à rejoindre les autres.

*

L'aube finit par se lever. Une lumière glauque filtre depuis les fenêtres recouvertes d'un rideau blanc. La troisième journée commence. Les deux premières ont été affreuses, mais celle-ci va être dramatique.

Un groupe de passagers d'un des wagons a la malencontreuse idée d'improviser un éclairage à l'essence et ce qui était à craindre se produit : l'incendie éclate. Pendant un moment c'est la panique. Le feu est rapidement maîtrisé grâce aux extincteurs, mais une fumée noire a envahi le wagon et s'est répandue dans les autres par les portes de communication restées ouvertes. Pour éviter l'asphyxie générale, il n'y a d'autre ressource que de briser plusieurs vitres et le blizzard s'engouffre dans le train.

Le docteur Walter ne sait plus où donner de la tête. Il y a quelques dizaines de brûlés légers, qui ne lui inspirent pas d'inquiétude. Il y a aussi plusieurs personnes intoxiquées, dont quelques-unes ont perdu connaissance. Il parvient à les réanimer, mais leur état nécessiterait une hospitalisation. Chez ceux qui n'ont pas été touchés, la situation médicale se dégrade également : certains font des crises de nerfs, d'autres ont des accès de dépression. Le docteur fait ce qu'il peut, mais il a conscience que les choses ne pourront pas durer longtemps ainsi.

Il n'est pas le seul à avoir cette impression. Dans le *City of San Francisco*, l'ambiance a changé du tout au tout. Sous l'effet du blizzard entrant par les fenêtres, le moral s'est effondré aussi vite que la température. Et, avec le blizzard, ce sont les spectres du Donner Pass qui sont entrés. Si le prêcheur est toujours enfermé dans son compartiment, ses paroles sont maintenant présentes dans la tête de chacun. Les croyants se sont mis à prier, d'autres écrivent des lettres à leurs proches, pour qu'on les retrouve sur leur corps...

La troisième nuit est la plus épouvantable. Le docteur Walter a fait regrouper tout le monde dans deux wagons. Cela fait 113 personnes par voiture et il y a très peu de place pour chacun, mais c'est la seule solution : seule la chaleur humaine peut empêcher la mort de tous par le froid.

*

26 février 1952. Pour les naufragés du Donner Pass, il est clair que les choses ne pourront pas durer longtemps ainsi. Ils ne sont pas loin des limites de leur résistance et ils ne tiendront guère davantage. Mais d'un autre côté, les secours devraient venir. Jusque-là, ils ont été sans doute rendus impossibles par la tempête, mais depuis la veille au soir, il ne neige plus.

Et, effectivement, peu avant midi, des coups sont frappés contre une des portes. Celle-ci, qui était bloquée par la neige, finit par s'ouvrir et deux skieurs apparaissent. Et, cette fois, c'est bel et bien la délivrance.

— Un bulldozer a dégagé le passage. Suivez-nous !

*

C'est ainsi que les naufragés des neiges ont pu quitter leur prison glacée. Ils ont dû faire encore deux kilomètres en file indienne dans un passage si étroit qu'ils se cognaient aux deux parois, mais leur calvaire était fini. De l'autre côté du col, des voitures les attendaient. Le *City of San Francisco* n'était pas devenu leur cercueil et les compagnons de Donner n'auraient pas d'autres fantômes pour leur tenir compagnie.

37

Drame en Baltique

Comme c'est fréquent en Allemagne au début de cette année 1945, la famille Hoffmann se compose uniquement de la mère et des enfants. Ingrid Hoffmann élève seule ses deux filles, Ursula, treize ans et Carlotta, dix ans. Le père était mécanicien auto. Mobilisé dans les chars, il a fait la campagne de France, puis celle de Russie. Mais un jour de 1942, Ingrid a reçu la nouvelle de sa mort au siège de Leningrad.

Depuis, elle et ses filles vivent comme elles peuvent, dans leur petit appartement de Pillau, aujourd'hui Baltiisk, en Russie, dans l'enclave en Kaliningrad. C'est alors la Prusse orientale, la partie la plus à l'est de l'Allemagne et c'est la première qui tombera aux mains des Russes s'ils l'emportent. Or, il est évident, depuis un moment déjà, que la partie est perdue : les Allemands sont épuisés, ils n'ont plus assez d'hommes, d'armes, de carburant, de matériel. En face, la formidable machine de guerre soviétique s'est mise en marche et rien ne l'arrêtera.

*

29 janvier 1945. Un voisin frappe à la porte des Hoffmann. Il est affolé.

— Les Russes arrivent !

Mme Hoffmann avait beau s'y attendre, elle a du mal à y croire.

— On ne peut rien faire ?

— Rien. Ils sont à l'entrée de la ville.

— Alors, il faut fuir !

— Oui, mais pas par la route, ils nous rattraperaient.

— Par où, alors ? En train, c'est impossible.

Effectivement, les trains sont réservés aux militaires. Les civils, sauf autorisation exceptionnelle, n'ont pas le droit d'y monter... Le voisin prononce alors cette phrase incroyable :

— Par la lagune. C'est la seule manière. Il y en a beaucoup qui sont déjà partis.

À l'est de Pillau s'étend en effet la lagune de la Vistule, une vaste surface d'eau marine peu profonde, séparée de la Baltique par un mince cordon de terre. Il fait particulièrement froid, en cet hiver 1945, le plus terrible qu'on ait connu depuis des décennies, et les flots sont gelés. Mais cela n'inspire pas confiance à Mme Hoffmann.

— La glace ne tiendra pas !

— Elle tiendra. Mais elle n'est pas assez solide pour les chars et les camions russes. C'est notre seule chance, dépêchez-vous !

Ingrid Hoffmann a compris. Elle va chercher ses filles à l'école et, moins d'une heure après, vêtues aussi chaudement que possible, elles prennent la direction de la lagune. Pour ne pas s'alourdir, elles n'ont rien pris avec elles. Elles n'emportent que leurs vies.

*

Ursula Hoffmann n'a pas été surprise quand sa mère est venue la chercher au collège. Plusieurs mères étaient déjà venues faire la même chose et les professeurs étaient déjà partis. Son véritable étonnement, elle le ressent en arrivant sur la lagune : elle est noire de monde. Une grande partie de la population de Pillau, presque uniquement des femmes, des enfants et des personnes âgées, s'est mise en route, formant un long ruban sombre sur l'étendue toute blanche.

Au début, Ursula marche avec entrain. Quand on a treize ans, on n'a pas peur et on est plus curieux qu'autre chose. Elle va d'un bon pas, à la suite de sa mère, tenant par la main sa sœur qui, à dix ans, a parfois du mal à suivre. Elle encourage la fillette en souriant.

Mais peu à peu, la fatigue s'installe et fait disparaître sa bonne humeur. Carlotta, qui est encore plus fatiguée qu'elle, ne sourit plus et s'est mise à pleurnicher. L'environnement y est aussi pour quelque chose. Tous ces gens qui marchent de manière mécanique, sans dire un mot, ont l'air de fantômes. Le tapis neigeux étouffe les bruits, on n'entend que le grincement des roues des charrettes et le halètement des chevaux qui envoient de grands jets de buée par leurs naseaux.

De temps en temps, un drame se produit. Un attelage trop lourdement chargé brise la glace à un endroit où elle est moins épaisse qu'ailleurs. Personne ne s'arrête pour aider les malheureux, qui essaient de sauver quelque chose du chargement ou qui sont parfois tombés eux-mêmes dans l'eau glacée.

Et puis, au milieu de l'après-midi, un bourdonnement retentit dans le ciel. C'est un chasseur qui arrive et qui se met à tirer sur la colonne humaine. Comme l'ont fait les Allemands cinq ans plus tôt sur les routes de l'Exode, les Russes mitraillent les colonnes de civils. Mme Hoffmann et ses deux filles se jettent à terre. Il n'y a strictement rien à faire, sinon espérer que ce sera le voisin qui sera touché et pas soi. La neige s'éclabousse de sang, des formes humaines ne se relèvent pas, des chevaux hennissent de douleur et de peur…

Avec la nuit, les attaques aériennes cessent, mais pas question de s'arrêter ; s'arrêter, c'est mourir, la température a encore baissé, il doit faire - 25 °, peut-être moins encore.

Alors, on avance, on suit celui qui est devant, mais il n'y a pas de réel danger de s'égarer, la lagune est rectiligne et conduit au but que chacun espère : le port de Gotenhafen.

*

Gotenhafen, aujourd'hui Gdynia, en Pologne, a été conquis par les Allemands en 1940. Ils en ont fait une base militaire terrestre et surtout navale de première importance. Son port abrite de nombreux bateaux. Monter sur l'un d'eux est l'espoir de tous ceux qui ont fui Pillau. Car continuer le chemin à pied, il n'en est pas question. C'est la mort assurée, de froid, d'épuisement, sans compter le mitraillage des avions.

Après avoir marché toute la nuit, Ingrid et ses deux filles arrivent, exténuées, à Gotenhafen. Ursula découvre à quel point cette fuite a marqué ceux qui l'entourent. Le givre, qui recouvre les cheveux et les barbes, leur donne plus que jamais des allures de spectres. Certains commencent à perdre la raison. Une femme, qui tient son bébé dans un oreiller pour le protéger du froid, le serre contre elle et lui parle, mais le bébé est mort et elle est la seule à ne pas s'en rendre compte. Une autre femme le lui dit, elle l'injurie et recommence à parler à l'enfant…

Les réfugiés prennent la direction du port. À l'entrée des quais, ils sont arrêtés par une grille gardée par des soldats en armes. Ils peuvent alors découvrir les navires à l'amarrage. Il y a des bateaux de guerre : ceux-là ne les intéressent pas, les civils ne peuvent pas y monter, mais il y a aussi la haute silhouette du *Wilhelm Gustloff* et c'est vers elle que convergent tous les regards.

Le *Wilhelm Gustloff* est un paquebot ou, plus précisément, un navire de croisière. Il a été lancé en mai 1937 et porte le nom d'un responsable nazi abattu l'année précédente par un opposant juif. À l'origine, il devait s'appeler

Adolf Hitler, mais le maître du Reich a choisi de lui donner ce nom, pour instituer le culte des martyrs.

Conçu pour accueillir 1 880 personnes, le *Wilhelm Gustloff* effectue d'abord des croisières pour des clients fortunés et des responsables du régime, mais tout change évidemment à la guerre. Il est réquisitionné le 22 septembre 1939 pour être transformé en navire-hôpital. Lors de la campagne de Norvège, au printemps 1940, il rapatrie ainsi de nombreux blessés. En novembre 1940, il change encore d'affectation, il devient une unité de la marine de guerre, servant au transport des troupes. Sa peinture blanche éclatante est recouverte par la peinture grise camouflée réglementaire et il reçoit comme port d'attache Gotenhafen.

Ce 30 janvier 1945, le *Wilhelm Gustloff* s'apprête à effectuer une mission : transporter jusqu'au port de Kiel, plus à l'ouest, deux mille marins qui doivent rejoindre leur bâtiment, principalement des sous-mariniers. Mais bien que le nombre des militaires dépasse déjà la capacité théorique du navire, les autorités décident de faire un geste devant l'afflux de réfugiés : un contingent égal de civils sera autorisé à monter à bord.

Helmut Enger, membre des Jeunesses hitlériennes et nommé responsable du port malgré son jeune âge, va à la grille derrière laquelle sont contenus les réfugiés de Pillau. Ils sont des dizaines de milliers, peut-être cent mille à s'écraser. Il s'adresse à eux par haut-parleur :

— Nous pouvons prendre deux mille personnes. Embarqueront les membres du Parti national-socialiste, qui ont leur carte…

Seuls les premiers rangs ont entendu, les autres n'ont rien saisi. Ils ont seulement compris qu'il était question d'embarquer et, quand les grilles s'entrouvrent pour qu'on pratique la sélection, c'est une ruée irrésistible. Les soldats en faction sont bousculés, balayés ; même s'ils avaient voulu s'opposer à ce déferlement, ils n'auraient rien pu faire.

Autant que leurs forces le leur permettent, hommes, femmes et enfants se ruent vers ce qui matérialise pour eux le salut : l'élégante silhouette du *Wilhelm Gustloff*, qui tranche au milieu des bateaux de guerre autour de lui.

Ingrid, Ursula et Carlotta Hoffmann ont la chance de se trouver parmi les premiers. Elles courent autant qu'elles peuvent et, comme Carlotta les ralentit, Ingrid la prend dans ses bras pour aller plus vite. La grappe humaine arrive à la passerelle et là, encore une fois, il est impossible de la retenir. Les gens montent, montent et montent encore. Cela dure plus d'une heure, jusqu'à ce que le commandant Friedrich Petersen fasse retirer la passerelle. Mais il y a certainement plus de dix mille personnes à bord.

Le commandant Petersen prend alors une décision, afin d'améliorer autant que possible la sécurité. Comme il n'y a plus assez d'équipements de sauvetage pour tout le monde, il se fait livrer des canots et des gilets. Pendant un long moment, des grues les installent sur le navire. Mais tout cela ne peut durer trop longtemps, le *Wilhelm Gustloff* a un horaire à respecter et, d'ailleurs, les gens s'écrasent tellement qu'il n'y a plus de place nulle part pour déposer le matériel de survie. À 12 h 30, le *Wilhelm Gustloff* appareille.

*

À l'intérieur, malgré la promiscuité effrayante, c'est la délivrance. Les Hoffmann mère et filles ont réussi à s'installer dans un salon. Sous les lustres de cristal, s'entasse une foule hétéroclite : beaucoup de femmes avec leurs bébés, qu'on a laissé entrer pour qu'elles les protègent du froid, mais aussi un grand nombre de militaires. Ingrid, Ursula et Carlotta se trouvent ainsi au milieu d'un groupe d'auxiliaires féminines de la marine, dans leur uniforme vert-de-gris… Mme Hoffmann laisse éclater sa joie.

— Les pieds dans la neige, c'est fini, les enfants ! Demain, on sera à Kiel.

La petite Carlotta est moins enthousiaste. Elle ne comprend pas la raison de ces déplacements, elle voudrait que cela finisse.

— Qu'est-ce qu'on fera à Kiel, maman ?

— On verra... À Kiel, les Russes sont loin. On aura le temps de trouver une solution !

Ursula partage l'enthousiasme de sa mère. Elle a même un sentiment grisant, en sentant le mouvement du bateau. Elle a l'impression d'être en route vers la liberté...

Mais si les passagers sont tout à leur soulagement, la situation du *Wilhelm Gustloff* n'est pas sans danger. Depuis quelque temps, des sous-marins soviétiques ont été repérés dans la Baltique. Normalement l'ancien navire de croisière aurait dû recevoir une escorte pour s'en protéger, mais le temps manquait, les militaires embarqués à bord, notamment les sous-mariniers, étant attendus à Kiel dès que possible.

Le commandant Friedrich Petersen réunit ses officiers pour discuter de la conduite à tenir. Il y a deux possibilités : ou bien longer la côte où ils seraient à l'abri des sous-marins mais où les eaux sont minées, ou bien emprunter un itinéraire en haute mer appelé « voie d'urgence 58 ». Celle-ci est régulièrement dégagée par les dragueurs de mines, mais des sous-marins ennemis peuvent s'y trouver... La discussion dure longtemps, mais l'accord finit par se faire en faveur de la seconde solution et le *Wilhelm Gustloff* prend la direction du large...

Le problème, c'est que la « voie d'urgence 58 » est très fréquentée. Au soir du 30 janvier, le navire reçoit un message d'une formation de dragueurs en approche lui demandant de naviguer avec ses feux de position allumés pour éviter tout risque de collision entre eux. Le commandant Petersen s'exécute, agissant ainsi en violation des règlements observés dans la marine de guerre. Un peu plus tard, il se ravise et fait tout éteindre. Malheureusement, le mal est fait.

*

Le capitaine du sous-marin russe *S-13*, Alexandre Marinesko, est aux aguets. Depuis des semaines, il n'a détruit aucun bateau, il erre en vain dans la Baltique, qui regorge pourtant d'unités ennemies, mais le sort semble s'acharner contre lui, il n'a fait aucune rencontre.

Il navigue à petite profondeur, au périscope, lorsque l'homme de veille a une exclamation :

— Navire droit devant !

Alexandre Marinesko demande :

— C'est un navire de guerre ?

— Je ne sais pas. Il est gros en tout cas.

Le capitaine va trouver l'homme du sonar, qui lui confirme l'information.

— Il est très gros. Il y a le bruit de deux hélices.

Il n'est pas seulement gros, il est rapide, trop rapide pour le *S-13,* qui perd du terrain sur lui. S'il veut rester à portée, le sous-marin n'a qu'une solution : faire surface. Sa vitesse sera alors supérieure, mais il sera vulnérable s'il s'agit d'un navire de guerre puissamment armé.

Le capitaine Marinesko n'hésite pas. Il donne l'ordre d'émerger et il fait route à pleine puissance. Il aperçoit alors dans ses jumelles la silhouette d'un imposant bâtiment. Autant qu'on puisse juger dans l'obscurité, il est de couleur sombre, comme les bateaux de guerre. Il descend dans la salle de tir et lance un ordre :

— Torpilles 1, 2 et 3, parées à faire feu !

*

Sur le *Wilhelm Gustloff*, les haut-parleurs se mettent soudain à retentir. Ils sont branchés sur la radio d'État allemande. La voix d'un speaker annonce :

— En ce jour anniversaire de son arrivée au pouvoir, notre Führer va s'adresser à la nation.

Tout le monde, sur le bateau, l'avait oublié. C'est, effectivement, il y a douze ans, le 30 janvier 1933, qu'Adolf Hitler est devenu chancelier du Reich… La voix rauque et saccadée de ce dernier commence à se faire entendre, lorsque, brutalement, c'est l'enfer !

Il y a une explosion, puis une deuxième, puis une troisième. L'énorme bâtiment est secoué dans toutes ses structures et se met à s'enfoncer La première torpille a frappé à l'arrière de la proue et détruit les quartiers de l'équipage, la deuxième a explosé au milieu du flanc et la troisième a touché la salle des machines. Tous les occupants du pont inférieur sont déjà morts, tués en quelques secondes.

Dans le luxueux salon où les Hoffmann avaient trouvé refuge, c'est la panique. Tout le monde crie, tout le monde court, sans savoir où aller. Dans les haut-parleurs, le discours d'Hitler a été coupé, il est remplacé par la voix d'un officier, qui répète sans cesse : « Restez calmes ! », mais qui ne donne aucune instruction. Chacun est livré à lui-même.

Les Hoffmann ont réussi à quitter le salon et commencent à grimper sur un escalier qui mène à l'étage supérieur. Il était temps ! Une puissante vague déferle dans la pièce et engloutit tous ceux qui s'y trouvaient encore.

À l'étage supérieur, l'équipage et les passagers s'affairent autour des chaloupes. Mais le *Wilhelm Gustloff* s'enfonce rapidement et Ingrid et ses deux filles décident de se réfugier plus haut, près des cheminées. Ursula monte la première, sa mère lui tend Carlotta à bout de bras et monte à son tour. Il y a un espace à peu près stable où elles peuvent se tenir debout, bien que le bateau commence à pencher fortement.

Une nouvelle vague les balaye. Elle est si froide qu'Ursula croit mourir. Elle se retient tant bien que mal à un câble et parvient à garder son équilibre. Elle se tourne vers sa mère.

— Ça va, maman ?

Il n'y a pas de réponse : sa mère n'est plus là. Elle cherche alors sa sœur, mais Carlotta a disparu, elle aussi, dans les eaux glaciales de la Baltique... Ursula n'est pas triste, on ne ressent rien, dans ces cas-là. Elle se cramponne à son refuge précaire, retardant le plus possible le moment où elle devra se mettre à l'eau...

Lorsque, une heure exactement après le torpillage, le *Wilhelm Gustloff* sombre irrémédiablement, elle se met à nager... Elle arrive rapidement à proximité d'un radeau, que des dizaines de personnes se disputent frénétiquement. Elle parvient, en donnant des coups de pied et de poing, à y grimper. Tout autour d'elle, l'eau est couverte de gens, vivants ou morts. Elle a une vision, qu'elle n'oubliera jamais : des enfants flottent dans leurs gilets de sauvetage et, leur tête étant bien plus lourde que leurs pieds, ils sont renversés dans l'eau, leurs petites jambes dressées en l'air.

*

Il est 22 h 18 lorsque l'*Admiral Hipper,* fleuron de la marine allemande et l'un de ses trois croiseurs lourds, arrive sur les lieux. Mais il transporte déjà 2 000 civils et il craint une attaque sous-marine, alors il ne s'attarde pas sur les lieux. Son commandant charge pourtant le torpilleur qui l'accompagne de recueillir les naufragés.

Celui-ci fait route à petite vitesse au milieu d'un environnement hallucinant : des centaines de naufragés, flottant dans la mer ou entassés dans des embarcations, sans qu'on puisse distinguer s'il s'agit de vivants ou de morts...

Sur son radeau, Ursula Hoffmann voit soudain un très grand bateau, qu'elle n'avait pas entendu arriver. Des cordages sont lancés le long de la coque. Elle parvient à en attraper un. Elle s'accroche de toutes ses forces pendant qu'on la tire et, quand elle arrive sur le pont, elle s'évanouit.

Le torpilleur reste longtemps sur place, sauvant des centaines de personnes. Mais son capitaine, Robert Hering, reste aux aguets : le sous-marin qui a torpillé le *Wilhelm Gustloff* n'est certainement pas loin et il doit faire attention à ne pas subir le même sort. Un peu plus d'une heure s'est écoulée lorsque deux torpilles sont lancées dans sa direction… sans l'atteindre.

Le cœur serré, le capitaine Hering donne l'ordre de repartir. Il ne peut prendre le risque de se faire couler, ne serait-ce que pour préserver la vie de ceux qu'il a secourus. Et ils sont nombreux : 564 rescapés ont été hissés à son bord. D'autres bateaux ont également sauvé des naufragés. En tout, ils seront 1 239 à gagner les ports de l'Ouest qu'ils voulaient atteindre.

*

Même si on admet généralement que quatre mille enfants et bébés sont morts dans le naufrage, le torpillage du *Wilhelm Gustloff* n'a jamais été considéré comme un crime de guerre et il n'y a pas eu de polémique à ce sujet. L'ancien bateau de croisière naviguait tous feux éteints dans une zone de combats. S'il transportait plus de huit mille civils, il avait aussi deux mille soldats à son bord et des canons antiaériens avaient été installés sur le pont supérieur pour se défendre d'une attaque. Il n'arborait pas de croix rouge ; bien au contraire, il était recouvert de la peinture grise réglementaire de la Kriegsmarine. Le capitaine Marinesko a d'ailleurs été décoré – à titre posthume, car il avait été tué entre-temps – pour ce fait d'armes.

Reste le bilan, qui est difficile à chiffrer. La dernière estimation, de source allemande, fait état de 9 343 victimes. Mais quel que soit le nombre exact, le *Wilhelm Gustloff* a établi un tragique record : c'est le plus grand naufrage de l'histoire.

38

Le train fou

Gregory Bolton, fermier à Woodville, une petite bourgade de l'Ohio non loin de Colombus, arrête sa vieille Chevrolet bringuebalante devant le passage à niveau fermé. Le bruit caractéristique d'un train qui arrive se fait entendre. Il est un peu surpris, car la règle absolue pour les locomotives est d'actionner leur avertisseur à l'approche d'un passage à niveau et il n'a rien entendu.

À présent, le convoi passe devant lui, tiré par sa motrice diesel et sa surprise se transforme en stupeur quand il constate qu'elle est entièrement vide. Il a beau écarquiller les yeux : à la place du conducteur, il n'y a personne ! Derrière la locomotive, le long convoi défile à petite vitesse, 30 kilomètres/heure environ, et c'est alors que Grégory Bolton découvre avec horreur que, sur chacun des wagons, a été fixé un panneau blanc avec une tête de mort.

*

Tout a commencé un quart d'heure plus tôt… Dans la gare de triage de Stanley, à une dizaine de kilomètres de là, stationne un convoi de soixante wagons remplis de phénol, un acide on ne peut plus dangereux et corrosif qui, mélangé à certaines substances, peut provoquer des explosions terrifiantes. Soudain, une sorte de soubresaut agite la machine. Un employé de la CSX, la compagnie de chemin de fer qui exploite le réseau, constate que le train se met en route, mais ne s'en étonne pas outre mesure.

Que s'est-il passé ? On ne le saura jamais. S'agit-il d'un mauvais plaisant, voire d'un terroriste qui a mis en marche le train sciemment, puis est descendu alors qu'il était encore à petite vitesse ? S'agit-il d'un incident mécanique ? Les freins ont-ils lâché ? L'embrayage automatique était-il défectueux ? Toujours est-il que le convoi prend doucement de la vitesse et quitte la gare de triage.

Peu après, le voilà parcourant à petite allure les campagnes de l'Ohio, avec sa cargaison mortelle et, s'il n'avait rencontré Gregory Bolton au volant de sa vieille Chevrolet, il aurait pu faire des kilomètres et des kilomètres sans que personne ne le remarque.

*

Bien qu'on soit à la fin des années 1990 et que l'usage du téléphone portable soit largement répandu en Amérique et ailleurs, Gregory Bolton est de la vieille école. Tandis que les wagons marqués de la tête de mort continuent à défiler sous ses yeux, il fait faire demi-tour à sa guimbarde et se rend à la ferme la plus proche pour y trouver un téléphone. Là, il appelle la police et tombe sur le shérif local, Mike Blair.

— Shérif, il y a un train fou sans conducteur qui a quitté la gare de Stanley. Tous ses wagons ont une tête de mort !

Mike Blair connaît bien Gregory Bolton. Ce n'est ni un ivrogne ni un plaisantin. L'information est sérieuse. Il téléphone à son tour au chef de la gare de triage. Ce dernier est très étonné.

— Les wagons avec une tête de mort ? Cela n'est pas possible ! Il n'y en a que sur un seul train et il n'est pas parti.

— Allez vérifier !

Il y a un moment d'attente et puis la voix du chef de gare, effaré.

— C'est incroyable ! Il a disparu !
— Qu'est-ce qu'il transporte ? C'est dangereux ?
— Du phénol ! S'il déraille, c'est la catastrophe !
— Je vais essayer de l'arrêter. Dites-moi comment faire.
— Vous n'y arriverez pas. Il vaut mieux envoyer une autre locomotive à sa poursuite.
— Je vais essayer quand même. Dites toujours…
— Il y a un bouton d'arrêt d'urgence, un gros bouton rouge à droite de la cabine du conducteur. Bonne chance dans votre tentative. Moi, je m'occupe d'envoyer une autre motrice .

*

Malgré sa quarantaine un peu rondouillarde, Mike Blair aime volontiers se donner des allures de cow-boy. Il a toujours aimé l'action et, bien qu'il soit conscient de la gravité de la situation, il n'est, dans le fond de lui-même, pas mécontent de montrer l'étendue de ses talents. Il fait des championnats de tir, il estime être la meilleure gâchette de tout l'Ohio et il entend bien le prouver.

Il bondit sur son colt, met son chapeau texan et court trouver Harry, son adjoint qui, de son côté, est un conducteur hors pair. À eux deux, ils devraient pouvoir réussir l'exploit invraisemblable qu'il a en tête.

— Prends le volant de la grosse Cadillac, Harry. Il s'agit d'arrêter un train fou qui a quitté la gare de Stanley. Va le plus vite possible. Passe par où tu veux, casse tout, cela n'a aucune importance !

Peu après, la voiture de police, sirène hurlante, part à la poursuite du train. Harry est vraiment un as du volant. Il emprunte des chemins à peine praticables, coupe par moments à travers champs, la Cadillac heurte des pierres, sa carrosserie est égratignée, bosselée, mais la voie ferrée est bientôt en vue avec, tout au bout, le train, qui avance relativement lentement, comme une longue chenille… Harry se tourne vers son chef :

— On va bientôt y être. Mais comment comptez-vous l'arrêter ?

Mike Blair fait jouer son colt dans sa main.

— Avec ça !

— Je ne comprends pas…

— Tu vas comprendre… Va à la hauteur de la locomotive et garde la même vitesse qu'elle.

Bientôt, la Cadillac roule à côté de la motrice sans conducteur… « Un gros bouton rouge à droite de la cabine », a dit le chef de gare. Mike Blair l'aperçoit. Il est effectivement assez volumineux. À cette distance, il a déjà atteint des cibles plus petites. Il devrait arriver, en tirant dessus, à l'enfoncer et à arrêter la machine. Il abaisse sa vitre et vise soigneusement. Un coup de feu claque…

Malheureusement, la route qui longe la voie est très peu carrossable. La voiture de police est secouée sans arrêt. La première balle se perd dans le ciel, la seconde fait exploser un manomètre, la troisième ricoche contre la carrosserie. Mike Blair pousse un soupir.

— Je n'y arriverai pas, cela bouge trop. Je vais prévenir les autorités de Kenton. Il faut qu'on évacue la ville.

Harry a compris, il devient blanc comme un linge.

— C'est à cause du dépôt de méthane ? Vous pensez que le train peut le faire exploser ?

— Je n'en sais rien. Tout ce que je sais, c'est qu'on risque une catastrophe. Maintenant, il faut espérer que les gars y arrivent avec leur locomotive.

*

La ville de Kenton abrite en effet un gigantesque dépôt de méthane, dont les énormes cuves sont situées juste à côté de la voie ferrée et c'est vers elle que se dirige à présent le train fou. Il a pris de la vitesse, car le terrain est en pente et, malheureusement, cela va aller en s'accentuant par la suite. Il roule déjà à environ 75 kilomètres/heure et, si l'on ne fait rien, il va dérailler. C'est une certitude mathématique !

Cela, les deux mécaniciens que la compagnie de chemins de fer a envoyés à la poursuite du convoi le savent parfaitement. Pour aller plus vite encore, ils sont à bord de deux locomotives accouplées. Aux manettes, Jesse Knowlton, maigre, les cheveux grisonnants, conducteur de motrice depuis vingt-huit ans ; à ses côtés Terry Forson, son second depuis dix ans. C'est la meilleure équipe de la région et, lorsque le chef de la gare de Stanley leur a demandé s'ils étaient volontaires, ils ont accepté sans hésiter.

Le problème est qu'ils ont beaucoup de retard sur le convoi fantôme et que celui-ci ne cesse d'accélérer. Pour le rattraper, les deux locomotives roulent à une allure folle : 160 kilomètres/heure sur une voie où l'on ne doit normalement pas dépasser le 80. Les deux hommes savent qu'ils risquent à tout moment de dérailler et de se tuer, mais ils continuent.

Enfin, la longue silhouette des soixante wagons de phénol et de la locomotive sans mécanicien apparaît devant eux. Jesse Knowlton s'adresse à son équipier :

— Cela va être à toi. Tu es prêt ?

— Ne t'inquiète pas. Ne fais pas trop d'à-coups quand même !

Les locomotives diesel américaines possèdent, sur chaque côté, un passage fermé par une barrière et une plate-forme sur le devant. Terry Forson s'empare d'un filin terminé par une boucle et se rend à l'avant de la motrice.

En même temps, Jesse Knowlton réduit progressivement sa vitesse pour arriver à celle du train fou, un peu supérieure à 100 kilomètres/heure. Il s'en approche jusqu'à le toucher et son équipier entre en action. Cramponné d'une main à la rambarde il lance son filin à la manière d'un lasso pour tenter d'accrocher l'un des tampons… Une fois, cinq fois, dix fois il échoue, tandis que Jesse Knowlton augmente sans cesse sa vitesse pour la calquer sur celle du train fou. S'ils continuent comme cela, celui-ci va dérailler et eux avec !

Enfin, Terry Forson réussit son coup. L'un des tampons est ferré, comme un brochet dans une rivière. Il accroche le filin aussi solidement qu'il peut à la rambarde de la motrice… Jesse Knowlton ralentit. Le câble qui soutient le poids énorme d'un convoi de soixante wagons se tend à craquer mais il tient bon. Jesse Knowlton ralentit encore. Soixante kilomètres/heure, puis quarante, puis dix et le train fou s'arrête enfin !

*

Depuis un quart d'heure environ, ils étaient survolés par un hélicoptère. Celui-ci se pose près d'eux et un cameraman, accompagné d'un reporter, se précipite. Une chaîne de télévision avait été prévenue et avait eu le temps de les envoyer sur les lieux. Une bonne partie de l'Amérique a pu suivre en direct cet incroyable sauvetage. Un film impressionnant, qui s'est terminé par une fin heureuse, comme on les aime à Hollywood !

39

Le bois d'ébène

Le capitaine Luke Collingwood a tout du vieux loup de mer. Il en est même la caricature : une chevelure et une barbe poivre et sel, un visage buriné par le soleil et les embruns et, à la bouche, une éternelle pipe qu'il ne quitte que pour houspiller son équipage d'une voix de stentor. Il y a plus de vingt ans qu'il parcourt l'océan Atlantique d'est en ouest et d'ouest en est, et les vents comme les courants n'ont plus de secret pour lui. Il n'y a que sa spécialité qui sorte de l'ordinaire : il est négrier ou plutôt, puisqu'au XVIIIe siècle on a le souci des convenances, il pratique « le commerce du bois d'ébène ».

Originaire de Bristol, Luke Collingwood navigue pour le compte de la Compagnie royale africaine qui a son siège à Londres. Cette prospère organisation pratique ce qu'on appelle le commerce triangulaire. Les bateaux partent en direction de l'Afrique, avec à bord des articles de pacotille : verroterie, quincaillerie, vieux fusils, eau-de-vie bon marché, peaux de lapin. Tout cela est échangé aux Africains contre les hommes, femmes et enfants qu'ils ont faits prisonniers. Les négriers vont ensuite en Amérique vendre aux colons leur cargaison humaine, le « bois d'ébène ». Ils se font payer en produits locaux, sucre et tabac, et reviennent les cales pleines de ces marchandises de luxe. Le commerce triangulaire dure depuis plusieurs siècles. Il fait la fortune de Bristol et Southampton en Angleterre, de Nantes et de Bordeaux en France et d'Amsterdam aux Pays-Bas…

Le capitaine Collingwood commande le *Zong*, un petit trois-mâts de 100 pieds de long, sans élégance, mais extrêmement solide et surtout doté de cales d'une contenance exceptionnelle, ce qui est indispensable pour loger la cargaison qui est la sienne. Le 10 septembre 1781, il arrive en vue des côtes africaines, plus précisément de Tacoray, sur la Côte-de-l'Or, près de l'embouchure du fleuve Volta.

Il y a longtemps que la région ne produit plus l'or qui lui a donné son nom. En revanche, la vente des esclaves y est chaque année plus active. Dans l'attente des Anglais, les guerres entre tribus se multiplient afin de faire le plus de prisonniers possible. Mais il n'y a pas besoin de guerre pour être promis à l'esclavage. Les chefs locaux font régner la justice à leur manière : le moindre délit suffit pour rejoindre les captifs ; des maris vendent leur femme, des parents vendent leurs enfants…

Il n'y a pas d'installation portuaire à Tacoray et le *Zong* ne peut accoster directement. Il reste en vue des côtes, tandis que ses chaloupes font le va-et-vient avec la terre. Elles partent, croulant sous une cargaison de colifichets étincelant au soleil et elles reviennent avec des hommes, des femmes et des enfants.

Les allers et retours sont très longs et la chaleur est accablante : l'équateur n'est pas loin. À bord, le travail ne manque pas non plus. Le médecin examine les arrivants et le chirurgien les marque d'un signe distinctif au fer rouge, en l'occurrence une étoile sous le téton gauche, afin qu'ils puissent être repris plus tard s'ils s'évadent.

Ensuite, des matelots s'emparent d'eux et les enchaînent les uns à côté des autres, serrés à se toucher, dans les deux cales superposées du navire. Il faut être très attentif lorsqu'on effectue cette opération, car, en voyant le sort qui les attend, beaucoup choisissent d'en finir avec la vie.

Ils bousculent tout le monde et vont se jeter par-dessus bord.

Enfin, le 16 septembre 1781, le *Zong* lève l'ancre, avec son équipage de 17 marins et sa cargaison de 440 esclaves. Un vent d'est soutenu gonfle les voiles dans la bonne direction. Si tout continue de la même manière, on sera en Amérique dans un peu plus de deux mois.

*

C'est, dès lors, la routine d'un navire négrier qui commence. Les premiers jours sont traditionnellement le moment des suicides. Ceux qui n'ont pas réussi à se jeter à l'eau se cognent la tête contre la coque pour se fracturer le crâne, d'autres choisissent de se laisser mourir de faim et il est pratiquement impossible de les nourrir de force.

Tout cela n'inquiète pourtant pas le capitaine Collingwood. Il est établi qu'environ 15 % de la cargaison n'arrive pas à destination. C'est sans conséquence sur le plan financier, car la Compagnie royale africaine est assurée auprès de la Lloyd qui rembourse les pertes jusqu'à concurrence d'un sixième de la cargaison. Et, sur le plan commercial, c'est plutôt une bonne chose : il s'opère ainsi une sélection naturelle, ceux qui restent ont toutes les chances d'être sains et vigoureux et se vendent mieux.

C'est donc sans émotion particulière que le capitaine prend connaissance de ces événements dans ses appartements. Ils sont particulièrement bien aménagés ; les négriers sont riches et bien des marins, même dans la marine de guerre, envient leur confort : une cabine tapissée de velours avec un lit au matelas de plumes, un fauteuil en veau et quatre chaises de cuir. L'un des panneaux est occupé par une petite bibliothèque, un autre par un tableau représentant une scène marine. Un cabinet de toilette est attenant.

Tout cela est situé dans le château arrière où se trouve également le poste de pilotage. Des portes épaisses et des verrous énormes peuvent fermer l'ensemble, qui comprend un petit arsenal et ses propres provisions. En cas de révolte des Noirs, le château arrière peut donc se transformer en citadelle à l'intérieur du navire. Une telle éventualité est, pourtant, plus qu'improbable. Cela n'est jamais arrivé au capitaine et, à sa connaissance, à aucun de ses collègues non plus.

Mais Luke Collingwood n'est pas du genre à se prélasser dans le confort de sa cabine. Sous sa conduite, le *Zong* évolue avec maîtrise dans l'Atlantique, prenant les alizés du Cap-Vert et gérant les alternances habituelles de grains et de calmes. Il parvient même, en mettant toute la voilure, à échapper à une frégate française, car l'Angleterre est une fois de plus en guerre contre la France…

La traversée se poursuit sans incidents, si ce n'est la litanie des décès chez les Noirs, consignée dans le journal de bord : « 2 octobre, un Nègre a quitté la vie par la fièvre ; 4 octobre, un Nègre souffrant d'hydropisie a quitté la vie par la même maladie ; 7 octobre, une Négresse est morte d'une fausse couche ; 8 octobre, un Négrillon est tombé de consomption ; 11 octobre, un Nègre est mort, avec un fort gonflement du visage et de la tête ; 13 octobre, une Négrillonne, qui refusait de boire et de manger, est morte d'inanition ; 16 octobre, une Négresse très belle de seins a quitté la vie, pour une raison difficile à établir, peut-être la variole… »

*

C'est en arrivant non loin des côtes américaines que tout change. Une épidémie de fièvre éclate, provoquant en quelques jours la mort de soixante captifs. La situation dans les cales est épouvantable. Le journal de bord note qu'elles sont « tellement couvertes de sang, d'excréments et de pus qu'elles ressemblent à un abattoir ». Sur la nature de cette maladie, le médecin avoue son ignorance. Il mentionne les symptômes : forte fièvre, diarrhées, crachats sanglants. Il avance comme explication la qualité de l'eau conservée à bord. L'eau est en effet le grand problème des navires au long cours, il est très difficile de la garder à l'état consommable et c'est elle qu'on met en cause chaque fois qu'il y a un problème de santé.

Cette fois, la situation est grave ! Car l'épidémie est extrêmement contagieuse : 7 marins sont morts eux aussi, 7 sur les 17 que compte l'équipage. Bientôt, il n'y aura plus assez d'hommes pour accomplir les tâches indispensables. Le capitaine ne peut ignorer le problème. De plus, il est comptable de la cargaison vis-à-vis de la Compagnie. Si une partie trop importante est perdue, il risque de se faire renvoyer. Sans oublier qu'il est intéressé lui-même aux bénéfices.

Alors que faire ? Luke Collingwood se met à penser aux assurances. La Lloyd ne remboursera plus les décès de Noirs, puisque le quota d'un sixième est largement dépassé. En revanche, d'après les contrats, une indemnisation est prévue dans certains cas précis. Si un Noir est abattu pour rébellion ou s'il est porteur d'une maladie contagieuse et délibérément sacrifié pour ne pas contaminer les autres, la compagnie d'assurances verse une somme de 30 livres par individu. Le même règlement s'applique si les réserves de nourriture ou d'eau ne sont pas suffisantes pour tout le monde. Dans ces conditions, il n'y a pas à hésiter : il faut se débarrasser du plus grand nombre possible de Noirs. Il en résultera un double avantage : toucher une somme appréciable et préserver la santé des marins du *Zong*.

Le 29 novembre, le capitaine convoque l'équipage dans ses appartements. Malgré le luxe du cadre, les visages sont soucieux... Il prend la parole dans un silence tendu. Il n'évoque pas les questions d'assurances : elles n'intéressent pas ses hommes qui n'ont pas de pourcentage sur le chiffre d'affaires. Il met en avant d'autres raisons.

— Si cela continue, les Nègres vont nous contaminer. Et puis, il n'y a pas assez d'eau à bord pour tout le monde. Alors, il faut prendre les devants !

L'officier en second, James Kelsal, est un homme modéré, qui s'est plusieurs fois opposé aux mesures brutales de son supérieur, notamment en matière de discipline.

— Qu'est-ce que vous appelez « prendre les devants » ?

— Les jeter par-dessus bord ! C'est de la marchandise, après tout et, quand une marchandise est avariée, on s'en débarrasse !

Kelsal proteste :

— Il y a assez d'eau pour tout le monde. Et puis, nous serons en Amérique dans peu de temps. Nous n'allons pas tuer des gens qui ont de grandes chances de survivre.

Mais il est le seul de son avis. La cause est entendue. Luke Collingwood pourrait se contenter de donner un ordre, pourtant, dans cette situation exceptionnelle, il tient à s'assurer de l'approbation de ses hommes. Il fait voter sa proposition, qui est adoptée à l'unanimité, moins une voix. Il conclut :

— C'est parfait. Vous choisissez les plus malades et vous les amenez sur le pont. Exécution !

On assiste alors, sur le *Zong*, à des scènes d'horreur. Les matelots descendent dans la cale en compagnie du médecin. L'odeur et le spectacle sont insupportables, ils n'en sont que plus pressés d'accomplir leur tâche. Le docteur leur désigne ceux qui semblent les moins vaillants.

— Celui-là ! Celui-là !

Soulagés de quitter cet affreux environnement et croyant peut-être qu'on va leur donner des soins, les Africains se laissent emmener sans résister sur le pont. Mais là, on les attache deux par deux avec de lourdes chaînes et on les traîne vers le bastingage. Ils comprennent d'un seul coup la vérité et résistent de toutes leurs forces, poussant des cris déchirants. Rien n'y fait. Des poignes vigoureuses se saisissent d'eux et les jettent à la mer, où ils coulent à pic. Ils sont 54 à être sacrifiés ce jour-là.

Le lendemain 30 novembre, 42 de leurs compagnons subissent le même sort. Le surlendemain 1er décembre, ils sont encore 26. S'y ajoutent 10 Noirs qui étaient sur le pont pour être examinés par le médecin. Voyant le sort qu'on fait subir aux autres, ils sont pris de désespoir et préfèrent en finir tout de suite. Ils se jettent à l'eau.

Après ce suicide, Luke Collingwood décide de s'arrêter là. En tout, ce sont 132 Noirs qui sont passés par-dessus bord et dont il demandera le remboursement aux assurances. Maintenant, il faut vendre ceux qui restent. On n'est plus très loin de l'Amérique et, plus précisément, de la Jamaïque. Il met le cap dans sa direction et arrive dans le port de Kingston le 22 décembre.

Il reste 208 Africains survivants, soit 53 %, ce qui est le plus faible pourcentage qu'ait connu Collingwood dans toute sa carrière. De plus, en raison de leur état de santé visiblement précaire, ils se vendent très mal. La cargaison de sucre et de tabac que le *Zong* emportera au retour est des plus réduites.

Mais le capitaine ne sera pas là pour le déplorer. Il meurt, dès le lendemain de la vente, de la maladie qui a emporté une partie de ses passagers et de son équipage. Il est le dernier à être victime de l'épidémie. C'est son second, James Kelsal, qui prend le commandement et qui, après avoir recruté des marins sur place pour combler les vides, met le cap vers l'Angleterre.

Il aborde à Bristol, courant mars 1782. Et là, il va y avoir du nouveau ! Car, contrairement à ce qu'on pourrait croire, l'histoire du *Zong* n'est pas terminée. Elle ne fait que commencer.

*

Dès que le navire est de retour à son port d'attache, les responsables de la Compagnie royale africaine déclarent leur perte à la Lloyd et réclament, conformément au contrat, une indemnité de 30 livres pour chacun des 134 Noirs sacrifiés. Ils s'appuient sur le livre de bord du *Zong* dans lequel le capitaine Collingwood avait justifié le massacre par le manque d'eau à bord.

Mais James Kelsal intervient pour affirmer que l'eau ne manquait pas. Du coup, les assureurs refusent de payer. Colère des armateurs, qui assignent la Lloyd en justice et c'est ainsi que le procès entre les deux parties s'ouvre à Londres en mars 1783.

*

Il faut préciser qu'il s'agit d'un procès purement commercial. Ce qui est reproché au défunt capitaine, ce n'est pas d'avoir fait preuve de cruauté, encore moins d'avoir commis des homicides, c'est d'avoir triché sur les termes d'un contrat. Pour que les choses soient bien claires, le président, l'honorable lord Mansfield, tient à le rappeler en ouvrant les débats.

— La question qu'il est donné au jury d'examiner est de savoir si c'est par nécessité que les esclaves ont été jetés par-dessus bord. Car il ne fait aucun doute que leur statut juridique, bien qu'on puisse s'en offusquer, n'est pas différent de celui des chevaux.

Les jurés examinent donc le litige en leur âme et conscience et concluent que le capitaine Collingwood n'a commis aucune faute. La Lloyd est déboutée de son action en justice, elle devra payer. Mais la compagnie ne l'entend pas de cette manière ; elle fait appel et un second procès a lieu.

C'est ainsi que l'affaire du *Zong* et de ses 132 esclaves jetés à la mer, qui était jusque-là passée quasiment inaperçue, est sur le devant de la scène. La barbarie des négriers, qui était jusque-là couverte d'un voile pudique, éclate au grand jour. C'est l'époque où les Lumières se répandent sur l'Europe, où Voltaire défend la cause des Noirs, où Rousseau proclame que tous les hommes naissent libres et égaux. L'indignation est quasi-générale.

Le second procès devient un procès politique. Des antiesclavagistes viennent dire à la barre l'horreur qu'il y a à arracher des hommes, des femmes et des enfants à leur pays, à les parquer comme des bêtes et à les noyer comme des bêtes si on le juge bon. Ces interventions provoquent la colère du procureur général d'Angleterre et du Pays de Galles, qui s'indigne :

— Qui ose dire que ce sont des êtres humains qui ont été jetés par-dessus bord ? Nous jugeons ici un cas de biens et de marchandises. Les Noirs sont des marchandises et des biens appartenant à un propriétaire et c'est une honte d'accuser de meurtre un homme honorable. Feu le capitaine Collingwood a agi dans l'intérêt de son navire et pour protéger son équipage. Remettre en question l'expérience d'un capitaine, qui a longuement navigué et qui était estimé de tous, est une folie, tout spécialement quand on parle d'esclaves.

Et il conclut :

— Le cas qui nous occupe est le même que si du bois avait été jeté par-dessus bord !

À l'issue des débats, la sentence est inversée. Le tribunal juge qu'il y avait assez d'eau à bord et que le capitaine a commis un abus en sacrifiant délibérément une partie de sa cargaison alors qu'il aurait pu la conserver.

La Lloyd a obtenu gain de cause et n'aura rien à verser, mais tout le monde s'en moque ! C'est le procès des négriers qui est à l'ordre du jour et qui se poursuit durant plusieurs mois. C'est ainsi qu'est créé un *Comité permanent pour l'abolition de la traite*, à l'instigation d'un jeune homme élu député à vingt et un ans, William Wilberforce.

Si Wilberforce a choisi de se lancer si tôt dans le combat politique, c'est qu'il se sent investi d'une mission. Il a noté dans son journal : « Dieu Tout-Puissant a donné un objectif à ma vie : la suppression du commerce des esclaves. » Et, aidé par l'indignation soulevée par le massacre du *Zong*, il obtient des résultats inespérés. S'inscrivent au *Comité* des personnalités éminentes, à commencer par l'évêque de Londres, John Welsey, et un député presque aussi jeune que Wilberforce lui-même, William Pitt.

Pitt, qui devient Premier ministre en 1783 à seulement vingt-quatre ans, appuie de tout son poids les abolitionnistes. Le combat n'est pourtant pas facile, car, en face, il y a de grands intérêts et beaucoup d'argent. Le commerce triangulaire est l'activité maritime qui rapporte le plus et les armateurs s'y accrochent de toutes leurs forces.

Ils payent à prix d'or un pieux clergyman, Raymond Harris, qui publie un pamphlet intitulé *Recherches sur les Écritures* où il entreprend de prouver, grâce à trois cents citations tirées de la Bible, que Dieu « approuve et même ordonne l'esclavage des Noirs, aux fins de leur procurer le baptême en ce monde et le salut éternel dans l'autre. »

Si elle parvient à retarder l'échéance, la réaction des armateurs est un combat d'arrière-garde. La traite des Noirs est interdite en 1807 et l'esclavage lui-même le sera le 26 juillet 1833, trois jours avant la mort de Wilberforce.

Un peu plus tôt, il avait dit aux députés, défendant son projet :

— Faites en sorte que les malheureux martyrs du *Zong* ne soient pas morts en vain !

40

LA MAFIA ENTRE EN SCÈNE

Nous sommes le 23 janvier 1893, au sud de la Sicile, dans l'immense propriété du marquis Emanuele Notarbartolo.

Ce dernier est assis sur la terrasse de sa villa, en face de son fils Leopoldo. Il paraît un peu plus que ses cinquante-neuf ans. C'est sans doute en raison des épreuves qui ont marqué son existence, bien éloignée de la vie d'oisiveté des gens de la noblesse.

Orphelin très jeune, Emanuele Notarbartolo étudie à Palerme, avec l'intention de devenir avocat. Il vient juste de sortir de l'université et il s'apprête à entrer dans la vie active, lorsqu'éclatent les guerres de l'Unité italienne. Emanuele Notarbartolo est profondément patriote et, malgré ses origines sociales, il n'hésite pas à s'enrôler dans l'armée de Garibaldi. Monsieur le marquis fait partie des Chemises rouges et participe à leur campagne victorieuse.

La guerre terminée, il décide de se lancer dans la politique et il ne tarde pas à se trouver en face d'ennemis plus impitoyables que ceux qu'il avait combattus les armes à la main. C'est à ce moment qu'il achète le domaine de Mendollila, une terre aride de 1 125 hectares, à une quarantaine de kilomètres de Palerme, où ne poussent que des lauriers sauvages, des romarins et des genévriers. Le seul bâtiment du domaine est un cabanon en pierre situé à deux heures de cheval de la gare la plus proche.

Mendollila devient son port d'attache et son refuge. Il y vient aussi souvent que possible pour reprendre des forces après les affrontements avec ses adversaires. Il s'occupe également de le mettre en valeur. Il y installe un système d'irrigation, défriche et plante des citronniers, des orangers et des oliviers. Une villa, simple d'architecture mais de grandes dimensions, est bâtie au milieu de l'exploitation.

*

Toutes ces transformations, Leopoldo, son fils, les a vues les unes après les autres ; elles ont rythmé son existence… En ce début de l'année 1893, c'est un grand et élégant jeune homme de vingt-trois ans. Il vient d'achever ses études à l'École de marine, qu'il quitte avec le grade d'enseigne de vaisseau, et il est venu rendre visite à son père, avant de partir pour plusieurs années de navigation.

Le moment des adieux est proche. Le marquis prend la parole avec une certaine solennité.

— Je ne t'ai jamais parlé de mon action politique…

Effectivement, Emanuele Notarbartolo ne s'est jamais entretenu de ces choses avec son fils. Quand ce dernier était en Sicile, il était trop jeune. Ensuite, il est allé faire ses études supérieures sur le continent.

— Que sais-tu de la mafia, Leopoldo ?

— Pas grand-chose, père. J'ai entendu ce nom, c'est tout.

Il faut préciser qu'en cette fin du XIXe siècle, l'organisation secrète est encore toute récente. Elle n'est connue que de ceux qui en font partie ou qui ont eu affaire à elle.

— Tu ne la connais pas, mais elle existe. Je l'ai combattue toute ma vie et je n'ai jamais rencontré d'adversaire plus dangereux.

— Ce sont des criminels ?

— Oui, mais pas au sens ordinaire. Il y a des hommes de main chez eux, mais aussi des personnes tout à fait respectables, du moins en apparence, comme Raffaele Palizzolo.

— Le député ?

— C'est un de ses responsables.

Et Emanuele Notarbartolo raconte à son fils son long affrontement avec Palizzolo... Les deux hommes se sont connus dans leur jeunesse à Palerme, qui était alors une bourgade où tout le monde rencontrait tout le monde. Instinctivement, ils se sont d'emblée détestés, mais tout commence vraiment il y a vingt ans, en 1873, lorsque Emanuele Notarbartolo est élu maire de Palerme.

Dès qu'il prend ses fonctions, il découvre avec effarement le système de clientélisme que Palizzolo, son prédécesseur, avait mis en place. Tout un réseau se servait dans les finances municipales et Raffaele Palizzolo lui-même avait mis sans vergogne le fonds de secours aux indigents dans sa poche. Notarbartolo le dénonce publiquement et le force à restituer l'argent, ce que son adversaire ne lui pardonnera jamais.

Palizzolo dispose d'appuis importants à Palerme et, en 1876, il parvient à évincer Notarbartolo de la mairie. Lequel ne s'avoue pas vaincu et réussit à devenir gouverneur de la Banque de Sicile. Et là, ce qu'il découvre est peut-être pire encore. Palizzolo en était un des administrateurs, il était entouré d'hommes qui lui étaient entièrement dévoués et depuis des années, il en avait fait, selon l'expression qu'a employé Notarbartolo dans ses dénonciations publiques « une usine à faveurs »... Le marquis s'enflamme en racontant à son fils les découvertes qu'il a faites.

— C'était des choses incroyables, scandaleuses : des prêts accordés à des personnes décédées, à des enfants en bas âge, à des gens qui n'existaient pas. Tout cet argent allait on ne sait à qui et, bien sûr, n'était jamais remboursé.

J'ai dit tout cela dans un article paru dans les journaux de Sicile. C'est alors que j'ai été enlevé...

— C'était Palizzolo le responsable ?

— On n'a pas pu le prouver, mais c'est certain.

Leopoldo n'a jamais oublié cet événement, qu'il a vécu de manière d'autant plus terrible qu'il était enfant... C'était en 1882. Son père a été enlevé une nuit par des inconnus et séquestré pendant six jours dans une cave minuscule, en attendant le paiement de la rançon. Peu après sa libération, le chef des ravisseurs a été retrouvé mort sur une route, abattu de plusieurs balles dans le dos. Ses complices ont été arrêtés à la suite d'une dénonciation anonyme, mais se sont évadés grâce à de mystérieuses complicités. On n'a jamais pu en savoir plus officiellement...

Quoi qu'il en soit, le marquis est loin d'être intimidé ou de perdre sa combativité et l'empoignade reprend de plus belle à la Banque de Sicile. Il se bat pour assainir les comptes, tandis que Palizzolo fait tout pour lui compliquer la tâche. En tant que gouverneur, Notarbartolo tente de réformer les statuts de la banque afin de réduire l'influence des hommes politiques qui constituent les deux tiers du conseil d'administration, mais en vain.

En 1889, il envoie au gouvernement un rapport confidentiel sur le fonctionnement de l'établissement. Ce document est subtilisé dans un bureau du ministère de l'Industrie et du Commerce. Quelques semaines plus tard, il réapparaît lors d'une séance extraordinaire du conseil d'administration, tenue en l'absence de Notarbartolo, parti pour affaires à Rome. Le conseil, composé majoritairement de membres favorables à Palizzolo, vote la défiance contre le gouverneur, qui est révoqué...

*

On en est là, en ce début de l'année 1893. Emanuele Notarbartolo a perdu les premières manches, mais il n'a pas renoncé. Il se bat, en particulier pour faire reconnaître l'existence de la mafia, que ceux qui en font partie nient vigoureusement et qui laisse sceptique en haut lieu.

Leopoldo Notarbartolo a été très impressionné par le récit que vient de lui faire son père.

— Il faut vous protéger. S'ils sont aussi redoutables que cela, ils recommenceront et, cette fois, ce ne sera pas un simple enlèvement !

— Ici, je ne risque rien. Mon personnel est là pour me défendre et je suis bien armé. Mais bien sûr, s'ils veulent m'atteindre, ce sera par trahison, comme la première fois.

C'est ainsi que se termine l'entretien entre le jeune enseigne de vaisseau et le marquis. Le lendemain, en le quittant, même s'il fait tout pour ne pas le montrer, Leopoldo éprouve un sombre pressentiment. Il ne se trompe malheureusement pas. Il ne reverra pas son père.

*

Un peu plus d'une semaine a passé. Au matin du 1er février 1893, Emanuele Notarbartolo quitte Mendolilla à cheval et arrive à la gare de Sciara pour prendre le train de Palerme. Il monte dans un compartiment vide de première classe où il peut enfin se détendre. Depuis son enlèvement, il se montre très prudent et ne voyage jamais sans son fusil. Mais il y a à l'époque en Sicile une règle non écrite selon laquelle les brigands n'attaquent jamais dans les trains. Il décharge son arme, avant de la poser dans le filet du porte-bagages. Il range ensuite son manteau, son chapeau puis s'assied et regarde par la vitre, attendant le sommeil.

Il reste seul jusqu'à la gare suivante, Termini Imerese. Là, des témoins le voient en train de s'étirer dans un coin du compartiment, comme si l'arrêt l'avait réveillé. Le train quitte Termini Imerese une demi-heure plus tard, à 18 h 23. Peu avant son départ, deux hommes vêtus de manteaux noirs et portant de larges chapeaux de même couleur sont montés à bord.

Ceux-ci restent dans le couloir du wagon situé à côté des premières classes et, quand le train entre dans un tunnel, passent à l'action. Ils font irruption dans le compartiment où Emanuele Notarbartolo est toujours seul. L'un est armé d'un stylet, l'autre d'une dague à double tranchant au manche en os. Encore à moitié endormi, le marquis se débat comme un forcené, cherchant à échapper aux coups de poignard. Certains le manquent, entaillant profondément le dossier et le repose-tête de la banquette. Il appelle au secours, mais le fracas du train dans le tunnel couvre ses cris.

Notarbartolo est très vigoureux pour ses cinquante-neuf ans. Il parvient à s'emparer de l'une des armes de ses assaillants, tout en cherchant éperdument son fusil dans le porte-bagages. À ce moment, sa main est entaillée et le filet à bagages déchiré. Il laisse l'empreinte ensanglantée de sa paume sur la vitre. Devant l'échec de leurs tentatives et voulant en finir avant que le train sorte du tunnel, les tueurs changent de tactique. L'un d'eux jette son arme et empoigne Emanuele Notarbartolo par-derrière, tandis que l'autre plonge son poignard à quatre reprises dans sa poitrine. En tout, il est frappé de vingt-sept coups de couteau.

Le train roule vers la gare de Trabia. Couverts de sang, hors d'haleine, les agresseurs retirent du porte-bagages les affaires du marquis et fouillent son cadavre pour ôter tout élément permettant une identification rapide : sa montre en or aux armoiries familiales, son portefeuille avec ses papiers.

L'endroit où ils veulent se débarrasser de leur victime se situe à environ deux minutes de là. Dès que le train en approche, ils soutiennent le mort par les aisselles, traversent le couloir, vide par chance pour eux, le maintiennent contre la portière et le lancent à l'extérieur au moment où le train franchit le pont de Curreri. Mais ils ne l'ont pas poussé assez fort. Au lieu de tomber dans le ravin et de rouler jusqu'à la mer, le corps heurte le parapet et s'immobilise le long des rails. Il sera retrouvé seulement une heure plus tard et l'enquête pourra démarrer avec une remarquable rapidité.

*

Mais si elle a vite commencé, l'enquête va marquer le pas par la suite, puisqu'il ne faut pas moins de sept ans pour que l'affaire arrive devant un tribunal ! Les raisons en sont multiples. D'abord, la police se livre à un véritable sabotage. L'inspecteur qui s'est porté volontaire pour mener les investigations et qui est désigné par la municipalité de Palerme passe son temps à détruire les preuves matérielles et à orienter les recherches sur des fausses pistes, toutes fondées sur des hypothèses entachant la réputation de la victime. On apprendra plus tard qu'il a été, lors des scrutins précédents, le principal agent électoral de Raffaele Palizzolo.

La vérité finit tout de même par se faire jour. Si un des deux tueurs reste pour le moment inconnu, l'autre est formellement reconnu par le chef de gare de Termini Imerese : il s'agit d'un certain Giuseppe Fontana, quarante-deux ans, membre notoire de la mafia de la petite ville de Villabate.

Des complicités sont également découvertes parmi les employés du chemin de fer. Car, si les agresseurs ont agi avec cette assurance, c'est qu'ils avaient la certitude de ne pas être inquiétés. Pancrazio Garufi, le chef de train, est arrêté le premier. Sa mission consistait, en particulier, à surveiller du dernier wagon si quelque chose tombait sur la voie. Il a affirmé ne rien avoir remarqué d'anormal, ce qui est un mensonge manifeste.

Le contrôleur Giuseppe Carollo était également complice. Des voyageurs l'ont vu monter la garde dans le wagon des premières, pour faciliter la tâche aux meurtriers.

Mais si les circonstances du crime sont à peu près connues, c'est son mobile qui frappe l'Italie tout entière. Jusqu'à présent, la mafia n'avait assassiné que des petites gens et ces crimes étaient passés inaperçus ; Emanuele Notarbartolo est le premier notable à en être victime. Un marquis, ancien maire de Palerme, ancien gouverneur de banque, c'est autre chose qu'un paysan, un ouvrier ou un pêcheur et, du jour au lendemain, on ne parle plus que de cela. Quelle est cette mystérieuse organisation secrète et criminelle qui serait responsable de sa mort ? Avec l'assassinat d'Emanuele Notarbartolo, la mafia sort de l'ombre.

La presse nationale multiplie les articles sur le scandale, elle exige que le gouvernement prenne des mesures devant cette forme de criminalité aussi nouvelle qu'inquiétante. À l'inverse, la bonne société sicilienne répond que la mafia n'existe pas : elle n'est qu'une invention des gens du Nord, une façon pour eux de dénigrer encore une fois les Méridionaux et leurs coutumes.

Le principal journal de l'île, *L'Ora*, fait campagne en ce sens. Il ouvre ses colonnes à l'ethnologue Giuseppe Pitrè, qui défend Palizzolo des horreurs dont on l'accuse. Il n'hésite pas à affirmer que ce dernier ayant écrit un roman dans sa jeunesse, c'est « la preuve qu'il possède une âme noble et vertueuse ». Quant au terme « mafia », c'est un vieux mot issu de l'arabe, qui signifie « honneur », « bravoure » et qui ne désigne aucune organisation criminelle.

*

Il faut attendre novembre 1899 pour que la Chambre des députés lève l'immunité parlementaire de Raffaele Palizzolo à la demande du président du Conseil. Par peur qu'il s'enfuie à l'étranger, le gouvernement coupe les communications télégraphiques avec la Sicile lors du vote. Palizzolo est donc arrêté en toute discrétion, sans qu'on puisse craindre un mouvement de foule en sa faveur.

Le risque était réel, car, quelques jours plus tard, alors que le député a été transféré sur le continent, à Palerme, trente mille de ses partisans se rassemblent place Politeama, pour ceindre d'une couronne de fleurs un buste de lui exécuté par un artiste local...

*

En tout cas, le procès des assassins d'Emanuele Notarbartolo peut commencer. Il a lieu à Milan et les habitants peuvent découvrir de curieux petits visiteurs aux cheveux noirs, emmitouflés dans des capes pour se protéger du froid, se pressant aux abords du palais de justice. Ce sont les Siciliens appelés comme témoins. Les deux extrêmes géographiques de l'Italie se rencontrent pour la première fois peut-être, ce qui va provoquer un véritable choc culturel. À plusieurs reprises, il faudra faire appel à un interprète pour traduire les dépositions faites en dialecte sicilien.

Si les débats se déroulent la plupart du temps dans la confusion, la déposition du chef de gare de Termini Imerese est néanmoins sans appel. Appelé à reconnaître Giuseppe Fontana présent dans le box comme l'un des deux hommes à chapeau et manteau noirs qui sont montés dans le train, il déclare d'une voix hésitante, mais pourtant intelligible :

— Oui, c'est vrai, c'est bien lui...

Le contraste avec la personnalité du fils de la victime est saisissant. Alors que tous les autres témoins semblent paralysés par la peur, Leopoldo Notarbartolo vient à la barre sanglé dans son uniforme d'officier de marine, la tête haute. Son témoignage va rendre ce procès célèbre, presque historique. C'est la première fois que la mafia est mise en cause dans une enceinte de justice.

— Mon père m'avait tout dit la dernière fois que nous nous sommes vus. Il m'avait nommé l'organisation qu'il combattait. C'est la mafia. Elle existe, malgré ce qu'on a pu lire ou entendre, et elle n'a malheureusement pas fini de faire parler d'elle !

Il se tourne vers le box des accusés et pointe le doigt vers le député.

— J'accuse Raffaele Palizzolo, membre du Parlement, d'avoir commandité ce crime. Il a engagé les tueurs qui ont assassiné mon père, membres, comme lui de la mafia !

Prenant la parole le lendemain, Palizzolo se déclare victime d'un complot et nie en bloc toutes les assertions de l'accusation. Pour lui, il s'agit d'une affaire politique : ses adversaires n'ont pas hésité à lui mettre un crime sur le dos pour l'abattre.

Le jury se retire pour délibérer et, après une discussion relativement brève, revient dans la salle d'audience. La question concernant Giuseppe Fontana ne pose pas de problème : il est reconnu coupable d'homicide volontaire. C'est celle sur le député que tout le monde attend. Lorsque le juge demande :

— L'accusé Raffaele Palizzolo est-il coupable d'avoir commandité l'assassinat du marquis Emanuele Notarbartolo ?

Le président, un instituteur, répond d'une voix émue, la main placée sur le cœur :

— Oui, monsieur le président.

La phrase est accueillie par une salve d'applaudissements, mais aussi par les cris de colère des Siciliens présents. Après avoir rétabli l'ordre, le juge rend la sentence : trente ans de prison pour chaque accusé.

*

Cette première affaire mettant en cause la mafia ne va pourtant pas se terminer d'une manière aussi simple. Sur le terrain, l'organisation ne reste pas inactive. Giuseppe Pitrè forme un « Comité pro-Sicilia », qui enregistre deux cent mille adhésions. Dans les journaux, il exprime « l'indignation populaire » déclenchée par la condamnation de Palizzolo, ressentie comme une attaque contre la ville de Palerme et la Sicile tout entière.

Mais le plus important a lieu sur le plan judiciaire. Quelques mois plus tard, la Cour de cassation annule le jugement en raison d'un vice de procédure mineur. Un témoin, qui avait déposé sous serment lors d'une première audience, a omis de recommencer lorsqu'il a été appelé le lendemain, ce qui est contraire à la loi. On peut imaginer qu'il s'agit d'un oubli volontaire, destiné à ménager un recours en cas de besoin.

Quoi qu'il en soit, il faut retourner devant les juges et un nouveau procès débute devant la cour de Florence, le 5 septembre 1903, plus de dix ans après l'assassinat d'Emanuele Notarbartolo. Plusieurs facteurs vont contribuer à lui donner une issue opposée à celle du précédent.

L'accusation et Leopoldo Notarbartolo ont retrouvé un témoin de premier plan, Matteo Filipello, qui serait vraisemblablement le second tueur du train. Contraint de se présenter à l'audience, il y sera peut-être reconnu et démasqué. Malheureusement, la veille de l'ouverture des débats, il est découvert pendu à la rampe d'escalier de la pension de famille de Florence où il logeait. L'enquête qui suit conclut au suicide. En outre, l'opinion s'est un peu lassée de la mafia. Les débats ne suscitent plus la même passion et la défense en profite pour retrouver de l'assurance.

Le 23 juillet 1904, par une majorité de 8 voix contre 4, les jurés acquittent les deux prévenus pour insuffisance de preuves.

*

Cette fois, l'affaire est terminée. Rentré à Palerme en homme libre le 1er août, Raffaele Palizzolo est escorté par une foule en liesse jusqu'à son domicile. Les autorités de

Palerme ont fait repousser la fête de la Madonna de Carmine, afin que l'acquitté puisse y participer.

Giuseppe Fontana, lui, ne fait que passer en Sicile. Peut-être sur le conseil des dirigeants de l'honorable société, il préfère émigrer aux États-Unis. Il s'installe à New York où il contribuera, par son expérience, à donner un regain d'activité à la mafia.

Peu avant le retour en fanfare de Palizzolo, Leopoldo Notarbartolo est lui aussi revenu à Palerme, avant d'embarquer pour une longue campagne avec la Marine nationale. Il a été accueilli par sa famille et ses amis, dont beaucoup étaient en pleurs. Mener le combat pour la mémoire de son père lui a coûté cher, il a dû vendre le domaine de Mendolilla pour payer les frais de justice.

C'est donc sur une totale impunité que s'est conclu le premier meurtre d'une personnalité par la mafia. Il y en aura d'autres, jusqu'aux assassinats des juges Falcone et Borsalino, un siècle plus tard.

L'organisation criminelle avait de beaux jours devant elle.

41

Le petit témoin

Deux paysans cheminent à dos de mulet sur la route qui va d'Alvito à Sora, au centre de l'Italie, un peu au sud de Rome. Il fait très chaud ce 10 mai 1949 et ils ont hâte d'arriver à destination. Soudain l'un d'eux désigne le ravin qui borde la route :

— Regarde, on dirait qu'il y a quelque chose qui brille !

— C'est le soleil qui tape sur un rocher…

Les deux hommes se sont arrêtés pour mieux voir et c'est alors qu'un son lointain leur parvient. Cette fois, pas de doute possible, il s'agit d'une voix d'homme qui crie : « Au secours ! »

Peu après, les paysans sont au fond du ravin, soixante mètres plus bas. Il y a là une petite voiture de l'administration des postes entièrement désarticulée. À quelques mètres de là, une fillette de deux ans à peine, apparemment indemne, est assise. Elle ne pleure pas.

Les deux hommes se dirigent vers la voiture. Il y a deux personnes à l'intérieur. Le conducteur est un homme d'une trentaine d'années, qui gémit doucement. C'est sans doute lui qui a appelé. L'une de ses jambes est coincée par le volant. À ses côtés, une femme du même âge. Elle porte une plaie profonde à la tempe gauche. Elle ne bouge pas. Elle est probablement morte.

Avec précaution, les deux hommes dégagent le conducteur.

— Qu'est-ce qui s'est passé ?

— Une pierre a fait éclater le pare-brise. J'ai perdu le contrôle. Je ne me rappelle pas ce qui s'est passé ensuite…

L'homme tombe évanoui et, tandis que l'un des paysans reste sur place, l'autre part chercher du secours.

*

Vingt-quatre heures ont passé. L'homme et la petite fille sont à l'hôpital de Sora. Leur état n'inspire pas d'inquiétude. Miraculeusement, ils sont presque indemnes. Il n'en est malheureusement pas de même de la passagère, qui a été tuée sur le coup d'une fracture du crâne.

Leur identité a été établie sans problème. Il s'agit d'Adriano Celli, de sa femme Amanda et de leur fille Rosa. Adriano Celli est le postier d'Alvito, c'était son jour de congé et il utilisait sa voiture de service pour se rendre à Sora, ainsi que l'Administration le lui permettait.

Apparemment, il s'agit d'un accident banal. Néanmoins, comme toujours en pareil cas, une enquête est ordonnée. Le brigadier Bertolino, qui en a la responsabilité, s'attend à un travail de routine, mais, dès les premières constatations, il va de surprise en surprise…

Les premières l'attendent sur les lieux de l'accident. Les traces de roues sont encore très visibles et, ce qui est extraordinaire, c'est qu'elles sont perpendiculaires au ravin, comme si la voiture avait plongé délibérément de face. Ce qu'on ne retrouve pas sur la route, en revanche, ce sont des éclats de verre. Or, si le pare-brise avait explosé à cet endroit, il resterait forcément quelques fragments.

L'examen du véhicule lui-même n'est pas moins troublant. D'abord, le levier de vitesses est bloqué sur la marche arrière. Ensuite, on ne comprend pas de quelle manière Mme Celli s'est fait sa blessure mortelle. Elle a eu la tempe gauche enfoncée ; s'il s'était agi de la droite, on aurait pu penser qu'elle s'était cognée contre la portière, mais la gauche… ?

*

Tout cela est troublant. Pourtant, c'est en enquêtant dans le village d'Alvito que le brigadier Bertolino va concevoir les soupçons les plus graves. Le maire et tous ceux qu'il interroge décrivent Adriano Celli comme un fonctionnaire consciencieux à qui on n'a rien à reprocher mais le son de cloche est tout différent lorsqu'il interroge la boulangère. La femme semble très éprouvée et elle n'y va pas par quatre chemins :

— Ce n'est pas un accident. Je suis sûre qu'il l'a tuée !

— Comment pouvez-vous dire cela ?

— Mme Celli me faisait ses confidences. Son mari avait une maîtresse, une fille de Sora. Je ne sais pas son nom. Tout ce que je sais, c'est que c'était sérieux et qu'il voulait l'épouser.

C'est effectivement un mobile, car le divorce n'existe pas en 1949 en Italie. Pour se remarier, il faut devenir veuf… Le brigadier Bertolino remet à plus tard la recherche de cette maîtresse habitant Sora. La ville n'est pas si grande et il la retrouvera tôt ou tard. En attendant, il en sait largement assez pour soumettre Adriano Celli à un interrogatoire.

*

Celui-ci est encore en observation à l'hôpital mais il est parfaitement rétabli. C'est d'ailleurs extraordinaire, après une chute de soixante mètres dans le ravin. Le policier commence par le lui faire remarquer.

— Vous avez beaucoup de chance, monsieur Celli. Vous êtes un vrai miraculé ! Et votre fille aussi…

Adriano Celli pousse un soupir.

— Hélas, ce n'est pas la même chose pour Amanda.

— C'est parfaitement exact et je vais y revenir… Vous avez dit que le pare-brise avait été frappé par une pierre. Or, il n'y a pas un bout de verre sur la route.

— La pierre a fait juste un trou. C'est cela qui m'a fait perdre le contrôle. Le pare-brise s'est cassé plus tard dans la chute.

— Sur la route, il n'y avait aucune trace de freinage…

— Je n'ai pas freiné, et alors ? J'avais perdu le contrôle de ma voiture, je vous dis…

— En revanche il y avait des traces perpendiculaires au ravin, comme si vous aviez voulu y lancer la voiture.

— Je ne sais plus. Tout est parti dans tous les sens. Je ne me souviens plus…

— Comment se fait-il qu'on ait retrouvé le levier de vitesses sur la marche arrière ?

— Je l'ai peut-être agrippée en voulant me retenir, pendant la chute.

— C'est possible mais je n'y crois pas et je vais vous dire, moi, ce qui s'est passé… Vous vous êtes arrêté sur la route. Vous avez tué votre femme en la frappant à la tempe gauche avec un objet lourd, une pierre ou quelque chose comme ça, que vous avez ensuite jeté quelque part. Puis vous avez amené la voiture face au ravin en effectuant une marche arrière. Vous avez fait sortir votre fille, vous êtes sorti vous-même et vous avez desserré le frein. Lorsque la voiture s'est immobilisée, soixante mètres plus bas, vous êtes descendu en tenant l'enfant dans vos bras. Vous l'avez installée à côté du véhicule et vous vous êtes mis au volant en vous coinçant une jambe… C'est cela qui s'est passé, monsieur Celli.

— C'est absurde ! Pourquoi aurais-je fait une chose pareille ?

— Pour épouser votre maîtresse.

— Quelle maîtresse ?

— Je ne sais pas encore son nom, mais je la trouverai, vous pouvez me faire confiance.

— Vous n'avez aucune preuve ! Ce sont des élucubrations !

— Ce sont des présomptions graves et concordantes. On a inculpé bien des gens pour moins que cela...

À ce moment un médecin pénètre dans la chambre.

— J'aimerais vous dire un mot, brigadier.

Ce dernier sort quelques instants et revient avec un grand sourire.

— Vous disiez que je n'avais pas de preuve, monsieur Celli ? Eh bien, maintenant, j'en ai une !

— Quelle preuve ?

— La plus étonnante qui soit. Tenez, la voici !

La petite Rosa apparaît dans l'encadrement de la porte. En apercevant son père, elle a un mouvement de recul.

— Non, papa... Je ne veux pas !

Adriano Celli ouvre de grands yeux.

— Elle parle ?

Le médecin, qui l'accompagne, hoche la tête.

— Oui, elle parle presque couramment. Elle a seize mois. C'est très précoce, mais ce n'est pas impossible... Voyez-vous, un traumatisme comme celui qu'elle a subi, en général, bloque l'arrivée du langage. Chez elle, c'est l'inverse. Elle s'est mise à parler pour dire ce qu'elle avait vu... Rosa, veux-tu répéter ce que tu as dit tout à l'heure ?

L'enfant hésite un instant, puis dit d'une traite :

— Papa a fait mal à maman dans l'auto...

Elle éclate en sanglots. Le docteur la raccompagne et le brigadier Bertolino prend la parole à son tour.

— « Papa a fait mal à maman dans l'auto. » Tels ont été les premiers mots de votre fille. Pour vous accuser de meurtre. Alors, monsieur Celli ?

Adriano Celli s'est décomposé. Il déclare d'une voix blanche :

— J'avoue.

*

Adriano Celli est passé devant la cour d'assises de Rome, deux ans plus tard. La petite Rosa était encore trop jeune pour témoigner et elle n'est pas parue à la barre, mais ses propos ont été rapportés par le médecin et ont profondément impressionné les jurés. La maîtresse d'Adriano Celli, qui avait été retrouvée par la police, avait été mise hors de cause. Elle n'était pas complice, c'était Adriano seul qui avait tout organisé et c'est lui seul qui a été condamné à la prison à perpétuité.

Il avait cru commettre un crime parfait, mais il avait négligé le petit témoin qu'était sa fille, pensant qu'elle n'était pas en état de comprendre. Il s'était trompé : à cet âge, on a déjà une conscience et… une voix.

42

La croisière de l'éboueur

Deborah Kiley s'ennuie. Cette jolie fille de vingt-quatre ans, blonde aux yeux bleus, pourrait faire des photos dans les magazines ou des défilés de mode, mais elle a une passion, la mer, et chaque fois qu'elle n'est pas sur un bateau, elle ressent irrésistiblement l'appel du large.

Deborah Kiley est née en 1958 au Texas, où elle a passé une partie de sa jeunesse. Très jeune, elle est attirée par la voile et elle en apprend les rudiments sur les lacs de la région. Quelques années plus tard, alors qu'elle a commencé ses études à l'université, elle abandonne tout et se rend aux Caraïbes pour se consacrer uniquement à sa passion. Et elle réussit ! En 1981, elle est la première femme américaine à remporter la « Whitbread », la prestigieuse course autour du monde en équipage.

Seulement, voilà : ces moments grisants n'ont qu'un temps ; il faut ensuite revenir à la vie ordinaire et cela, Deborah Kiley a beaucoup de mal à s'y faire. Chercher un mari, fonder une famille ne l'intéresse pas, du moins pour le moment. Quant à sa propre famille, elle ne la voit pratiquement plus. À la maison, on la considère comme une originale et elle a décidé de ne plus y mettre les pieds.

Alors, elle vivote, dans un port de plaisance, bien sûr, en attendant qu'une occasion se présente. Elle s'est installée à Bar Harbor, un site touristique dans l'État du Maine, au nord des États-Unis. Elle a trouvé un emploi de serveuse chez *Bubba*, un restaurant à la mode. Il est situé sur le port et, depuis la baie vitrée de l'établissement, elle peut voir les bateaux amarrés. Or, un deux-mâts superbe vient d'arriver. Il est à la fois luxueux et taillé pour les performances en mer, une vraie merveille !

Deborah Kiley est en train de l'observer à la dérobée, tout en effectuant son service, lorsqu'elle sent son cœur battre plus vite. L'occupant du bateau, un homme d'une trentaine d'années, très grand, très brun, très maigre, quitte son bateau et semble prendre la direction du restaurant… Mais oui ! Quelques instants plus tard, il franchit la porte du *Bubba.* Deborah se dit c'est un signe du destin et elle ne se trompe pas.

*

Le jeune homme s'installe à une table. Deborah Kiley vient prendre sa commande et, quitte à passer pour une fille facile en quête d'une aventure, décide d'engager la conversation.

— C'est à vous, le yacht ?

— Non, c'est à mon patron, pourquoi ?

— Parce que la mer, c'est ma spécialité. Je cherche un engagement.

— Vous vous y connaissez vraiment ?

— J'ai gagné la « Whitbread » l'année dernière.

Le jeune homme la considère avec attention.

— Vraiment ? Alors, ça tombe bien. Moi, je cherche un équipage. On peut se voir quand pour en parler ?

— Après mon service.

— OK. Je vous retrouve sur le *Trashman*…

Deborah Kiley est aux anges. Elle est passablement surprise, aussi. « *Trashman* » signifie « éboueur ». Donner un nom pareil à un bateau aussi magnifique, c'est quand même une drôle d'idée !

*

Deux heures plus tard, elle franchit la passerelle avec émotion. Le mot « *Trashman* » s'inscrit effectivement en grandes lettres d'or sur la poupe blanche étincelante. Au-dessus, un canot de sauvetage dernier modèle, en fibre de verre, est suspendu à deux potences. Le client du restaurant vient l'accueillir et satisfait tout de suite sa curiosité.

— Le proprio s'appelle Morris Newberger. Il a fait fortune dans le ramassage des ordures, d'où le nom du bateau. Je suis John Barrow, mais appelle-moi John. Et toi, c'est comment ?

Deborah Kiley se présente et John poursuit.

— Newberger nous attend en Floride. Il faut amener le bateau là-bas et après on ira en croisière là où il nous le dira. Je te donnerai ses coordonnées pour que tu lui envoies ton CV…

Après quoi il commence la visite. Deborah Kiley, qui était habituée aux bateaux de compétition dotés du matériel le plus performant mais d'un confort sommaire, n'en revient pas. Le *Trashman* est une pure merveille : des cabines et un salon de rêve, aussi spacieux que luxueux, une voilure extrêmement bien conçue, qui doit permettre d'aller à toute allure et, en cas de problème, un puissant moteur pour prendre la relève. Il y a en outre un radar et la radio. John s'enquiert de l'avis de l'arrivante.

— Alors, ça te convient ?

— Il faudrait être difficile ! Sauf que, pour une croisière, deux, ça me semble un peu juste, ce serait mieux d'être trois ou quatre.

— Je sais. Je vais m'en occuper…

*

Deborah Kiley s'installe donc à bord du *Trashman* pour mettre de l'ordre – ce qui n'était pas inutile, John étant plutôt du genre fouillis – et pour se familiariser avec les installations. Pendant ce temps, John parcourt Bar Harbor et les environs pour trouver des équipiers, mais il rentre bredouille.

Le quatrième jour au matin, Deborah tombe nez à nez, dans la cuisine, avec une jeune femme aux longs cheveux bruns qui lui arrivent presque à la taille. Celle-ci lui adresse la parole familièrement.

— Salut ! Tu dois être Deb. Je m'appelle Meg.

— Bonjour, Meg. Je suis heureuse de t'avoir comme équipière !

Mais la dénommée Meg la détrompe.

— Je ne suis pas ton équipière. Je n'ai jamais fait de voile. Je suis là pour faire le voyage avec John, c'est tout.

John a donc recruté cette fille uniquement pour la compagnie et le plaisir. Deborah Kiley se demande ce qu'en penserait le propriétaire, mais il est vrai que, depuis le début, il n'a jamais donné signe de vie. Il n'a pas réagi, ni au téléphone ni par écrit, au curriculum qu'elle lui a envoyé…

Les jours qui suivent, il y a quand même du nouveau : John revient et lui annonce qu'il a eu Morris Newberger au téléphone et que celui-ci accepte sa candidature. Il est accompagné, en outre, de deux jeunes gens, Brad Cavanagh et Mark Adams, deux excellents marins qu'il a rencontrés par hasard. Puis il ajoute à leur attention, désignant Deborah :

— Et voici Deborah, dite « Miss Whitbread », qui a gagné la course l'année dernière.

Les deux arrivants viennent serrer la main de la jeune femme, d'une manière vigoureuse pour Brad, d'une manière plus molle pour Mark. John ajoute :

— On part demain.

Deborah s'étonne.

— Mais est-ce que Newberger sera d'accord pour les engager ?

— On n'a pas le temps de lui demander. On va le rejoindre en Floride. Il est impatient de faire sa croisière.

Vers midi, le lendemain, les amarres sont larguées et le *Trashman* quitte le mouillage au moteur. Une fois la voile sortie, réglée et orientée, le beau bateau donne l'impression de s'envoler au-dessus des vagues. La croisière de « l'éboueur » est commencée !

*

Le premier jour, le temps est superbe, le ciel est dégagé, la température avoisine les 20 °. Il n'y a que l'ambiance à bord qui n'est pas au beau fixe. Si Brad se révèle un équipier tout à fait correct, il n'en est pas de même pour Mark, qui manifeste une mauvaise volonté évidente ainsi qu'un net penchant pour la bière.

Le soir, au dîner, alors que le *Trashman* a été mis en pilotage automatique, il s'en prend directement à Deborah. Il la fixe d'un air mauvais.

— Je n'ai pas du tout aimé ta réflexion sur notre engagement, Miss Whitbread. Je te réserve une surprise à ma façon !

Deborah Kiley fait bonne figure, mais elle ne peut s'empêcher de ressentir un malaise. La déclaration jette un froid autour de la table. Heureusement, Meg se lance dans un papotage qui détend l'atmosphère...

L'incident est tout à fait oublié le lendemain lorsque le *Trashman* arrive à proximité du cap Hatteras, en Caroline du Nord. Deborah Kiley est inquiète. Le cap Hatteras est un endroit dangereux. C'est là que le Gulf Stream rencontre les côtes américaines et la présence de ce courant chaud crée parfois de brusques et violentes tempêtes. L'endroit a été surnommé « le cimetière de l'Atlantique ».

Or, cette apparition de petits nuages noirs ne plaît pas du tout à la jeune femme. C'est souvent le signe annonciateur d'un changement de temps. Elle le dit à John qui se trouve en sa compagnie dans la cabine de pilotage.

— Je n'aime pas cela. Ce serait peut-être bien de se réfugier dans un port.

Mais John ne l'entend pas ainsi.

— Pas question. On ne peut pas faire attendre Newberger. Et puis la Floride n'est pas loin, nous y sommes presque...

Deborah Kiley s'incline. Et peu après, comme il est prévu qu'elle prenne le premier quart de la nuit, elle va se coucher dans sa cabine.

Elle est réveillée par un fort roulis. Ce qu'elle craignait est arrivé : le gros temps est là. Elle se lève précipitamment et se rend sur le pont. C'est encore pire que ce qu'elle pensait ! Elle est accueillie par un vent violent chargé d'embruns et elle découvre, incrédule, que le beau canot de sauvetage en fibre de verre qui se dressait à la poupe a été arraché. Il ne reste plus que les deux potences.

Elle trouve Brad à la barre. Elle s'étonne de le voir seul.

— John et Mark ne sont pas là ?

— Non. Je ne sais pas pourquoi. En attendant, aide-moi !

Deborah Kiley obéit sans discuter. Ce n'est pas la première fois qu'elle affronte une tempête et elle sait ce qu'elle doit faire. John arrive à ce moment. Son visage est inquiet.

— Meg a fait une mauvaise chute.

— C'est grave ?

— Pas trop. Elle est consciente, mais elle est blessée aux jambes.

— Et Mark, qu'est-ce qu'il a ?

— Rien. Il est dans sa cabine. Il boit des bières.

— Tu lui as dit de venir ?

— Il m'a envoyé promener. Il est complètement saoul !

Deborah ne fait aucun commentaire... Pendant toute la nuit, elle se bat contre les éléments avec ses deux coéquipiers. La tempête ne cesse de se renforcer et, au matin, dans une lumière grisâtre, ils découvrent les dégâts.

Le *Trashman* semble ravagé. Outre le canot de sauvetage, une partie des voiles a été arrachée, le radar aussi. L'anémomètre a disparu et l'antenne radio est toute tordue. De toute façon, ce dernier point est sans importance, car les batteries ne fonctionnent plus et il est impossible de faire fonctionner le poste. Dans ce désastre, le seul élément positif est le second équipement de sauvetage, un Zodiac, qui est resté solidement amarré sur le pont… Deborah Kiley décide d'aller prendre des nouvelles de Meg et descend dans l'intérieur du bateau.

Elle se dirige vers la cabine de la jeune femme, mais elle n'a pas besoin d'aller jusque-là : elle la trouve endormie par terre dans le couloir. Elle se penche sur elle et lui demande comment elle va, lorsqu'un un grognement derrière elle lui donne l'alerte. Elle se retourne : Mark est là, brandissant une manivelle, qu'il a sans doute trouvée dans la salle des machines.

— Tu vas voir un peu, Miss Whitbread !

Deborah se met à courir et débouche sur le pont, poursuivie par le fou furieux. Elle crie pour appeler à son secours Brad et John, mais le bruit du vent couvre sa voix. Heureusement, son agresseur n'a pas une démarche assurée et un paquet de mer manque de le faire passer par-dessus bord. Lorsqu'il retrouve ses esprits, il est trempé et n'a plus sa manivelle. La douche semble également l'avoir dessaoulé. Il regarde autour de lui, hausse les épaules et reprend le chemin des cabines…

Dans les heures qui suivent, le temps forcit encore, c'est maintenant presque d'ouragan qu'il faut parler. Deborah Kiley et ses coéquipiers essaient d'amener le *Trashman* vers la côte, mais malgré tous leurs efforts, le vent le pousse vers le large. Toute la journée se passe ainsi et, à la tombée de la nuit, la situation ne s'est pas améliorée, bien au contraire.

Le yacht est de plus en plus difficile à contrôler. Il semble faire du surplace. Il n'y a qu'une explication possible : il prend l'eau. Il doit y avoir une brèche dans la coque. Deborah en a la tragique confirmation lorsqu'elle voit Mark arriver précipitamment. Il ne semble pas avoir bu.

— On ne peut plus rester en bas. Il y a trop d'eau !

Puis c'est au tour de Meg, qui vient d'une démarche chancelante.

— Il faut faire quelque chose, on est en train de couler !

Cela semble malheureusement être la réalité. Deborah Kiley se bat avec la barre, qui ne répond pratiquement plus. John essaie vainement de lancer un SOS, mais sans batterie, il n'y a rien à faire du côté de la radio, quant à Brad, il a entrepris de défaire les sangles du Zodiac. Elles cèdent toutes d'un coup, avec un claquement qu'on entend malgré la tempête. C'est peu après que l'eau envahit le poste de pilotage. Celle fois, plus de doute : le *Trashman* coule. Deborah abandonne la barre et se met à nager en direction du Zodiac.

Meg est un peu en arrière, elle a du mal à quitter le bateau. Ses jambes blessées semblent la soutenir difficilement. Deborah revient vers elle et parvient à la hisser sur le canot, dans lequel ont déjà pris place Brad et John. Mark est un peu plus loin, accroché à un caisson de survie flottant, qu'il veut rapporter. Mais celui-ci dérive dans un sens opposé au canot. Il finit par renoncer, abandonne le caisson et nage en direction du Zodiac, qu'il atteint peu après.

Le *Trashman* a disparu. Le Zodiac est grand, il fait environ quatre mètres sur deux, mais ils sont cinq à son bord et la mer est déchaînée. Leur vie de naufragés commence.

*

Le jour se lève sur une curieuse lumière orangée. Le gros de la tempête est passé, mais il subsiste une houle grise et lisse. Et, encore une fois, les problèmes au sein du groupe viennent s'ajouter à ceux causés par les éléments. Mark s'est coupé de tout le monde, il se tient à l'avant, tournant ostensiblement le dos aux autres. Brad, le visage fermé, veille à l'équilibre du canot, se déplaçant tantôt d'un côté, tantôt de l'autre, en fonction de la houle. Meg et John sont blottis l'un contre l'autre, et la jeune femme, qui semble souffrir considérablement de ses blessures, ne cesse de gémir. Deborah, de son côté, fait l'inventaire des provisions de survie : de l'eau et des biscuits, qui devraient permettre de tenir plusieurs jours.

Il y a aussi une petite trousse de premiers secours, avec des pansements, de l'eau oxygénée et du mercurochrome. Elle s'approche de Meg et regarde ses jambes. Elle a de profondes entailles entourées de longues stries rouges, signe de septicémie. Dans un milieu marin, l'infection se propage très rapidement. Deborah veut nettoyer les plaies. Mais à peine a-t-elle touché Meg que celle-ci pousse un véritable hurlement.

— Laisse-moi !

Deborah insiste.

— S'il te plaît, c'est pour ton bien…

C'est au tour de John d'intervenir avec violence.

— Arrête ! Si tu la touches, je te fais passer par-dessus bord !

Cette fois, Deborah n'insiste plus. Elle se dit que John est en train de perdre la raison. Quant à Meg, elle est pessimiste sur son compte. Si elle est laissée sans soins, elle va mourir, c'est une question de jours… Deborah va s'installer auprès de Brad, qui semble le plus équilibré de tous, mais qui ne prononce toujours pas un mot.

Le mauvais temps se calmant, elle se laisse aller et sombre dans un sommeil pesant.

*

Lorsqu'elle se réveille le lendemain matin, la mer est calme, mais l'état des passagers du Zodiac a considérablement empiré. C'est d'ailleurs une violente altercation qui l'a tirée de son sommeil. Mark est en train de s'en prendre à Meg. Il la repousse brutalement.

— Tu prends trop de place, va-t'en !

Il s'adresse aux autres.

— J'ai une entaille à la cheville. Et si elle me touche, je vais attraper la même chose qu'elle ! Regardez-la : elle va mourir ! Elle va mourir !

Meg ne réagit pas à ces propos terribles. Elle se contente de gémir et de grogner sourdement. John, de son côté, ne prend plus sa défense, comme il l'avait fait la veille. Il regarde fixement la mer et il hoche la tête, comme s'il voyait quelque chose, alors que l'horizon est désespérément vide… Deborah mange un biscuit et boit un peu d'eau car, pour l'instant, le ravitaillement ne manque pas. Elle s'adresse à Brad.

— John n'a pas l'air d'aller bien !

— Ce n'est pas lui le plus atteint, c'est Mark. Il délire. Tu ne vas pas tarder à l'entendre…

Effectivement, peu après, sa voix s'élève à l'avant du bateau.

— Où sont mes cigarettes ? Vous ne les avez pas vues ?

Et il répète cette litanie pendant un long moment.

Un peu plus tard, un premier drame éclate… Deborah est en train d'examiner les plaies de Meg lorsqu'elle entend un drôle de bruit à l'avant. Elle découvre alors avec stupeur que John est en train d'essayer d'arracher le renfort de caoutchouc qui retient la prise d'amarrage du Zodiac. Elle se précipite en même temps que Brad, tandis que Mark, qui est pourtant juste à côté, reste indifférent.

— Tu es devenu fou ? Tu veux que le canot se dégonfle et qu'on y passe tous ?

— Qu'est-ce que ça peut faire, puisqu'il faut y aller ?

— Aller où ?

Avant que les autres aient pu faire quoi que ce soit, John enjambe le bord du Zodiac, en disant, de la voix la plus naturelle :

— Je vais chercher ma voiture. Je reviens dans deux secondes…

L'instant d'après, il est en train de nager vigoureusement droit devant lui. Brad veut enjamber le bord, lui aussi, mais Deborah Kiley le retient.

— Cela ne servirait à rien. Tu serais perdu, toi aussi…

Pendant d'interminables minutes, ils le regardent s'éloigner. Sa tête apparaît ou disparaît, selon qu'ils sont sur le haut ou dans le creux des vagues et puis un cri terrible se fait entendre : il n'y a plus de John. Pendant tout ce temps, ni Meg ni Mark n'ont eu la moindre réaction, l'une est inconsciente, l'autre hébété.

*

La nuit tombe. Le matin suivant, c'est au tour de Mark de vouloir se jeter à l'eau. Deborah et Brad se relaient pour l'en empêcher, tandis qu'il ne cesse de répéter :

— Mes cigarettes, je veux mes cigarettes !

Il finit par avoir raison de leur résistance et se jette à l'eau.

Ses deux compagnons s'égosillent.

— Mark, reviens… !

Ce dernier se retourne vers eux.

— Je vais revenir. C'est juste pour me dégourdir les jambes.

Mais il plonge et on ne le revoit plus. C'est le deuxième passager du Zodiac à trouver la mort et ce ne sera pas le dernier car, de toute évidence, Meg est à la dernière extrémité… C'est alors qu'un coup violent secoue le canot et manque de précipiter à l'eau Deborah, qui se tenait debout. Elle se jette à plat ventre, tandis que Brad a un cri :

— Les requins !

Un second coup, plus violent encore, fait presque se retourner le Zodiac. Deborah Kiley et Brad ne se disent rien, mais ils ont compris. Tout à l'heure, quand Mark a disparu sous l'eau, ce n'est pas parce qu'il avait plongé, c'est parce qu'il a été happé par un requin. Ils se sont disputé son corps et, mis en appétit, ils essaient de faire chavirer ceux qui sont restés dans le bateau.

Deborah et Brad vivent des moments atroces. Ils pensent au sort qu'a connu leur compagnon et à celui qui risque d'être bientôt le leur. Au bout d'un moment interminable, les squales finissent enfin par se lasser. On peut voir un aileron s'éloigner à vive allure et le calme revient. Tous deux se laissent tomber sur le plancher de caoutchouc et Deborah se met à pleurer, en proie à une crise de nerfs.

*

Comme le premier jour, elle tombe ensuite dans un sommeil profond. Quand elle se réveille, le soleil se lève, un soleil radieux, mais qui éclaire un spectacle tragique : Meg est morte, elle a la peau parsemée de plaques rouges, noires et bleues. Elle est déjà toute raide. Brad se tient, silencieux, auprès d'elle. Ils disent une courte prière et jettent son corps par-dessus bord.

Pour échapper au désespoir, ils se mettent à parler du premier sujet qui leur vient à l'esprit : ils vont pêcher du poisson et ils se demandent comment ils vont s'y prendre. Mais Brad s'interrompt soudain pour crier :

— Un bateau !

Deborah croit à une plaisanterie. Mais non, elle distingue bien une silhouette au loin. Elle grossit rapidement : elle vient dans leur direction ! Peu après, un gros cargo soviétique s'arrête et met une chaloupe à la mer. C'est fini, ils sont sauvés.

À la suite de son aventure, Deborah Kiley a écrit un livre qui a été un best-seller. Aux journalistes qui la complimentaient, elle a répondu qu'elle aurait préféré faire une croisière tout ce qu'il y a de banal et en tirer un livre qui n'aurait eu aucun succès.

TABLE

Du même auteur (suite)

Les Aventuriers du XXe siècle, Vol.3. Journées d'enfer, Albin Michel, 1998.

Les Aventuriers du XXe siècle, Vol.2. Ils ont vu l'au-delà, Albin Michel, 1997.

Les Aventuriers du XXe siècle, Vol.1. Carrefour des angoisses, Albin Michel, 1997.

Possession : l'étrange destin des choses, Albin Michel, 1996.

Issue fatale : 75 histoires extraordinaires, Albin Michel, 1996.

Tragédie à la une : la Belle Epoque des assassins, avec Alain Monestier, Albin Michel, 1995.

Nuits d'angoisse : 50 histoires vraies, TF1 Éditions, 1995.

Crimes de sang, TF1 Éditions, 1995.

La Peur derrière la porte, TF1 Éditions, 1995.

Instant crucial : les stupéfiants rendez-vous du hasard, Albin Michel, 1995.

Instinct mortel : 70 histoires vraies, Albin Michel, 1994, rééd. Albin Michel, 1996, Éditions de la Seine, 2001.

Les Génies de l'arnaque : 80 chefs-d'œuvre de l'escroquerie, Albin Michel, 1994.

Dictionnaire des 1 000 trucs, TF1 Éditions, 1992.

L'Année criminelle : les 80 histoires extraordinaires de l'année, TF1 Éditions, 1992.

Dossiers secrets, Éditions n° 1, 1989.

Les Crimes passionnels : 50 histoires vraies, TF1 Éditions, 1989.

Par tous les moyens : 38 histoires bouleversantes de sauvetage, Éditions n° 1, 1988.

Histoires choc, Éditions n° 1, 1987.

Marqués par la gloire : 23 destins exceptionnels, Éditions n° 1, 1986.

Les Assassins sont parmi nous, Éditions n° 1, 1986.

Histoires de mystères, avec Jean-François Nahmias, Éditions n° 1, 1985.

Au nom de l'amour : 59 histoires de passion, Éditions n° 1,1985.

Les Tueurs diaboliques, Éditions n° 1, 1985.

Dossiers secrets, Éditions n° 1, 1984.

Les Grands Crimes de l'histoire, Éditions n° 1, 1984.

Suspens, Vol.2, Éditions n° 1, 1994.

Suspens, Vol.1, Éditions n° 1, 1983.

Quand les femmes tuent, Éditions n° 1, 1983.

Histoires vraies, Vol.2, Éditions n° 1, 1982.

Histoires vraies, Vol.1, Éditions n° 1, 1981.

C'est arrivé un jour, Vol.2, Éditions n° 1, 1979.

C'est arrivé un jour, Vol.1, Éditions n° 1, 1979.

Les Dossiers d'Interpol, Vol.2, avec Jacques Antoine, Éditions n° 1, 1979.
Les Dossiers d'Interpol, Vol.1, avec Jacques Antoine, Éditions n° 1, 1979.
Les Aventuriers, avec Jacques Antoine, Fayard, 1978.
Les Dossiers extraordinaires de Pierre Bellemare, avec Jacques Antoine, Fayard, 1976.

Romans

Nul ne sait qui nous sommes, avec Grégory Franck, Albin, Michel, 2007.
La Fourmilière, avec Grégory Frank, Éditions n° 1, 1987.
L'Histoire d'une petite vallée qui peut-être n'existe plus, avec Jacques Floran, Stock, 1978.

Almanachs

L'Almanach de Pierre Bellemare 2009-2010 : pour que chaque jour soit un jour bon, Albin Michel, 2008.
L'Almanach de Pierre Bellemare 2008-2009 : pour que chaque jour soit un jour bon, Albin Michel, 2007.
L'Almanach de Pierre Bellemare 2007-2008 : pour que chaque jour soit un bon jour, Albin Michel, 2006.
L'Almanach de Pierre Bellemare 2006-2007 : pour que chaque jour soit un bon jour, Albin Michel, 2005.
L'Almanach de Pierre Bellemare 2005-2006 : pour que chaque jour soit un jour bon, Albin Michel, 2004.
L'Almanach de Pierre Bellemare 2004-2005: pour que chaque jour soit un jour bon, Albin Michel, 2003.

Cet ouvrage a été imprimé
en avril 2013 par

CPI
FIRMIN-DIDOT

27650 Mesnil-sur-l'Estrée
N° d'édition : L.01ELKN000456.N001
N° d'impression : 117516
Dépôt légal : mai 2013

Imprimé en France

Composition et mise en page

NORD COMPO
multimédia